Amado
Timóteo

compilado por Thomas K. Ascol

Amado Timóteo

Uma coletânea de Cartas ao Pastor

FIEL
Editora

A481 Amado Timóteo : uma coletânea de cartas ao pastor / compilado por Thomas K. Ascol ; [tradução: Maurício Fonseca dos Santos Junior]. – 4. reimpr. – São José dos Campos, SP : Fiel, 2015.

318 p. ; 21 cm.
Tradução de: Dear Timothy.
ISBN 9788599145555

1. Aconselhamento pastoral. 2. Cuidado pastoral. I. Título. II. Ascol, Thomas K.

CDD: 253.2

Catalogação na publicação: Mariana C. de Melo – CRB07/6477

AMADO TIMÓTEO
Uma Coletânea de Cartas ao Pastor

Traduzido do original em inglês
Dear Timothy – Letters on Pastoral Ministry
Organizado por Thomas K. Ascol

Primeira Edição em Português: 2005

■

■

Diretor: Tiago J. Santos Filho
Editor: Tiago J. Santos Filho
Tradução: Maurício Fonseca S. Júnior
Revisão: Ana Paula Eusébio e Marilene Paschoal
Capa e Diagramação: Edvânio Silva
ISBN impresso: 978-85-99145-55-5
ISBN e-book: 978-85-8132-046-5

FIEL
Editora

Caixa Postal, 1601
CEP 12230-971
São José dos Campos-SP
PABX.: (12) 3919-9999
www.editorafiel.com.br

Dedicatória

aos pastores

Ernest Reisinger e Bruce Steward

e aos membros da

Grace Baptist Church, Cape Coral, Flórida

Índice

Prefácio

Eu pensei que fosse uma piada cruel e sem graça. Eu devia estar metido em algum tipo de conspiração cósmica para destruir toda minha felicidade e punir cada uma das vezes em que fui rude ou áspero com algum pastor. Como havia sido criado na igreja, já tinha visto um certo número de pastores irem e virem em meus breves dezesseis anos. Era fácil para mim julgá-los injustamente, exagerando seus erros, ignorando seus sacrifícios e imaginando que de alguma forma eu sempre estaria imune às suas falhas.

Mas lá estava eu, tarde da noite, deitado em minha cama com o terrível sentimento de que Deus me chamava para ser pastor. Nem sequer havia terminado o colegial e minha vida já estava arruinada! Ou, pelo menos, assim eu pensava. Durante os próximos cinco anos, visto que Deus confirmava cada vez mais este chamado, por meio de sua direção e confirmação da igreja, encontrei-me num crescente dilema. Aqui estava eu, muito cínico sobre o ministério pastoral, mas convencido de que Deus dirigia minha vida exatamente para esta vocação. Passei a procurar oportunidades de emprego na área de trabalho social, pensando que ao caminhar nesta direção eu pudesse satisfazer a minha profunda compulsão de ingressar no ministério.

Enquanto considerava a possibilidade de trabalhar com jovens problemáticos, recebi um convite para pastorear a *Rock Prairie Baptist Church* em College Station, no Estado do Texas. Após duas semanas de grande distúrbio emocional e espiritual, finalmente aceitei o desafio. A data era 31 de outubro de 1978, e marcou o início de mudanças com relação às minhas atitudes para com pastores e o ministério pastoral. Não demorou muito para que eu percebesse o quanto os vinha julgando de forma pecaminosa. Se aquela igreja tivesse me julgado com a mesma medida, eu certamente não teria permanecido nem dois meses. No entanto, eles foram pacientes, amáveis e gentis comigo. Permitiram-me cometer erros conforme ia crescendo no papel de pastor. Pela graça de Deus, foram muito longânimos, enquanto suportavam minhas abundantes fraquezas. Por esta razão, sempre terei um lugar especial em meu coração para aquela congregação.

Conforme olho para trás e penso nos infortúnios que passei no início de minha vida pastoral, imagino que muitos deles poderiam ter sido evitados, caso eu tivesse recebido e atentado a bons conselhos. Embora seja verdade que todo o direcionamento que um pastor precisa, a fim de estar preparado para "toda boa obra", pode ser encontrado nas Escrituras, não podemos negar o valor de bons conselhos. Deus envia professores à sua igreja, e até mesmo aqueles que foram chamados para pastorear seu rebanho precisam deles. Louis McBurney resumiu isto de uma forma maravilhosa no título de seu livro, datado de 1977, *Todo Pastor Precisa de um Pastor.*[1]

Pense na influência de Barnabé sobre Paulo. Enquanto todos estavam céticos (se não amedrontados) com o antigo perseguidor, Barnabé o tomou sob sua proteção, apresentou-o aos líderes da igreja e o ajudou a começar seu trabalho no ministério (At 9.26-30; 11.25,26). O homem que se tornaria o mais notável apóstolo do Senhor foi imensamente abençoado por ter os conselhos de um experiente ministro, no começo de seu ministério.

Esta foi uma lição que Paulo jamais esqueceu, tanto que ele investiu boa parte de sua vida em pastores que iriam servir as gerações

1 Every Pastor Needs a Pastor (Waco, Word Books, 1977).

futuras. Uma parte significativa deste investimento veio na forma de cartas. As cartas de Paulo para Timóteo e Tito servem como manuais do ministério pastoral divinamente inspirados. Ainda que Paulo tenha indubitavelmente se entregado ao ministério pessoal com aqueles homens, é a preservação destas cartas a eles que tem servido tão bem à igreja através da História.

Escrever cartas é uma arte que está morrendo em nossos dias. Nesta época de correio eletrônico e mensagens instantâneas, um número cada vez menor de pessoas parece ter paciência ou disposição para compor cartas inteligentes e significativas. No entanto, tais correspondências têm sido uma bênção aos crentes de cada geração. Deus viu a necessidade de escrever uma boa parte do Novo Testamento na forma de cartas. Além disso, pense em quão mais pobre a igreja seria hoje sem as cartas do grande reformador escocês, Samuel Rutherford, sobre as quais Spurgeon se referiu como "os pensamentos mais próximos dos livros inspirados que poderiam ser encontrados dentre todos os escritos de meros homens".

Após convertido, o antigo traficante de escravos, John Newton, autor de maravilhosos hinos tais como "Amazing Grace" (A Graça Eterna) e "Glorious Things of Thee Are Spoken", tinha como parte importante de seu ministério o escrever cartas. "É a vontade do Senhor", ele disse, "que eu trabalhe muito por meio de cartas".[2] Mediante a publicação destas cartas, seu trabalho continua até os dias de hoje.

Então, conquanto a telefonia e a internet tenham mudado significativamente o modo como nós nos comunicamos atualmente, acredito que cartas bem escritas ainda podem oferecer encorajamento e conselhos de uma forma útil e duradoura. O livro que você tem em suas mãos é um esforço para provar esta crença. Este é um livro de cartas. Elas foram escritas por experientes e ativos pastores a um outro pastor, jovem e inexperiente.

"Timóteo" é o nosso personagem. Ele tem vinte e seis anos de idade, formou-se recentemente no seminário e iniciou o ministério em

2 Veja The Works of John Newton (reimpressão, Edimburgo, The Banner of Truth Trust, 1985), vol. 1.

sua primeira igreja há apenas seis meses. Ele e sua esposa, Mary, estão casados há quatro anos, têm um filho de dois anos e estão esperando a chegada de mais um, em breve. Foi pedido que cada pastor lhe oferecesse um conselho, com base em um relacionamento de longa duração e no interesse sincero de vê-lo tendo um bom início no ministério.

Os vinte capítulos que se seguem refletem a sabedoria coletiva de mais de 480 anos de experiência pastoral. Cada contribuidor estava, na época em que escreveram, servindo uma igreja local. O ministério pastoral é o chamado deles. Suas contribuições foram feitas acerca de pregação, ensino, aconselhamento e liderança, áreas concernentes ao trabalho pastoral. Este fato rende credibilidade ao que eles escreveram.

Conquanto as cartas almejassem especificamente atingir jovens pastores, o conselho que elas contêm pode se aplicar a ministros de todas as idades e, na maioria dos capítulos, a qualquer cristão comprometido com a Palavra. Os temas tratados não foram pautados por diferenças denominacionais, e os contribuidores vieram de uma variada linha cultural e confessional. Minha oração é para que os ministros cristãos, mediante a leitura deste livro, sejam encorajados a aumentar a sua fidelidade.

Ken Puls e Barb Reisinger têm estado envolvidos na organização e administração dos detalhes para esta publicação. A paciência, sugestões e profissionalismo deles tornaram o livro muito melhor do que poderia ter sido sem todos estes pormenores. Amy Arens, que agora é a esposa de seu próprio pastor, Jason, pediu-me para contribuir em uma coleção de cartas de encorajamento que ela lhe presenteou no dia de seu casamento, cinco anos atrás, quando ele ainda era um seminarista. Aquilo plantou em mim a semente para elaborar um livro com estas características. Como sempre, minha maravilhosa esposa, Donna, me encorajou de incontáveis formas durante o longo processo de transformar a idéia neste material impresso.

Durante os últimos dezoito anos tem sido minha alegria e privilégio servir algumas das mais longânimes e graciosas pessoas na face da terra, na *Grace Baptist Church* (Igreja Batista da Graça). O amor deles por mim fez crescer meu próprio amor por outros pastores. Hoje, posso dizer que minhas atitudes são exatamente o oposto daquelas que eu fomentava vinte e cinco anos atrás. Fico maravilhado só de pensar que Deus me deu o privilégio de servir uma igreja local como pastor. Aqueles pastores que serviram sua geração e concluíram bem a sua obra são os meus heróis. Aqueles que com tanta alegria perseveram na obra são os meus exemplos e me encorajam a fazer o mesmo. E aqueles que estão apenas começando no ministério mantêm acesa minha esperança para o futuro.

John Newton chamou o trabalho ministerial de "tristeza cheia de alegrias". Descobri muita verdade nestas palavras. Às vezes, os sofrimentos são exacerbados pelo sentimento de solidão que geralmente acompanha um pastor. Muitos pastores não têm um Paulo ou um Barnabé para apoiá-los nas horas difíceis ou para ajudá-los a terem uma nova visão das alegrias do ministério. Espero que este livro possa sinalizar aos rebanhos espirituais a direção dos caminhos da alegria pastoral.

Deus colocou na congregação da *Grace Baptist Church* dois pastores aposentados que têm sido uma fonte de bênçãos para mim em incontáveis ocasiões. Seus conselhos, encorajamento e apoio têm me fortalecido em muitas temporadas de imensas dificuldades. Para Ernie Reisinger e Bruce Steward, e a todos os membros de nossa igreja, este livro é carinhosamente dedicado.

Tom Ascol
Grace Baptist Church
Cape Coral, Florida
Reformation Day, 2003

Contribuidores

ANDY DAVIS

Dr. Andy Davis tem servido como pastor da First Baptist Church, Durham, Carolina do Norte, desde 1988. Nasceu em Boston, Massachusetts e é doutor (PhD) em História da Igreja pelo The Southern Baptist Theological Seminary (1998), e diplomado (MDiv) pelo Gordon-Conwell Theological Seminary (1990) e (BSME) pelo M.I.T. (1984). Ele e sua esposa serviram como fundadores de igreja em Tokushima, Japão, por dois anos (1993-1995) com o International Mission Board. Antes disso, foi pastor da pequena Southern Baptist Church em Topsfield, Massachusetts. Dr. Andy e sua esposa, Christine, estão casados há quinze anos e têm quatro filhos.

BILL ASCOL

Bill Ascol está no ministério pastoral há vinte e cinco anos, em três diferentes igrejas na Louisiana. É o pastor fundador da Heritage Baptist Church em Shreveport, Louisiana, na qual vem servindo nos últimos onze anos. Recebeu um diploma (BA) da Lamar University e outro diploma (MDiv) do South-western Baptist Theological Seminary.

Ele serve como membro do Conselho Executivo da Louisiana Baptist Convention, e como editor da *Louisiana Inerrancy Fellowship LIFeLine*. Também é o coordenador da Southern Baptist Founders Youth Conference. Bill e sua esposa, Karen, estão casados há vinte e nove anos e têm cinco filhos.

C. J. MAHANEY

C. J. Mahaney serve como pastor na Covenant Life Church em Gaithersburg, Maryland. É um dos pastores fundadores e tem servido a igreja desde sua organização em 1977. Também está na liderança do Sovereign Grace Ministries, uma crescente família de cinqüenta e sete igrejas locais em seis países. Além disso, ele serve no conselho do Christian Counseling and Educational Foundation e no Council on Biblical Manhood and Womanhood. É o autor do livro *The Cross-Centered Life* e contribuiu com dois volumes publicados pela Crossway Books. Ele também editou e foi co-autor de quatro livros da série *Pursuit of Godliness*, publicados pela Sovereign Grace Ministries, que são: *Why Small Groups?*, *This Great Salvation*, *How Can I Change?*, e *Disciplines for Life*. C. J. e sua esposa, Carolyn, têm dois filhos.

CONRAD MBEWE

Conrad Mbewe tem servido como pastor da Kabwata Baptist Church em Lusaka, Zâmbia, desde 1987. Formou-se (BS) em engenharia de mineração em 1984 pela University of Zâmbia. Também é um colunista do *National Mirror* (um semanário nacional), escrevendo dois artigos por semana, desde 1992. Além disso, é o editor associado do *Reformation Africa South*, um jornal teológico na África do Sul. Conrad é casado com Felistas e tem dois filhos, uma filha biológica e uma adotiva. Foi preletor na 14ª Conferência Fiel para Pastores e Líderes, no Brasil, em 1998.

FRED MALONE

Dr. Fred Malone está no ministério pastoral por quase trinta anos.

Tem servido como supervisor educacional de campo em três seminários e tem sido o mentor de muitos seminaristas. Possui MDiv no Reformed Theological Seminary, em Jackson, Mississipi (1974) e PhD no Novo Testamento pelo Southwestern Baptist Theological Seminary (1989). Foi o pastor fundador da Heritage Baptist Church em Ft. Worth, Texas (1981-92), e tem servido na First Baptist Church, de Clinton, Louisiana, por mais de dez anos (1993 até hoje). Ele é o autor de *A String of Pearls Unstrung, The Baptism of Disciples Alone,* e também de muitos artigos. Atualmente serve como membro fundador do conselho do Founders Ministries e curador do Southern Baptist Teological Seminary e do Louisiana College. Também serve no Theological Committee of the Association of Reformed Baptist Churches in America. Fred e sua esposa, Debbie, são casados há trinta e seis anos e têm três filhos.

GEOFF THOMAS

Geoff Thomas é pastor da Alfred Place Baptist Church em Aberystwyth, País de Gales, desde 1965. Formou-se (BA) pela Cardiff University, no País de Gales, em 1961 e é diplomado (MDiv) pelo Westminster Seminary (1964). Geoff é um famoso preletor de conferências e o autor de *Ernest C. Reisinger, A Biography* (Banner of Truth) entre outros livros. Serviu como editor associado do *Evangelical Times* por dez anos. Também é editor associado da revista *Banner of Truth,* além de ser responsável pelo site da Banner of Truth. Geoff e sua esposa, Iola, têm três filhas. Foi preletor nas 3ª e 13ª Conferências Fiel para Pastores e Líderes, no Brasil, em 1987 e 1997.

JOEL BEEKE

Dr. Joel Beeke é presidente e professor do Systematic Theology and Homiletics of Puritan Reformed Theological Seminary. Também é o pastor da Heritage Netherlands Reformed Congregation em Grand Rapids, Michigan, onde já tem servido por dezessete dos seus vinte e seis anos de ministério pastoral. Dr. Joel também é editor da *Banner of Sovereign Grace Truth,* presidente da Reformation Heritage Books e Inheritance

Publishers e vice-presidente da Dutch Reformed Translation Society. Já escreveu ou editou mais de cinqüenta livros e tem contribuído com mais de 1500 artigos para livros, jornais, periódicos e enciclopédias. Possui PhD em Teologia da Reforma e Pós-Reforma pelo Westminster Theological Seminary. É freqüentemente chamado para dar aulas em seminários e para falar em conferências ao redor do mundo. Dr. Joel e sua esposa, Mary, tem sido abençoados com três filhos.

LIGON DUNCAN

Dr. Ligon Duncan III foi nomeado pastor da histórica First Presbyterian Church (1837), Jackson, Mississipi, em agosto de 1996. Ele é natural de Greenville, Carolina do Sul, nasceu e foi criado num lar cristão. Formou-se na Furman University, Greenville, South Carolina (BA); no Convenant Theological Seminary, St. Louis, Missouri (MDiv, MA); e na University of Edinburgh, Escócia (PhD). Ligon tem trabalhado no ministério do evangelho por dezoito anos, e é o sexto pastor da First Presbyterian Church desde 1896. Também é Professor Adjunto de Teologia no Reformed Theological Seminary, onde serviu como presidente do Departamento de Teologia Sistemática e dirigente da cátedra denominada Professor John R. Richardson. Dr. Duncan serve também como membro do conselho da Alliance of Confessing Evangelicals, presidente do Council on Biblical Manhood and Womanhood, e é o diretor editorial da Reformed Academic Press. Ele e sua esposa, Anne, têm dois filhos.

MARK DEVER

Dr. Mark Dever tem sido o pastor da Capitol Hill Baptist Church, em Washington, DC, por nove anos. É natural do Kentucky e estudou na Duke University, Gordon-Conwell Theological Seminary, The Southern Baptist Theological Seminary e na University of Cambridge. É casado e tem dois filhos. De 1995 até 2001 serviu no conselho do Founders Ministries. Atualmente serve no conselho do Southern Baptist Theological Seminary e também na Alliance of Confessing Evangelicals. É o autor de muitos livros e artigos, incluindo *Nine Marks of a Healthy Church*. Dr. Mark serve como fundador e conselheiro no IX Marks Ministries, um ministério para encorajar o crescimento saudável das igrejas locais. Foi preletor na 12ª Conferência Fiel para Pastores e Líderes, no Brasil, em 1996.

MARTIN HOLDT

Martin Holdt serve no ministério há trinta e sete anos, sete dos quais envolvido na fundação de novas igrejas. Ele é o pastor da Constantia Park Baptist Church, Pretoria, África do Sul, e apresenta um programa semanal de rádio chamado "Truth for Today". Também é o editor adjunto da *Reformation Africa South*.

PHIL NEWTON

Dr. Phil Newton serve como pastor da South Woods Baptist Church em Memphis, Tennessee, desde 1987, quando iniciou a igreja. Já está no ministério pastoral por vinte e seis anos, tendo servido em igrejas no Mississipi e no Alabama. É diplomado (BA) pela Mobile College (hoje, University of Mobile), MDiv pela New Orleans Baptist Theological Seminary, e DMin pelo Fuller Theological Seminary. É o autor do *The Way of Faith* e contribuiu com os livros *Reforming Pastoral Ministry* (John Armstrong, ed.), *Reclaiming the Gospel and Reforming Churches* (Tom Ascol, ed.), além de muitos periódicos. Atualmente está trabalhando num livro sobre presbíteros e liderança na igreja. Freqüentemente lidera viagens missionárias internacionais, e também ensina missões no Crichton College em Memphis. Ele e sua esposa, Karen, são casados por vinte e oito anos e têm cinco filhos.

RAYMOND PERRON

Dr. Raymond Perron serve no ministério pastoral há vinte e seis anos. Nasceu na Província de Quebec, Canadá. É diplomado (MDiv) pelo Toronto Baptist Seminary e (PhD) em Teologia pela University

Laval. Dr. Raymond atualmente é missionário pela Association of Reformed Baptist Churches of America. Iniciou uma igreja (Église réformée baptiste de la Capitale) em Quebec City, em 1988, onde ainda é pastor. Também está trabalhando em um outro projeto de fundação de igrejas em Montreal (Église Réformée Baptiste de Montréal). Ele e sua esposa, Diane, são casados há vinte e três anos e têm um filho.

RAY ORTLUND, JR.

Dr. Ray Ortlund, Jr. está no ministério pastoral há quinze anos. Durante os últimos cinco anos tem servido como pastor da First Presbyterian Church, em Augusta, Geórgia. Tem diplomas pelo Wheaton College, pelo Dallas Theological Seminary, pela University of California e pela Aberdeen University na Escócia. Durante seu ministério pastoral já serviu em três igrejas. Também ensina no Trinity Evangelical Divinity School, em Deerfield, Illinois. É autor de muitos livros, incluindo *When God Comes to Church, Let the Church Be the Church,* e *A Passion for God*. Dr. Ray e sua esposa, Anne, têm quatro filhos.

ROGER ELLSWORTH

Roger Ellsworth tem servido no ministério pastoral por trinta e oito anos, quinze dos quais em seu pastorado atual, na Immanuel Baptist Church, em Benton, Illinois. Também é o autor de vinte livros, incluindo *The Shepherd King, A Promise is a Promise, Be Patient, God Hasn't Finished with Me Yet,* e *The Guide to the Bible Book by Book*. Roger e sua esposa, Sylvia, têm dois filhos. Foi preletor na 15ª Conferência Fiel para Pastores e Líderes, no Brasil, em 1999.

STEVE MARTIN

Steve Martin está no ministério pastoral desde 1970. Ele é o pastor fundador da Heritage Church, em Fayetteville, Geórgia, onde tem servido nos últimos quinze anos. Ele é diplomado (BA) pela Wabash College, em Indiana, e (MA) pela Trinity Evangelical Divinity School.

Serve como presidente da Reformed Baptist Foreign Missions Committee of the Association of Reformed Baptist Churches of America. Steve e sua esposa, Cindy, são casados há trinta e um anos e têm dois filhos.

TED CHRISTMAN

Ted Christman é o pastor fundador da Heritage Baptist Church em Owensboro, Kentucky, onde tem alegre e proveitosamente trabalhado desde 1973. Ted é formado (BA) pela Bob Jones University, e (MDiv) pelo Grand Rapids Theological Seminary, e faz pós-graduação no Westminster Theological Seminary na Filadélfia, Pensilvânia. É o autor de *Forbid Them Not: Rethinking the Baptism and Church Membership of Young People* e também de *Daily Bible Reading Schedule*, usado por cristãos em toda parte dos Estados Unidos e também ao redor do mundo. Ele e sua esposa, Dianne, têm dois filhos, também devotados ao Salvador.

TEDD TRIPP

Dr. Tedd Tripp é o pastor da Grace Fellowship Church, em Hazleton, Pensilvânia, onde vem servindo como presbítero desde 1976 e como pastor desde 1983. Dr. Tedd é graduado pelo Geneva College (BA em História), pelo Philadelphia Theological Seminary (MDiv) e pelo Westminster Theological Seminary (DMin) com ênfase em Aconselhamento Pastoral. Em 1979, ele e sua esposa fundaram a Immanuel Christian School onde Dr. Tedd serviu como professor e administrador. Ambos ainda servem no conselho da escola. Ele é o autor do famoso livro sobre a criação de filhos, *Pastoreando o Coração da Criança* (Editora Fiel, São José dos Campos, SP). Durante os últimos oito anos manteve um extenso ministério como preletor de conferências e apresentador de seminários no tema "Pastoreando o Coração da Criança". Seus livros e outros materiais audiovisuais são usados por todo o mundo. Dr. Tedd e sua esposa, Margy, são casados há trinta e cinco anos e têm três filhos. Foi preletor na 10ª Conferência Fiel para Pastores e Líderes, no Brasil, em 1994.

TERRY JOHNSON

Terry Johnson está servindo no ministério pastoral por vinte e um anos. Desde 1987 tem servido como pastor da histórica Independent Presbyterian Church, em Savannah, Geórgia. Se formou na University of Southern Califórnia (AB em História). Fez seus estudos teológicos no Trinity College, em Bristol, Inglaterra, onde estudou sob a orientação do Dr. J. I. Packer, e também no Gordon-Conwell Theological Seminary, em South Hamilton, Massachusetts, onde serviu como assistente do Dr. David Wells. Terry Johnson é o editor e compilador do *Trinity Psalter* além de ter publicado os livros *Leading in Worship, The Pastor's Public Ministry, The Family Worship Book, When Grace Comes Home, Reformed Worship: Worship that Is According to Scripture, When Grace Transforms: The Character of Christ's Disciples Envisioned in the Beatitudes*, e *When Grace Comes Alive: The Lord's Prayer Today*. Terry e sua esposa, Emily, têm cinco filhos.

TOM ASCOL

Dr. Tom Ascol é o diretor executivo do Founders Ministries e editor do *Founders Jornal*. É o autor de *From the Protestant Reformation to the Southern Baptist Convention: What Hath Geneva to do with Nashville?* Ele também contribuiu com alguns artigos para livros e jornais. Dr. Tom tem vinte e cinco anos de experiência no ministério pastoral e tem servido como pastor na Grace Baptist Church em Cape Coral, Flórida, durante os últimos dezoito anos. Recebeu um diploma (BS) da Texas A&M University e dois diplomas (MDiv e PhD) do Southwestern Baptist Theological Seminary. Dr. Tom e sua esposa, Donna, estão casados há vinte e quatro anos e têm seis filhos. Foi preletor nas 6ª e 12ª Conferências Fiel para Pastores e Líderes, no Brasil, em 1990 e 1996.

Capítulo 1

Estabeleça prioridades

Tom Ascol

Amado Timóteo,

Donna e eu estamos muito contentes por você e Mary terem se estabelecido em seu novo ministério. É uma tremenda responsabilidade e privilégio cuidar das almas do povo de Deus. Após vinte e cinco anos neste ministério, ainda estremeço só de pensar na grandeza desta tarefa. Espero que você não ache presunção minha lhe oferecer os conselhos de um "veterano", de pastor para pastor.

Um dos maiores desafios que encontrei em minha vida pastoral é manter um equilíbrio adequado em minhas prioridades. Todo pastor precisa desempenhar vários papéis, a fim de permanecer fiel a sua chamada. Você deve ser um estudioso da Palavra de Deus e um homem de oração. Deve liderar a sua igreja, trabalhar muito para pregar e ensinar a Palavra, de modo que suas ovelhas estejam continuamente sendo transformadas na imagem de Cristo, pela Palavra. Deve fazer o trabalho de um evangelista, e dedicar-se ao trabalho pessoal com os membros individualmente. Tudo isto e muito mais está incluído na obra de servir a Cristo como um pastor de almas.

Entretanto, todo pastor é muito mais que apenas um pastor. Ele é em primeiro lugar, e principalmente, um discípulo. Normalmente, também é esposo e, provavelmente, pai. Além disso, também pode assumir outras tarefas relacionadas ao seu ministério. De que maneira todos esses importantes papéis poderão ser completamente desempenhados sem que o melhor seja sacrificado no altar daquilo que é bom? Na melhor das hipóteses, é um imenso desafio.

Sempre pergunto às pessoas que aconselho: "Em ordem de prioridades, para o que Deus chamou você?" É uma pergunta bastante esclarecedora, porque conduz a pessoa a avaliar sua vida com base naquilo que é mais importante. De tempos em tempos, faço esta pergunta a mim mesmo e vejo que isto me ajuda a lutar por equilíbrio em minha maneira de viver. Eu lhe encorajaria a parar e fazer aquela pergunta a você mesmo, e tornar isto uma prática em seu ministério.

UM CRISTÃO

Para o que Deus me chamou? Primeiramente, Ele me chamou para ser um sincero e dedicado seguidor de Jesus Cristo. Esta é uma verdade tão básica que é fácil a tomarmos como garantida e esquecermos dela. Um dos grandes perigos do ministério é o profissionalismo. Como você logo irá descobrir, um pastor pode se tornar competente na realização do seu trabalho. Assim como nas demais profissões, certas habilidades podem ser desenvolvidas e aprimoradas no ministério do evangelho. Um pastor pode se tornar tão proficiente em seu ministério público, que os outros o considerarão alguém de muito sucesso.

Mas quando a mentalidade do "profissionalismo" conquista um pastor, seu coração irá inevitavelmente começar a ser negligenciado. E o coração é a ferramenta fundamental de qualquer pastor. Se você não está amando a Deus com todo o seu coração, porque tem negligenciado as responsabilidades básicas de um discípulo, não importa o quanto de "sucesso" profissional você possa ter aparentemente. Na verdade, seu suposto sucesso será apenas uma grande farsa.

Spurgeon nos conta de um pastor que "pregava tão bem e vivia tão mal, que uma vez no púlpito, todos diziam que dali ele nunca deveria sair, mas quando saía falavam que, para lá, ele nunca deveria voltar".[1] Tal divisão da vida pode ser aceitável em outras profissões, mas é inconciliável com o cristianismo e, muito menos, com a fidelidade no ministério pastoral.

Muitos bons homens têm fracassado justamente em coisas tão básicas. Na verdade, a grande galeria de pastores que caíram é um triste lembrete da necessidade absoluta de fazer de nosso discipulado diário uma prioridade máxima. Alguns dos momentos emocionalmente mais difíceis em meu ministério foram feitos de notícias que chegavam dando conta de que um outro irmão havia se desqualificado para o ministério pastoral por ter causado sua própria ruína moral. Você ainda é jovem no ministério, mas não se engane, estas notícias logo chegarão à sua porta. Homens que você conhece, ou de quem já ouviu falar, cujos dons e virtudes julga serem muito superiores aos seus próprios, serão pegos em pecados escandalosos.

Como isto acontece? Esteja certo de que não ocorre assim de repente. Este tipo de pecado sempre tem uma história. E bem na raiz daquela história está a negligência das disciplinas espirituais. Como disse "Cristão", no livro de Bunyan, um dos primeiros passos rumo à apostasia ocorre quando o apóstata "vai abandonando gradualmente suas responsabilidades pessoais, como Oração Particular, Vigilância, Tristeza pelo Pecado, o controle da Lascívia, e outros".[2]

Então, meu amado irmão, guarde seu coração. Vá à Palavra de Deus, primeiro e principalmente como um crente. Lembre-se que antes de ser um pastor, você é uma ovelha. Como um pastor, você precisa exatamente das mesmas coisas que recomenda aos outros. Siga a sabedoria de Robert Murray M'Cheyne, que disse: "Não são os grandes talentos que Deus abençoa, mas a grande semelhança com Cristo. Um pastor que vive em santidade é uma arma poderosa nas mãos de Deus".[3]

Paulo disse aos anciãos efésios: "Atendei por vós". Quando ele repetiu esta admoestação a Timóteo, acrescentou que fazer isto é um

1 Charles H. Spurgeon, Lições aos Meus Alunos, PES, São Paulo, SP.

2 John Bunyan, O Peregrino, Editora Fiel, São José dos Campos, SP.

3 Andrew Bonar, Memoir and Remains of Robert Murray M'Cheyne, reimpressão, Grand Rapids, MI: Baker, 1978, 258.

ingrediente essencial para salvar "tanto a ti mesmo como aos teus ouvintes" (At 20.28, 1 Tm 4.16). Um pastor deve ter como prioridade a leitura, meditação e memorização das Escrituras — para o bem de sua própria alma. Nós também devemos orar pelo fruto do Espírito em nossas vidas. Qualquer coisa menos do que isso, será uma prática espiritual incorreta.

UM ESPOSO

Após ser um cristão, Deus também chamou a mim (e a você) para ser um esposo. Como você, fui abençoado com uma fiel e piedosa esposa. Minha esposa, Donna, e eu tomamos nossos votos matrimoniais com muita seriedade, o que significa que ela está acima de todos os outros para mim. Depois de Jesus Cristo, ela é a minha maior prioridade.

A responsabilidade de um esposo é impressionante. Jesus Cristo, em seu relacionamento com a igreja, tem de ser nosso modelo. Ser o cabeça do lar é um grande desafio. Uma esposa cristã tanto deseja quanto precisa de uma liderança espiritual de seu esposo. O chamado para ser um bom esposo inclui prover tal liderança. Quanto à maneira de o homem se relacionar com sua esposa, Cristo o chama a lutar contra a passividade autoprotetora e o autoritarismo egoísta, pecados opostos mas igualmente mortais. Um esposo passivo irá frustrar uma esposa que deseja ser liderada e pode inclusive induzi-la a se tornar uma mulher dominadora. Um marido autoritário, por sua vez, intimida sua esposa e pode muito bem sufocar o desenvolvimento de seus dons espirituais.

Em Efésios 5, Paulo deixa claro que Jesus Cristo é o modelo, em nossas atitudes como marido. Seu amor, sacrifício e cuidado por sua noiva devem ser o padrão pelo qual você se relacionará com Mary. Ela precisa sentir-se segura de seu amor. Ela precisa saber que é mais importante para você que sua reputação ou o exercício de seus dons.

Uma esposa de pastor pode ter o papel mais difícil a desempenhar em toda a igreja. Charles Spurgeon percebeu isto com sua perspicácia e ternura características, dois anos antes de sua morte. Falando em um casamento, ele disse:

Se eu fosse uma jovem, e estivesse pensando em casar-me, certamente não me casaria com um ministro da Palavra, porque a posição de esposa de ministro é muito difícil para qualquer mulher. As igrejas não pagam dois salários aos pastores casados, um para o marido e outro para sua esposa; mas, em muitos casos, também procuram pelos serviços da esposa, quer estejam pagando por isso ou não. Também é esperado que a esposa de um pastor saiba tudo sobre a igreja, e, olhando por um outro prisma, não é obrigação dela saber; no entanto, para algumas pessoas, ela é sempre culpada, tanto por saber tudo ou por nada saber a respeito da igreja. Suas obrigações resumem-se a estar sempre em casa para atender a seu marido e sua família, e estar sempre fora de casa, visitando os membros da igreja, ou fazendo toda sorte de coisas por eles! Bem, é claro que isto é impossível; ela não pode estar à disposição de todos, e nem espera-se que ela agrade a todos. Seu marido não conseguiria fazer isto, e eu penso que ele seria um grande tolo, caso o tentasse; também estou convencido de que, se o marido não pode agradar a todos, muito menos o pode sua esposa. Certamente sempre haverá alguém descontente, especialmente se este alguém tinha esperanças de se tornar esposa de pastor. Dificuldades surgem continuamente até mesmo nas melhores igrejas; e, como disse antes, a posição da esposa do pastor é sempre muito difícil. No entanto, penso que se eu fosse uma jovem cristã, me casaria com um pastor cristão, caso eu conseguisse, porque existiria aí uma oportunidade de se realizar tantas boas obras, ao auxiliá-lo em seu serviço para Cristo. É uma grande ajuda para a causa de Deus manter o pastor em boas condições para seu trabalho. É função da esposa cuidar para que ele não esteja desconfortável em casa, a fim de que tudo lá esteja bem e livre de preocupações, e ele possa dar o seu máximo na preparação da pregação. A mulher cristã que desta forma ajuda seu marido a pregar melhor, é ela mesma uma pregadora da Palavra, ainda que nunca fale em público, tornando-se então extremamente útil para a igreja de Cristo, comprometida com o trabalho de seu marido.[4]

---

4 Spurgeon's Sermons Preached on Unusual Occasions, Houston, TX: Pilgrim Publications, 1978, 248.

A esposa de um pastor vê todas as suas falhas e defeitos e ainda assim deve receber a instrução da Palavra de Deus através dele, semana após semana. Ela vive em uma vitrine. Expectativas irreais por parte da congregação podem muitas vezes causar grande estresse à vida da esposa do pastor. Comentários imprudentes, feitos com ou sem intenção de ofender, podem magoá-la profundamente. E se, além destas e outras pressões, ela sentir que seu esposo está sendo negligente com ela, o fardo pode se tornar insuportável. Como esposo, é minha responsabilidade e privilégio assegurar minha esposa de que ela é mais importante para mim do que qualquer outro dos meus relacionamentos. Fui chamado para cuidar e tratar dela com carinho; para ajudá-la a cumprir seu próprio chamado como uma mulher de Deus.

Minha esposa precisa da segurança de que ela é mais importante para mim do que meus ministérios na igreja. Quando esta mensagem é clara e regularmente comunicada a ela, então as temporadas inevitáveis de maiores demandas da igreja são mais facilmente transpostas.

UM PAI

A paternidade foi a terceira coisa para a qual Deus me fez. Donna e eu temos seis filhos. Portanto, adquiri muita experiência na prática da paternidade. Se as esposas de pastores estão constantemente sendo observadas, muito mais os filhos deles se tornam passíveis de críticas. Com freqüência, eles são sacrificados "por amor ao ministério". Quando eu era um jovem pastor, lembro-me de estar sentado em meu escritório, enquanto ouvia um pastor aposentado cujo ministério bem-sucedido era aclamado por todos. Ele me falou sobre muitas coisas maravilhosas que havia experimentado nas igrejas em que servira ao Senhor. Finalmente, ele acrescentou: "Eu paguei um preço elevado por meu ministério. Meus filhos não aprenderam o que deveriam ter aprendido de seu pai, e hoje eles abandonaram o Senhor e a igreja".

Enquanto ele chorava, eu pensava em suas palavras. Naquela época, meu único filho era ainda uma criança que estava aprendendo a andar. A atração de necessidades que nunca se acabam e de oportunidades para ministrar estava me tentando a negligenciar minha família por amor ao "meu ministério". Deus, porém, me fez lembrar que, em termos de prioridade, Ele me chama para ser pai, antes de me chamar para ser um pastor. Meus filhos precisam saber que, juntamente com minha esposa, são as pessoas mais importantes de minha vida. Minha igreja também precisa saber disso.

Um pastor pode negligenciar seus filhos facilmente, ainda que sem intenção e motivado por um conceito errôneo de que ele tem de estar sempre pronto para ministrar a outras pessoas. Mesmo nos melhores momentos, haverá algumas interrupções na vida familiar de um pastor. A sua chamada envolve as 24 horas diárias. Se acontecer a morte ou um acidente trágico com um dos membros da igreja, antes do pastor sair para levar seu filho a uma pescaria, seus planos têm de ser necessariamente mudados. Ele deve estar pronto para esperar tais exigências.

Por causa disso, todo pastor, que é pai, sempre enfrentará duas tentações. A primeira tentação é a de esperar que seus filhos simplesmente entendam as mudanças dos planos, da mesma maneira como seu pai a entende. Um pastor sabe que, às vezes, é necessário interromper certos planos, a fim de ministrar o evangelho a pessoas entristecidas. No entanto, dependendo da idade, tudo o que seu filho compreende é que ele não pôde ir pescar, porque outra pessoa necessitava e recebeu o tempo e a atenção de seu pai. Timóteo, quando este tipo de situação surge, converse com seu filho, mostre que você entende os sentimentos dele e procure compensá-lo de forma razoável, intencional e em tempo oportuno.

A outra tentação é a de tornar-se tão dominado pelo sentimento de culpa, por ter mudado os planos, que o pastor chega a permitir que seu filho o manipule, levando a ações e decisões que, de outro modo, ele não seguiria propositadamente. Exercer a paternidade motivado por sentimento de culpa se tornou muito comum em nossa cultura, e infelizmente os pastores não estão imunes a isso. Mas, devo confessar, é particularmente desestimulante quando um pastor lida com seus filhos desta maneira. Os pastores têm de separar, em sua agenda, tempo para os filhos e cumpri-lo rigorosamente. Quando os planos que afetam nossos filhos tiverem de ser mudados, por causa de emergências do pastorado, seja cuidadoso em compensá-los por isso.

UM PASTOR

A quarta coisa à qual Deus me chamou foi para ser um pastor. Esta é a minha chamada vocacional e ocupa a maior parte do meu tempo. Constantemente, eu me admiro do fato de que Deus me deu o privilégio de servi-Lo desta maneira. O ministério pastoral é a chamada vocacional mais sublime do mundo. Minhas responsabilidades pastorais têm precedência sobre quaisquer atividades que envolvam recreação ou não façam parte do ministério. Tudo o que está envolvido no pastorear o rebanho de Deus (e a Bíblia o descreve de maneira bastante compreensiva) constitui o meu dever. Neste ministério, a minha tarefa mais importante é trabalhar fielmente na pregação da Palavra e na oração. Todavia, essas duas atividades não devem ser realizadas simplesmente em um nível de profissionalismo. Pelo contrário, elas devem ser praticadas em meio à minha busca por santidade.

Existe uma solidão inevitável que acompanha o pastorado. A maior parte do trabalho no ministério pastoral pode ser feita somente quando um homem está sozinho com seu Deus. Sem esse período de intimidade com Deus, o tempo gasto com as pessoas não terá muito valor. Em nossos dias, existem milhares de "recursos" disponíveis aos pastores, para desviá-los da árdua tarefa de estudar as Escrituras e orar. Sermões "poderosos" e programas "garantidos" são constantemente oferecidos aos pastores com intrépida fanfarrice. Um homem com um pouco de esperteza, com pouca integridade e muitos recursos financeiros pode se manter bem suprido com uma fonte inesgotável de tais recursos. Mas ele nega a sua chamada por viver à custa do trabalho de outros, ao invés de fazer a obra de seu próprio ministério.

UM AUXILIADOR

Além dessas quatro chamadas, em minha vida, também estou envolvido em ajudar com outros esforços proveitosos. Meu trabalho no *Founders Ministries* (editando a revista *Founders Journal*, publicando livros, etc.) e meu envolvimento na associação de pastores de minha cidade são importantes. Você provavelmente ainda não teve tempo para se envolver com a associação de pastores de sua cidade. Espero que não negligencie isto. A participação na associação de pastores não somente lhe será benéfica (ainda que você não esteja muito interessado em alguns dos programas e planos promovidos), como também vai ajudá-lo a reconhecer que Deus o capacitou de formas que podem ser uma grande bênção na vida de outros pastores. Por exemplo, Timóteo, aproveite-se do fato de Deus lhe ter dado tanto o desejo quanto a possibilidade de comprar bons livros. Você pode ser uma grande bênção para outros pastores (e suas congregações) simplesmente ao aproveitar as oportunidades de recomendar bons livros. Não imagine que todos estão familiarizados com os ótimos comentários, biografias inspiradoras e bons textos teológicos como você está. Sem ser intrometido, tente encorajar os outros a ler bons livros.

Não tenha dúvidas de que no tempo certo outras oportunidades para ministérios mais abrangentes irão aparecer em sua vida. Espero que você esteja aberto a estas oportunidades, e as veja como formas pelas quais pode ser útil para o trabalho mais amplo do Reino. Mas, em termos de prioridade, todas essas coisas ficam em um nível inferior às quatro coisas que já mencionei. Procuro guardar isso em minha mente, a fim de poupar-me de muitas dores e confusão.

MANTENDO O EQUILÍBRIO

Como essas prioridades funcionam? Bem, aqueles que me conhecem sabem que não pratico sempre aquilo que escrevo. Embora meu desejo e intenção sejam nunca me desviar dessas prioridades, muitas vezes já tive de corrigir minhas atitudes no transcorrer dos anos. Entretanto, esse é o valor de ter as prioridades definidas com clareza. Elas nos fornecem um mapa confiável para fazermos os devidos ajustes. Cada prioridade se fundamenta sobre a que a precedeu. Isto é, apenas quando sou fiel às prioridades principais, posso trabalhar honestamente as seguintes, que têm importância secundária. Quero ser fiel em meu trabalho no *Founders Ministries*. Mas eu não o poderei ser, se realizar aquele ministério à custa de minhas responsabilidades pastorais na Igreja Batista da Graça. Se o meu envolvimento com o *Founders Ministries* ou qualquer outro ministério mais abrangente estiver me impedindo de ser um fiel pastor na igreja que eu sirvo, então precisarei me desvencilhar destes trabalhos.

Não é necessário que eu esteja envolvido em outros ministérios para que cumpra minhas responsabilidades pastorais de forma fiel. Mas, não posso ser um pastor fiel, se negligencio minhas maiores prioridades de cuidar de minha esposa e meus filhos. Na verdade, de acordo com 1 Timóteo 3.4,5, um homem está desqualificado para o ministério se tais negligências caracterizam sua vida. Ele precisa ser um homem "que governe bem a própria casa, criando os filhos sob disciplina, com todo o respeito (pois, se alguém não sabe governar a própria casa, como cuidará da igreja de Deus?)".

Além disso, não posso ser um pai fiel, se falhar com minha esposa no meu papel de marido. Pelo contrário, uma das melhores coisas que posso fazer pelos meus filhos é amar da melhor forma possível a mãe deles. Não importa o quão bem um homem pense que está se saindo como pai, se ele não demonstrar o amor de Cristo pela sua esposa, estará na verdade fazendo um grave desserviço aos seus filhos. Parece-me que se o inimigo não consegue influenciar os pais a negligenciarem seus filhos, ele tenta-os a tornarem-se superprotetores. Meus filhos precisam aprender o mais cedo possível que sua mãe ocupa um lugar mais importante em minhas afeições do que eles. E fazer isto não é desprezá-los. Pelo contrário, se torna a base para assegurar que eles saibam o lugar que Deus lhes determinou que ocupassem no lar.

Como eu não posso ser um verdadeiro ajudador em ministérios fora de minha igreja local, se eu não for um pastor fiel; e, não posso ser um pastor fiel, se não for um pai responsável; não posso ser um pai responsável, se não amar sinceramente minha esposa; então, também não poderei ser um marido fiel, se negligenciar meu relacionamento com Cristo. Como já disse antes, todo o resto provém desta raiz principal.

Todas estas prioridades se relacionam umas com as outras, como se fossem diferentes níveis de uma pirâmide. Cada uma pode ser cumprida em sua respectiva importância, contanto que eu as mantenha em seus devidos lugares. Mas, quando uma prioridade inferior toma o lugar de uma mais importante, estou me predispondo a uma vida instável. É espiritualmente desastroso colocar a minha esposa acima do Senhor; ou meus filhos acima de minha esposa; ou meus deveres pastorais acima de qualquer dos outros três. Não é menosprezível para a igreja que, em suas prioridades, o lugar dela venha depois de sua dedicação a Cristo e à sua família. Pelo contrário, a igreja receberá mais do que ela necessita de você, quando ministra motivado por um compromisso consciente com essas prioridades.

Como já mencionei, nem sempre consigo manter estas prioridades em seu devido lugar, mas isto se tornou um claro objetivo em minha vida. Recordando freqüentemente essas prioridades, serei mais capaz de estabelecer e manter um equilíbrio em minhas obrigações. Talvez a atitude de disciplina que facilita este equilíbrio é aprender a dizer não. Spurgeon declarou que, para um pastor, aprender a dizer não é muito mais importante do que aprender o latim! Ele tinha razão. Não importa quantas coisas o pastor tente fazer, sempre haverá mais a ser feito. Algumas coisas boas que tentam exigir a atenção do pastor não devem ser feitas, de modo que ele possa fazer aquilo que é melhor e mais excelente. Quando o pastor tem de fazer estas escolhas difíceis, deve fazê-lo baseado nas prioridades do seu chamado. Então, ele pode descansar seu coração sabendo que agiu com fé, fundamentado nas exigências que Deus tem feito para a sua vida.

Timóteo, eu oro para que Deus o ajude a permanecer firme em suas prioridades, enquanto você ainda é jovem no ministério. Mando minhas calorosas saudações para Mary e seu filhinho. Siga em frente com seu bom trabalho.

Em Cristo,
Tom

PS — Eu muito lhe recomendo os seguintes livros:

1. *Brothers, We Are not Professionals,* John Piper (Nashville, TN: Broadman & Holman Publishers, 2002).

2. *The Christian Ministry,* Charles Bridges (Edimburgo: The Banner of Truth Trust, 1980).
3. *Lições aos Meus Alunos,* C. H. Spurgeon (Editora PES, São Paulo, SP).

Capítulo 2

Tem cuidado de ti mesmo

Conrad Mbewe

Amado Timóteo,

Estou bastante entusiasmado com o início de seu novo ministério pastoral. Estive pensando muito sobre o que o Senhor pode ter reservado para você. Lembro-me quando você tinha, há vários meses atrás, um bom número de igrejas lhe chamando para assumir o cargo de pastor. Eu estava ansioso por você, pois uma decisão errada poderia se mostrar muito custosa no futuro. Estou contente que você finalmente tenha aceitado o convite da Primeira Igreja Batista. Humanamente falando, eles possuem o melhor ambiente para alguém que esteja começando no ministério. Durante estes últimos seis meses, desde que começou no serviço do Senhor, você sempre tem estado em minhas orações. Tenho orado para que o Senhor lhe dê um ministério duradouro e que produza frutos em abundância. Conforme prosseguia orando, sentia um peso crescendo em meu coração, indicando que devia escrever-lhe algumas palavras de aconselhamento. Não fosse pelo fato de que o conheço já há tantos anos, o que vou escrever-lhe poderia até mesmo parecer presunção. Mas como nestes dez anos de relacionamento nossa amizade tem crescido tanto e nos mantido tão próximos, duvido muito que você se ofenda com sinceros e bem intencionados conselhos, em um momento como este. Em algumas áreas serei muito pessoal, pois sei que você será capaz de suportar minha praticidade naquele mesmo espírito no qual as Escrituras dizem: "Leais são as feridas feitas pelo que ama, porém os beijos de quem odeia são enganosos" (Pv 27.6).

Conforme já disse antes, e não vou hesitar em dizer novamente: seu nível de talento no manuseio da Palavra está muito acima da média dos pregadores. Sua madura percepção espiritual, sua compreensão de toda a esfera da doutrina cristã, a força de sua voz, seu conhecimento das Escrituras, sua impecável e incomparável eloqüência; tudo se combina em um maravilhoso banquete para os ouvintes sob seu ministério. Além disso, você tem a grande vantagem de possuir um invejável amor pela leitura, de forma que, em sua casa, seu rico depósito de informações está sempre sendo abastecido. Estes fatos sem dúvida terão um papel muito importante ao longo do tempo, em ajudá-lo a sustentar um ministério eficaz para a edificação do povo de Deus na Primeira Igreja Batista e, até mesmo, além de suas fronteiras.

Ainda assim, Timóteo, biblioteca e cabeça abastecidas não são o suficiente. O futuro do ministério de qualquer pastor depende de como ele próprio se desenvolve, especialmente em sua santificação pessoal. Por isto que o apóstolo Paulo aconselhou o seu xará, dizendo: "Tem cuidado de ti mesmo e da doutrina. Continua nestes deveres; porque, fazendo assim, salvarás tanto a ti mesmo como aos teus ouvintes" (1 Tm 4.16). Nada é mais importante no ministério pastoral do que este cuidado próprio. Tenho freqüentemente o encorajado a ler o livro *Lições aos Meus Alunos*, volume 2,[1] de Charles Haddon Spurgeon, que tem como título de seu primeiro capítulo "A Auto-vigilância do Ministro". Apenas no segundo capítulo, ele começa a tratar de "O Chamado para o Ministério". Parece-me que Spurgeon sacrifica a ordem cronológica para

1 C. H. Spurgeon, Lições aos Meus Alunos, PES, São Paulo, SP.

o que ele viu ser a ordem de importância. Ele incentiva os pastores a se assegurarem de que são verdadeiramente convertidos, a manterem uma vitalidade espiritual e a desenvolverem um bom caráter.

Não tenho tempo agora para lidar com tudo aquilo que se encerra na frase do apóstolo Paulo "Tem cuidado de ti mesmo e da doutrina", de forma que, nesta carta, vou me limitar apenas à primeira parte, "Tem cuidado de ti mesmo". Este cuidado deve ser algo para a vida toda. É um cuidado que deve assegurar o desenvolvimento adequado para sua vida, ao invés de um desenvolvimento deformado, especialmente em se tratando de sua vida espiritual. Timóteo, espero que você pese adequadamente o que tenho a lhe dizer agora.

SEU CUIDADO PESSOAL PRECISA SER COMPLETO

Quando o apóstolo Paulo incitou seu amigo a cuidar de si mesmo, ele não tinha apenas uma área da vida em mente. Ele queria que o jovem Timóteo se assegurasse de um crescimento completo, abarcando sua vida espiritual, física, emocional, intelectual e doméstica. Eu já lhe disse anteriormente que um pregador não é de forma alguma um espírito desencarnado. Por exemplo, uma vez que ele é afetado nas capacidades físicas de seu ser, sua vida espiritual também será da mesma forma afetada. Portanto, é responsabilidade de todo pregador assegurar que todo o seu ser redimido submeta-se a um desenvolvimento positivo, que o acompanhe por toda a vida. Certa vez, um pregador muito conhecido no Reino Unido foi pedir conselhos ao Dr. Martyn Lloyd-Jones. Ele sentiu-se tão seco espiritualmente que estava pensando seriamente em abandonar o ministério pastoral. Sua vida de oração estava no nível mais baixo possível. Ele sequer sentia amor pelas almas e se via como um completo hipócrita por ainda estar no ministério. Quando o Dr. Martyn Lloyd-Jones ouviu tudo o que este pregador tinha a dizer, aconselhou-o a tirar umas férias. O pregador, lembrando-se deste evento, disse que ficou extremamente desapontado pelo fato do Dr. Lloyd-Jones não lhe dar outro conselho, além de tirar férias. No entanto, em respeito ao "doutor", ele acatou a sugestão. Seu testemunho foi que após aquele tempo de férias, não precisou voltar a falar com seu conselheiro. O gozo espiritual havia voltado. Ele estava espiritualmente alegre outra vez. A lição que aprendera foi muito simples — todas as áreas da sua vida estão interligadas. Este homem havia negligenciado o descanso físico e emocional, e isto teve um efeito visível em sua vida espiritual.

Portanto, procure balancear sua vida. A Bíblia diz: "Pois o exercício físico para pouco é proveitoso, mas a piedade para tudo é proveitosa, porque tem a promessa da vida que agora é e da que há de ser" (1 Tm 4.8). Não negligencie coisas como descanso e exercícios, enquanto você continua com o árduo trabalho do ministério. Na sua idade, isto pode até parecer completamente desnecessário, mas se você estiver fazendo planos a longo prazo, então, precisa correr como se estivesse numa maratona, e não como se fosse correr os cem metros livre. O famoso Robert Murray M'Cheyne, da Escócia, morreu em um sábado, dia 25 de março de 1843, com apenas vinte e nove anos. Seu clamor, enquanto morria, era: "O Senhor me deu uma mensagem e um cavalo. Matei o cavalo. Oh, o que devo fazer com a mensagem agora?" Um tipo de vida equilibrado vai evitar este tipo de confissão tão dolorosa no fim de sua vida!

TRÊS MINAS

Pensemos sobre o trabalho no ministério como um campo minado e vejamos pelo menos três tipos de minas terrestres que têm causado os maiores infortúnios — mulheres, dinheiro e fama. Portanto, mantenha cuidado constante com estas três minas. Muitos bons homens começaram seus ministérios de uma forma extremamente promissora, mas não foram capazes de chegar muito longe justamente por terem pisado numa destas minas e "explodido". Eles acabaram sendo pegos com uma "mulher estranha", ou foram encontrados em sérios escândalos financeiros ou ainda permitiram que sua boa reputação subisse à cabeça, e como a Bíblia diz: "A soberba precede a ruína, e a altivez do espírito, a queda" (Pv 16.18 e 18.12). Timóteo, eu clamo para que você esteja sempre alerta com relação a estes três assuntos.

Por que há tantos homens que caíram justamente nestas áreas? Parece-me que isto ocorre devido à falta de cuidado com os pecados do coração — orgulho, inveja, ciúmes, luxúria, ganância, ira e preguiça. Não é de se espantar que a História os tem apelidado de "os sete pecados capitais"! Muito antes de se tornar visível que a vida e ministério de uma pessoa estão afundando, já foi dada abertura ao seu coração para tornar-se uma verdadeira cidadela de pecados. Portanto, guarde o coração, pois ele é o manancial da vida. Ou então, como alguém sabiamente disse, o coração do pastor é o coração de seu ministério.

De início, você pode se manter afastado fisicamente do adultério e roubo. Mas se você permitir que seu ministério, aos poucos, transforme-se numa propaganda de si mesmo, ou ainda deixar que seu coração fique invejoso do ministério de outros homens, então não demorará muito para que você esteja finalmente arruinado. Se você se permitir olhar para pessoas do sexo oposto com sentimentos concupiscentes, mais uma vez esteja certo de que anda perigosamente próximo da queda. Timóteo, estes são os pecados que irão matar a espiritualidade e poder de seu ministério muito antes que qualquer pecado público seja visível às outras pessoas. Não há dúvida de que, para manter seu ministério vivo e ativo, ano após ano, você precisa se exercitar na piedade.

Embora Spurgeon estivesse falando especificamente do primeiro tipo de mina (mulheres), o que ele escreveu em seu primeiro estudo, no livro *Lições para os Meus Alunos* se aplica a todos os outros:

> A firmeza moral mais elevada deve ser laboriosamente mantida. Muitos que são ótimos membros de igreja, não são qualificados para exercer o ofício na igreja. Tenho opiniões muito rigorosas no que diz respeito a homens cristãos que caíram em pecados de imoralidade; regozijo-me, quando eles são verdadeiramente convertidos e recebidos de volta na igreja com um misto de esperança e cautela; mas, me pergunto se um homem que caiu em pecados de imoralidade deveria ser prontamente restaurado ao púlpito. Como John Angell James observou: "Quando um pregador da verdade parou no caminho do pecado, ele jamais deveria abrir seus lábios novamente para toda a congregação, até que seu arrependimento se tornasse tão notório quanto o pecado que cometeu". Deixe aqueles que foram tosquiados pelos filhos de Amom permanecerem em Jericó até que suas barbas cresçam

> novamente... É triste dizer, mas a barba da reputação, uma vez raspada, é muito difícil de crescer novamente. A imoralidade pública, na maioria dos casos, ainda que motivo de profundo arrependimento, é sinal fatal de que a graça ministerial nunca fez parte do caráter daquele homem. A esposa de César deve estar acima de qualquer suspeita; e não deve haver qualquer tipo de rumor negativo sobre a inconsistência ministerial no passado, ou, então, a esperança de ser útil irá minguar. Dentro da igreja, estes que caíram devem ser recebidos como arrependidos, e no ministério eles devem ser recebidos somente se Deus os colocar lá novamente; minhas dúvidas não são sobre isso, elas são sobre se Deus alguma vez os colocou lá; creio que deveríamos ser lentos em levar de volta ao púlpito, homens que, uma vez tendo sido provados, mostraram ter pouca graça para suportar o teste crucial da vida no ministério.
>
> Para alguns trabalhos, escolhemos apenas os fortes; e quando Deus nos chama para o trabalho ministerial, devemos nos empenhar em obter a graça que nos fortalecerá e nos preservará para a nossa posição, e não sermos apenas meros principiantes que são carregados pelos ventos das tentações de Satanás, para a difamação da igreja e nossa própria ruína. Temos de estar sempre equipados com toda a armadura de Deus, prontos para proezas jamais esperadas de outros: para nós a abnegação, paciência, perseverança, longanimidade, devem ser virtudes corriqueiras; e quem é capaz de ser preparado desta forma? Temos de viver muito perto de Deus, se quisermos ser aprovados em nossas vocações.[2]

O DESENVOLVIMENTO DE UMA VIDA INTERIOR

A última frase de Spurgeon é a chave para o "tem cuidado de ti mesmo". O cultivar uma vida espiritual interior precisa ser através de uma vida muito próxima de Deus. Lembre-se que a verdadeira espiritualidade nunca se desenvolve pela simples resolução de ter uma maior espiritualidade. Precisamos nos achegar para perto de Deus.

---

2 Idem.

Você logo irá descobrir, se é que ainda não descobriu, que enquanto as formas públicas da graça (como, por exemplo, os cultos na igreja) fazem muito bem aos outros cristãos, aqueles que são pastores precisam dedicar muito mais tempo às formas particulares e privadas da graça. Isto acontece porque nós geralmente estamos tão preocupados com cada detalhe dos cultos em nossas igrejas que acabamos por perder o benefício santificador do seguinte mandamento: "Aquietai-vos e sabei que EU sou Deus". Portanto, para nós, o desenvolvimento de uma vida particular será o fruto de uma alma que incansavelmente se recolhe para a leitura bíblica, oração, meditação e outras formas privadas da graça.

Infelizmente, muitas vezes você perceberá que está usando suas obrigações como desculpa para o seu afastamento destes exercícios purificadores da alma. E, eu reconheço que algumas vezes será inevitavelmente assim. Mas quando isto começa a acontecer, semana após semana, esteja consciente de que você já iniciou o processo de queda e está aniquilando o importante senso daquilo que sua vida particular deve ocupar em seu ministério. Deus nunca desejou que isto funcionasse assim. Se o seu lugar de oração secreta tem permanecido vazio já por algum tempo, então volte o quanto antes à prática de seus exercícios devocionais! É no lugar das orações em secreto que as verdades de Deus fundem-se em cada fibra de seu ser. É lá que a graça é mantida viva. Você abandona aquele lugar secreto para sua própria ruína.

Deixe-me ser bastante honesto com você, Timóteo. Embora provavelmente você concorde com tudo o que eu disse até aqui sobre a necessidade de se manter os exercícios espirituais necessários para nutrir sua vida particular, você logo descobrirá ser uma verdadeira guerra praticar todas estas coisas, ano após ano. Isto ocorre por causa da natureza caída, que nós ainda carregamos conosco apesar da experiência poderosa que tivemos com a salvação de Deus. Esta natureza luta contra tudo o que o seu novo homem anela e anseia.

O grande puritano John Owen, cujas obras você precisa arranjar tempo para ler, tratou deste assunto em *Indwelling Sin in Believers* (Pecado Inato nos Crentes), que você pode encontrar no volume 6 de sua coleção *Works* (Obras).[3] Freqüentemente tenho voltado a este livro, quando minha alma encontra-se em perigo — uma experiência que pode ser mais bem descrita como um filho da luz andando na escuridão. Ele escreveu sobre a aversão que nós experimentamos como crentes aos exatos exercícios que sabemos deveríamos praticar para nosso próprio bem espiritual. Quase se pode ouvir os gemidos do coração de Owen, enquanto ele redigia as seguintes palavras:

> Esta aversão e repugnância freqüentemente se mostram nas *afeições*. Haverá nelas secreto esforço contra a convivência próxima e cordial com Deus, a menos que em sua alma a mão do Senhor aja fortemente. Mesmo quando convicções, senso de nosso dever, estima doce e verdadeira para com Deus e comunhão com Ele conduzem a alma a um tempo de reflexão, se não houver o vigor e poder de uma vida espiritual em atividade constante, as afeições demonstrarão aversão secreta para com os deveres; sim, às vezes, haverá uma inclinação ao oposto disso, de modo que a alma preferirá fazer outra coisa e envolver-se em qualquer distração (embora isto lhe seja prejudicial), em vez de preferir aplicar-se vigorosamente naquilo que, o homem interior deseja ansiosamente.
>
> A alma acha o momento de adoração particular fatigante, antes mesmo de começar, e pergunta: "Quando vai acabar?" Porém, a hora de comunhão íntima é algo que interessa diretamente tanto a Deus quanto à alma. E, é uma grande conquista fazermos aquilo que desejamos, embora fiquemos muito aquém do que deveríamos.[4]

Toda vez que leio estas palavras meus olhos se enchem de lágrimas, pois sei do que ele está falando.

Timóteo, preocupo-me não somente com o seu cultivar de uma vida interior, mas também com sua persistência nestas santas tarefas até o fim; apesar das lutas com o pecado inato. Assim, como o apóstolo

3 The Works of John Owen, ed. William H. Gould, vol. 6,1853; reimpressão, Edimburgo: The Banner of Truth Trust, 1981.

4 Idem, 183-184.

Paulo, preciso dizer:

> Combate o bom combate da fé. Toma posse da vida eterna, para a qual também foste chamado e de que fizeste a boa confissão perante muitas testemunhas. Exorto-te, perante Deus, que preserva a vida de todas as coisas, e perante Cristo Jesus, que, diante de Pôncio Pilatos, fez a boa confissão, que guardes o mandato imaculado, irrepreensível, até à manifestação de nosso Senhor Jesus Cristo (1 Tm 6.12-14).

Não é suficiente dar apenas alguns socos bem dados no começo da luta, você precisa agüentar firme até o final. Você precisa guardar-se sem mácula ou culpa "até a manifestação de nosso Senhor Jesus Cristo". Em outras palavras, até o apito final da luta! Você se sentirá conduzido a uma crescente exaustão por manter esta franca devoção e altos padrões de piedade durante o caminho. Será tentado a começar a brincar onde até os anjos temem pisar. Para ceder a estas tentações você precisa meramente manter as aparências de seu ministério, mas internamente terá perdido o poder e paixão que um dia já teve.

CUIDADO COM AS MÁS COMPANHIAS

Além do cansaço provocado pela luta com a carne (isto é, a natureza caída que ainda reside em nós), a outra fonte de fadiga é a má influência de algumas pessoas, as quais você admira na obra do Senhor. Por esta razão, se você intenta perseguir uma devoção única para com Deus, em um ministério que irá durar por toda vida, deve tomar cuidado com as companhias que irá manter em sua vida ministerial. O conselho do apóstolo Paulo se aplica tanto aos descrentes quanto àqueles que estão na liderança da igreja, "Não vos enganeis: as más conversações corrompem os bons costumes" (1 Co 15.33). O conselho de Paulo a Timóteo a este respeito é de vital importância. Ele disse:

> Sabe, porém, isto: nos últimos dias, sobrevirão tempos difíceis, pois os homens serão egoístas, avarentos, jactanciosos, arrogantes, blasfemadores, desobedientes aos pais,

> ingratos, irreverentes, desafeiçoados, implacáveis, caluniadores, sem domínio de si, cruéis, inimigos do bem, traidores, atrevidos, enfatuados, mais amigos dos prazeres que amigos de Deus, tendo forma de piedade, negando-lhe, entretanto, o poder. *Foge também destes* (2 Tm 3.1-5).

Há homens correspondentes a esta descrição trabalhando por aí nos ministérios. Toda vez que você se encontra com eles, se sente como se estivesse com a alma suja, pelo modo como eles falam e por suas atitudes. Eles o fazem sentir como se você levasse o cristianismo e suas funções ministeriais a sério demais, e o induzem a descuidar de sua vigilância própria. Foge também destes, Timóteo. Faça isto antes que o efeito cancerígeno deles espalhe-se muito rápido em sua alma!

DISCIPLINA NO TRABALHO

Dentre os "sete pecados capitais" listados anteriormente, o último que mencionei foi a preguiça. Eu quero lhe falar alguma coisa sobre isso, porque durante todos estes anos tenho observado algumas tendências em sua forma de trabalhar, as quais precisam ser cuidadas, caso você espere ter um ministério longo e frutífero na Primeira Igreja Batista. Como você já está ciente, Timóteo, nós, pastores, não temos de apresentar relatórios de nossos trabalhos da mesma forma que a maioria das pessoas em nossas congregações têm de fazer. Não temos supervisores humanos a observar se estamos cumprindo os horários, prazos, nosso nível de eficiência, etc. Então, é muito fácil nos contentarmos apenas com a preparação dos estudos bíblicos e sermões, e com uma ou outra visita. No entanto, o povo de Deus não é bobo. É apenas uma questão de tempo para que nosso povo comece a fazer perguntas bem sérias sobre o que exatamente fazemos o dia inteiro. Deixe-me, então, oferecer-lhe alguns conselhos:

PASSE HORAS NO ESCRITÓRIO

Eu sei que provavelmente você estará trabalhando em sua própria casa. Passar o dia fazendo aquilo que mais lhe agrada acabará se tornando uma verdadeira tentação tanto para você quanto para sua esposa, Mary. Resista a isso, determinando previamente algumas horas a serem cumpridas no escritório, nas quais você irá se ocupar com trabalhos relacionados à igreja. Os presbíteros devem ver que os assuntos relacionados à correspondência da igreja, ministérios, reuniões e membros, são todos resolvidos bem antes do prazo. Isto, no entanto, não acontecerá, se você não desenvolver uma disciplina de estar no "escritório da igreja" (ainda que seja em sua própria casa), enquanto os presbíteros estão em seus próprios locais de trabalho. Resolva assuntos pessoais nos seus dias de folga. Recuse-se a solucioná-los nos outros dias, e somente assim desenvolverá este hábito. Ajude sua esposa, portanto, a aprender a planejar as compras, visitas, etc, da mesma forma que as esposas dos presbíteros, visto que seus maridos além do trabalho na igreja, trabalham tempo integral em empregos seculares. Sua família precisa aprender a não entrar em seu escritório simplesmente para conversar durante seu período de trabalho. Não permita que isto aconteça.

OBSERVE A PONTUALIDADE

Se existe uma área que tem sido de grande preocupação para mim, tem sido sua falha em manter a pontualidade. Qualquer um pode afirmar que você chega muito mais vezes atrasado do que no horário certo. Para mim, isto é muito sério e pode arruinar seu ministério. Quando os membros perceberem que você está sempre atrasado, eles vão ficar com uma impressão muito ruim sobre sua autodisciplina. Será pior ainda para os presbíteros, que pensarão que você simplesmente não leva seu trabalho e compromissos a sério. Então, faça o melhor de si e seja pontual em todas as reuniões da igreja e em todos os seus compromissos. Se você for errar, que seja por chegar cedo e não tarde. É preferível estar adiantado a estar atrasado.

PLANEJE COM ANTECEDÊNCIA E TRABALHE ARDUAMENTE

Ao chamar a sua atenção para isto, estou meramente colocando diante de você aquilo que irá contar a longo prazo num nível humano. Como pastores, nós raramente temos alguém nos vigiando, para verificar quanto trabalho foi feito. Nós podemos também nos apresentar com uma série de desculpas por algum trabalho que não foi realizado. No entanto, no fim do dia, é a obra do Senhor que irá sofrer as conseqüências. E o Senhor (que realmente nos vigia para ver o quanto já foi feito) sabe que o trabalho não foi realizado, por causa da nossa negligência. Para evitar este tipo de situação, planeje todo o serviço em seus devidos departamentos. Coloque seu ano diante de você, e depois o divida em meses e semanas. Mantenha uma lista de "afazeres" ao seu lado, constantemente. Evite confiar apenas em sua memória. Tome nota de tudo e risque-as de sua lista quando o trabalho já tiver sido concluído. Guarde um dia na semana para revisar esta lista, atualizando-a e certificando-se de que não deixou passar qualquer coisa urgente ou importante. No tempo certo, seus esmerados esforços e trabalho árduo serão evidentes a todos, por seus frutos.

Sem subtrair o valor da oração pessoal e do estudo bíblico, tenho certeza de que uma das maiores razões pelas quais tantos ministérios pastorais fracassam são os péssimos hábitos de trabalho. Os membros da igreja começam a sentir que estão pagando seu pastor para trabalhar apenas no domingo. Se você conseguir desenvolver de forma adequada os três assuntos que acabei de tratar, tenho certeza de que você não fará parte daquela categoria de fracassados. Mas, por favor, faça isto agora!

Deixe-me terminar com algumas palavras pungentes do livro de Richard Baxter, *O Pastor Aprovado*:

> Não se contentem em apenas estar num estado de graça, mas cuidem para que suas virtudes sejam mantidas vigorosa e vividamente em prática, e que vocês preguem para si mesmos os sermões que estudam, antes de pregarem a outros... Quando suas mentes estão num estado santo e celestial, seu povo certamente irá tomar parte dos frutos que surgirem... Ó, irmãos, cuidem, portanto, de seus próprios corações; afastem-se da lascívia e das paixões, assim como das inclinações mundanas; mantenham uma vida de fé, amor e zelo; familiarizem-se com Deus. Se não observar diariamente o seu coração, se não reprimir a própria corrupção, a fim de andar com Deus — se você não fizer disto um trabalho constante em sua vida, tudo dará errado, e você matará de fome os seus ouvintes; ou, se você possui um

> falso fervor, não espere que uma bênção vinda lá do alto resolva a situação. Mas acima de todas as coisas, esteja sempre em oração e meditação. Então, você conseguirá o fogo celestial que queimará os seus sacrifícios...[5]

Amém, Baxter! Amém!

Bem, Timóteo, mais uma vez me alegro que Deus tenha aberto a porta do ministério para você. Conhecendo a seriedade do seu lidar com as coisas de Deus, eu sabia que não demoraria muito até que isto acontecesse. Mas também sei outra coisa: não vai ser fácil. Porém, se foi o Senhor quem abriu esta porta para você, o ministério certamente o deixará plenamente satisfeito, apesar de todo o sangue, suor e lágrimas que serão derramados. Eu estarei orando por você para que a graça de Deus se prove suficiente e para que, em não muitos dias, a Primeira Igreja Batista possa ser um próspero centro de cristianismo bíblico. Que o Senhor possa responder esta oração além daquilo que possamos pedir ou até mesmo imaginar. Até lá, tem cuidado de ti. Amém!

Carinhosamente, nos laços do evangelho,
Conrad

PS — Há alguns livros que gostaria de lhe recomendar enfaticamente. Felizmente eles ainda não estão esgotados. Consiga uma cópia para você e leia-os muitas vezes. Estes livros serão um verdadeiro fortificante para sua alma.

1. *O Pastor Aprovado,* Richard Baxter (PES, São Paulo, SP). A primeira parte deste poderoso livro é sobre nosso descuido como ministros. Somente aquela parte já vale o preço do livro todo. É um clássico!

5 Richard Baxter, O Pastor Aprovado, PES, São Paulo, SP.

2. *The Works of John Owen*, Volumes 6 e 7 (reimpressão, Edimburgo: The Banner of Truth Trust, 1967, 1965). Nestes dois volumes, eu destacaria o trabalho de Owen em "*The Mortification of Sin*", "*Temptation*", "*Indwelling Sin in Believers*", e "*Spiritual Mindedness*". Owen foi um verdadeiro médico de almas e um mestre na teologia prática.
3. *The Christian Ministry,* Charles Bridges (reimpressão, Edimburgo: The Banner of Truth Trust, 1980). A segunda e a terceira parte deste livro lidam com as causas da ineficiência ministerial. É muito instrutivo notar que quase todos os casos de ineficiência são devidos a uma falha no cumprimento daquele mandamento: "Tem cuidado de ti mesmo".

Capítulo 3

Ame sua família

Tedd Tripp

Amado Timóteo,

Muito obrigado por sua ligação na semana passada. Sou muito grato a Deus por tudo estar indo bem com você neste início de seu ministério. Você e Mary, e sua jovem família, são motivo de grande alegria para Margy e eu. Nós os amamos e nos regozijamos no que o Senhor está fazendo em suas vidas.

Estou contente em poder colocar no papel algumas idéias sobre a vida familiar de um pastor. É um grande prazer saber que você está preocupado em ser um homem de Deus, não apenas no púlpito e na vida ministerial, mas também em sua própria casa.

Como você sabe, uma das qualificações para o ministério do evangelho é ter uma vida familiar exemplar, sendo alguém "que governe bem a própria casa, criando os filhos sob disciplina, com todo o respeito (pois, se alguém não sabe governar a própria casa, como cuidará da igreja de Deus?)" (1 Tm 3.4-5).

O lar é um microcosmo da igreja. As qualidades da vida espiritual que dão credibilidade ao pastor em casa fornecerão a mesma medida de confiança às pessoas que ele serve na igreja. A vitalidade espiritual que permite sua família seguir com alegria sua liderança assegurará a igreja de que ela está em boas mãos. A vida familiar é, no entanto, muito mais do que apenas um local para mostrar habilidades pastorais. É a própria fornalha na qual estas características são forjadas.

A qualidade de sua vida familiar ou irá lhe investir de credibilidade ou, então, irá roubá-la de você. Você pode imaginar uma mulher na igreja tendo confiança em um pastor cuja esposa é infeliz? As pessoas veriam um homem como um seguro guia espiritual, se seus filhos fossem rebeldes e incontroláveis ou tímidos e oprimidos? Cada vez que você prega a Palavra, ou provê conselhos, ou ainda traz segurança e conforto para pessoas perturbadas, a qualidade de sua vida familiar irá dar o peso necessário às suas palavras. O objetivo da santidade na vida familiar não é a credibilidade, mas sim a glória de Deus. Entretanto, as pessoas sob seu cuidado irão observar atentamente sua vida familiar.

Um pastor ocupado freqüentemente se sente dividido entre as necessidades de sua família e as necessidades da igreja. Se você pensar a este respeito, verá que nunca há competição entre os chamados de sua vida familiar e os chamados do ministério do evangelho. Você serve à Igreja ao servir à família. Todo investimento feito no seu lar pagará os mais altos dividendos para a igreja. Você estará mostrando às suas ovelhas como as graças do evangelho repercutem em sua vida familiar.

Conforme tenho refletido sobre suas perguntas acerca da vida em família, pensei em três assuntos importantes que podem ajudá-lo a organizar seus pensamentos a respeito desta parte da vida: Seja um líder espiritual para sua família. Seja um marido e um pai para sua família. Seja o protetor de sua família.

SEJA UM LÍDER ESPIRITUAL

A passagem clássica a respeito deste chamado é Deuteronômio 6, quando Moisés está dando aos homens uma visão a longo prazo. Seu foco não é sobreviver e nem conseguir chegar ao fim da semana. Os chamados da liderança espiritual são para que você, o seu filho e o filho do seu filho conheçam e temam o Senhor (v. 2). Esta visão para três gerações o ajudará a resistir às tentações de cair nas conveniências do momento. Como pais, temos preocupações mais importantes do que unicamente o momento — nos preocupamos com o lugar onde nossos netos estarão daqui a cinqüenta anos.

Naturalmente, sua liderança espiritual é imprescindível para a família. Deuteronômio 6.5,6 deixa isto muito claro: "Amarás, pois, o Senhor, teu Deus, de todo o teu coração, de toda a tua alma e de toda a tua força. Estas palavras... estarão no teu coração".

Sua família precisa ver as riquezas de seu caminhar espiritual um tanto à parte de suas obrigações ministeriais. Sua alegria em Cristo, sua vitalidade como homem de Deus, sua afabilidade face às oposições, seu foco claro na graça de Cristo (não apenas por perdão, mas também por capacitação) será a lente pela qual eles verão todos os seus esforços para ministrar a graça de Deus a eles.

Compartilhe com sua esposa e seus filhos seu dia a dia. Na medida em que você encontra conforto e forças em Cristo, deixe que eles o vejam lendo e meditando na Palavra de Deus. Deixe que eles o observem como um homem de oração e de humildes fraquezas diante de um Deus de força. Nada irá prover sua família com tanto bem-estar quanto o seu amor e devoção a Deus.

Um outro aspecto de grande importância na liderança espiritual é retratar uma visão correta do mundo para seus filhos. Deuteronômio 6 fala disso com bastante pungência. "Estas palavras que, hoje, te ordeno estarão no teu coração; tu as inculcarás a teus filhos, e delas falarás assentado em tua casa, e andando pelo caminho, e ao deitar-te, e ao levantar-te" (Dt 6.6,7).

Seus filhos precisam entender a natureza da realidade. Por trás deste mundo de imagens e sons há um mundo invisível de realidade espiritual que dá sentido ao mundo que vemos, tocamos e com o qual lidamos. A árvore no quintal que provê sombra e morada aos pássaros e esquilos, e também serve para as crianças subirem e até construírem uma fortaleza, existe pela vontade do Deus invisível. É sua criação. Ela existe como um hino de louvor à sua criatividade, sabedoria e capacidade. Ele nos tem dado estas coisas para nosso próprio deleite, para que possamos conhecê-Lo, adorá-Lo e deleitarmo-nos nEle. Como você pode ver, Timóteo, ninguém consegue realmente compreender a árvore sem antes observar o *invisível* naquilo que é *visível*.

Ajudar as crianças a entenderem a natureza da realidade requer imaginação. Nossos filhos precisam enxergar aquilo que é invisível aos olhos. Nós, cristãos, somos um povo cujo comprometimento com o mundo invisível da realidade espiritual define nossas interpretações e respostas às coisas que verdadeiramente podemos ver.

A palavra imaginação não é usada em Deuteronômio 6, mas o uso da imaginação é essencial. Seu filho lhe perguntará: "Que significam os testemunhos, e estatutos, e juízos que nós seguimos?" (veja Dt 6.20). Para responder a esta pergunta, o pai precisa engajar a imaginação do filho em eventos do passado, como a escravidão no Egito e a audaciosa e dramática libertação através do braço forte de Deus. Estas histórias por acaso poderiam ser contadas de forma a impressionar as crianças sem que fosse feito uso da imaginação?

Desenvolver a imaginação de seus filhos irá ajudá-los a enxergar aquilo que não é visível aos olhos. Eugene Peterson colocou este assunto da seguinte forma:

> A imaginação é a capacidade de fazer conexões entre o visível e o invisível, entre o céu e a terra, entre o presente e o passado, entre o presente e o futuro.[1]

Pense nesta tarefa de ajudar as crianças a enxergarem a natureza da realidade como instrução formativa. Você está dando a elas formas de pensar e entender seu próprio mundo, de maneira enraizada na Bíblia. Nossos filhos não vivem à parte dos eventos e circunstâncias da vida, mas vivem à parte quanto à forma como interpretam e respondem a isto. A chave para a interpretação é a pessoa e a existência do verdadeiro Deus que vivo está.

Passe algum tempo lendo a Palavra com eles todos os dias. Ajude--os a enxergar as glórias e maravilhas de Deus. O Salmo 145 nos dá

---

1 Eugene Peterson, Subversive Spirituality, Grand Rapids, MI: William B. Eerdmans Publishing Co., 1994, 132.

uma descrição esplêndida deste aspecto da paternidade: "Uma geração louvará a outra geração as tuas obras e anunciará os teus poderosos feitos. Divulgarão a memória de tua muita bondade e com júbilo celebrarão a tua justiça" (Sl 145.4,7). Seus filhos são feitos à imagem de Deus. Eles foram criados para a adoração; ajude-os a serem fascinados por Deus.

Naturalmente, você precisa ajustar o momento dos cultos domésticos de acordo com as limitações físicas e intelectuais de seus filhos. Seja fiel no culto doméstico e esteja certo de que este ato conecte seus filhos ao mundo invisível da realidade espiritual. Aquilo que é invisível e eterno nos capacita a interpretar corretamente o que vemos.

SEJA UM MARIDO E PAI

Tenho de lembrá-lo, Timóteo, que você deve renunciar sua vida em favor de Mary. Em Efésios 5.25, Deus o chama para amar Mary com o mesmo amor de auto-sacrifício que levou Jesus a entregar sua vida livremente pela igreja.

Ao se tornar sua esposa, muitos desafios foram colocados diante da vida de Mary. Ela está na berlinda. Há muitas expectativas sobre ela. As pessoas olham para ela, esperando que ela entenda intuitivamente todas as suas esperanças, medos e aspirações. Ela tem de estar sempre pronta a dar um sábio conselho, ou apenas um ombro amigo. Outras mulheres pensam que ela é um compêndio de dicas sobre uma vida de sucesso. Outras, olham para ela a fim de receberem uma aprovação para as próprias vidas. Algumas irão invejá-la e ignorá-la. E ela tem de estar pronta para a hospitalidade ao primeiro soar da campainha. Qualquer interação com seu filho estará sujeita ao escrutínio de algum olho analítico, seja de um imitador ou de um crítico. Ela aceitou passar por todas estas pressões, quando se tornou a esposa de um pastor.

Mary precisa de um marido. Ela precisa de um homem que seja casado com ela, e não com a igreja. Ela foi criada para florescer sob os cuidados de seu marido. Pedro, o apóstolo inspirado, diz que você deve cuidar dela — viver a vida comum do lar, com discernimento. Pedro diz que, enquanto você cuida de sua esposa, como a parte mais frágil, sua vida de oração prosperará.

Leia a Bíblia e ore com Mary todos os dias. Tome algum tempo do seu dia para pastoreá-la. Dê-lhe oportunidades para falar com você sobre suas preocupações, dúvidas e questionamentos, assim como também sobre seus sonhos, objetivos e alegrias. Conheça estas coisas. Facilite a conversação, deixando-a perceber que as coisas que importam para ela são também importantes para você. Ajude-a a encontrar refúgio e esperança na graça de Cristo. Ajude-a a lembrar que graça significa mais do que o perdão; também significa capacitação.

Tenha prazer nela, elogie seu novo corte de cabelo ou o seu vestido novo; separe um tempo todos os dias para olhar em seus olhos, como você costumava fazer quando começaram a namorar. Expresse sua gratidão pela maneira graciosa com que Mary recebe os convidados, fazendo-os sentirem-se em família. Faça com que ela saiba o quanto você aprecia seus esforços para tornar a casa mais bonita. Uma esposa é como uma amável flor. Ela irá desabrochar em lindas cores, enchendo todo o lar com um delicioso aroma de alegria, na medida em que você cria um ambiente encorajador ao crescimento. Encha a sua vida com a luz do sol, ao se deleitar nela e regue-a com um tratamento gracioso e orações. Enquanto cuida dela, você está cuidando da igreja.

Quando Pedro falou sobre a esposa como a parte mais frágil, estava declarando que Deus ordenou ao marido o trabalho pesado na vida familiar. Ele não está falando apenas de carregar as compras e outras coisas mais pesadas, mas sim que o homem deve ser aquele que carrega a responsabilidade sobre seus ombros. Os pesos das preocupações familiares, a educação das crianças, os cuidados e preocupações com a igreja, as lutas para viver com o limitado salário de um pastor — todas estas coisas devem ser suportadas pelo homem da casa. Ela irá, obviamente, ajudá-lo a levar estes pesos, mas você é o responsável pelo trabalho pesado. A sobrecarga de estar ciente do peso da vida não a esmagará, se ela souber que você, como um homem valoroso, está suportando todos os fardos com seus ombros.

Eu sei que você já tem conhecimento destas coisas e está bem fundamentado nestas verdades, mas assim como Pedro, eu o estimulo a lembrar-se delas (2 Pe 1.12,13).

Ao amar e cuidar de sua esposa, você cria um ambiente seguro e estável para seus filhos. Eu me lembro de minha filha, Heather, vindo até mim, quando era apenas uma menininha. Ela disse: "Papai, eu estou feliz porque você me ama". Eu respondi brincando com ela, "Como você sabe que eu te amo?" "Porque", ela disse, com muito mais discernimento que o esperado de uma criança de sete anos, "você ama a mamãe". Oh, como seria bom poder inculcar este discernimento na mente de todo marido e pai! Amar sua esposa faz seus filhos sentirem-se amados.

Na verdade, o oposto também é verdadeiro. Amar seus filhos faz sua esposa se sentir amada. Eu me lembro de uma noite quando as crianças ainda eram pequenas, eu estava engatinhando no chão, brincando com elas. Inesperadamente Margy apareceu atrás de mim e colocou seus braços ao redor de meu pescoço dizendo: "Eu te amo tanto". Eu respondi: "Eu também te amo, mas, por que você está dizendo isto agora?" Ela disse: "Eu simplesmente te amo". Agora entendo o que a levou àquela demonstração espontânea de carinho. Eu estava investindo minha vida nas crianças e isto era um investimento que significava tudo para ela; então, isto a fez sentir-se mais perto de mim.

Eu sempre fui fascinado por Efésios 6.4 colocar disciplina e educação nas mãos do pai. Todos sabem que as mães passam muito mais tempo com os filhos. Então, por que isto deveria ser identificado como um chamado dos pais? As mães, obviamente, também são responsáveis pela disciplina e educação dos filhos. Educar os filhos, no entanto, pode não ser tão natural para os homens quanto o é para as mulheres, mas Deus diz que é sua obrigação. O fato deste chamado ter sido designado aos pais, significa que eles devem prover a liderança na educação dos filhos.

Você é o homem de Deus para a liderança na disciplina, correção e motivação de seus filhos. Você tem o importante papel de dividir sua visão desta tarefa com Mary. Você pode ser a referência dela para uma série de questões e também o seu encorajamento, quando ela for tentada a ser muito tolerante ou ainda muito dura. Você pode formar acordos de parceria com Mary sobre quando e como disciplinar. É um chamado específico dos pais assegurar que os filhos sejam criados na disciplina e instrução do Senhor.

Em Gênesis 18.19, Deus diz aos líderes do lar palavras que são tão verdadeiras para nós, como eram para Abraão: "Porque eu o escolhi para que ordene a seus filhos e a sua casa depois dele, a fim de que guardem o caminho do Senhor e pratiquem a justiça e o juízo; para que o Senhor faça vir sobre Abraão o que tem falado a seu respeito". Deus irá cumprir todas as suas promessas para Abraão, mas Ele irá fazê-lo no contexto da função de Abraão, como alguém que é fiel a Deus.

Há muitas fases em nossas vidas. Você está na fase do novo ministério e dos cuidados e preocupações com uma jovem família. Haverá outras fases, na medida em que você e sua família amadurecem e envelhecem. É importante que você seja um líder previsível, estável e íntegro. Sua esposa e filhos irão se fortalecer ao vê-lo viver como um homem deslumbrado por Deus, sendo, portanto, cheio de alegria e confiança em todas as fases da vida.

SEJA UM PROTETOR

O corpo humano é uma maravilha da sabedoria e criatividade de Deus. O corpo nos provê com algumas analogias muito interessantes, para pensarmos sobre alguns assuntos. A membrana de uma célula humana, por exemplo, ao mesmo tempo em que está aberta àquilo que lhe é desejável, também está fechada para tudo que não é. Você precisa criar "membranas" como esta ao redor de sua família. Algumas das proteções que sua família precisa são comuns a todas, enquanto outras são específicas à família de um pastor.

Como em qualquer família, você precisa afastar as más influências da cultura. Um de meus antigos professores do seminário, Dr. Robert K. Rudolph, gostava de dizer: "Mentes abertas, assim como janelas abertas, precisam de telas para manter os insetos do lado de fora". Você precisa proteger tudo aquilo que é bom e respeitável através de "telas" para o seu lar. Agora, enquanto as crianças ainda são pequenas, é um bom tempo para você e Mary desenvolverem padrões específicos que irão usar para filtrar o que entra em sua casa. Obviamente, a cultura ímpia e anticristã que a mídia comum oferece não deve ser trazida para dentro do lar.

Haverá ocasiões que você terá de regular inclusive o tipo de acesso que algumas pessoas têm a seus filhos. Você terá de ser muito discreto e sábio com relação a maneira de fazer isto, mas seus filhos (e até mesmo sua esposa, algumas vezes) devem ser protegidos de algumas pessoas que Deus chamou para estarem sob seu pastoreio. Se o propósito de alguém é malevolente, sua família deve ser protegida. Felizmente, não haverá muitas ocasiões em que tal proteção será necessária.

Você também tem de guardar um tempo para sua família, ou não terá mais nenhum tempo junto deles. Esteja certo de organizar sua vida e seu ministério de forma a garantir um tempo com sua família. Eles precisam de tempo com você. Tempo para brincar e para os pequenos prazeres de estarem juntos pensando, meditando ou até mesmo lendo um bom livro. É importante que o papai esteja em casa investindo um tempo na vida familiar, e que abra mão dele somente se houver uma emergência. Que você esteja em casa, com o único propósito de desfrutar de sua família, sem nada mais em sua agenda.

Algumas destas proteções podem ser feitas apenas gerenciando bem a sua rotina, e agendando horários quando não estará ocupado com a congregação que você serve. É bom que suas ovelhas saibam que há ocasiões nas quais é melhor que elas não liguem para você, e também outros momentos nos quais as ligações são sempre bem-vindas. Claro que haverá emergências como doença, morte e crises familiares que cancelarão sua agenda, mas é um bom exemplo aos homens que você serve e um encorajamento às esposas deles, saber que o pastor tem tempo junto de sua família e o preserva.

É sábio que o pastor que tem filhos pequenos mantenha seu escritório de estudos e aconselhamento no prédio da igreja. Se você trabalhar em casa, estará sempre distraído e será pouco produtivo. Seus filhos não entenderão por que o papai não "vem brincar". Se você trabalhar no prédio da igreja, quando estiver em casa, realmente estará "em casa".

A casa de um pastor é por definição uma casa aberta. Você quer que sua família tenha alegria em compartilhar a hospitalidade e use todos os seus dons para ministrar a graça de Deus aos outros (veja 1 Pe 4.9,10). E exatamente por esta razão, é importante que você proteja sua família de se perder, enquanto ministra aos outros. Há uma preocupação óbvia aqui. Sua casa deve ser aberta, a fim de que os outros possam se revigorar com a beleza e alegrias de uma vida piedosa no lar. Ao mesmo tempo, sua família precisa ter a ordem de uma rotina normal e previsível.

Se você conseguir manter um equilíbrio apropriado aqui, descobrirá que a casa de um pastor pode ser um lugar maravilhoso para o ministério do evangelho. Numa cultura em que a vida familiar vem desmoronando, as pessoas estão sedentas por ver uma família na qual há alegria e amor por Deus e pelos outros. Você pode encorajar seus filhos a terem um amor sincero por usar sua casa e vida familiar como algo útil para ministrar aos outros. Algumas das melhores lembranças de nossos filhos são de ocasiões quando tínhamos convidados ao redor da mesa, e as pessoas desfrutavam não apenas uma boa refeição, mas também de uma conversa espiritual amistosa.

Proteja sua família, guardando seu coração de querer agradar os homens. A tentação será colocar as expectativas das pessoas de sua congregação antes de sua esposa e filhos. Richard Baxter escreveu um maravilhoso capítulo sobre os medos dos homens em *Christian Directory* (Diretório Cristão)[2]. Ele mostra como é impossível agradar a todas as pessoas. Você tem uma multidão para agradar e ao agradar alguém acaba desagradando o outro. Através de várias páginas de grande utilidade, ele mostra a impossibilidade de agradar aos homens e a liberdade de ter apenas um a quem agradar — Deus.

Agradar os homens não é apenas impossível, Timóteo, mas é, também, destrutivo a você próprio e à sua família. Você e Mary precisam se comprometer, graciosamente, a recusarem que as pessoas que você serve preparem a agenda de sua família, ainda que elas se esforcem para isto.

Proteja sua família de todos os desapontamentos e feridas do ministério. Algumas das maiores tristezas do ministério pastoral são aquelas vezes em que o pastor é acusado. Talvez suas boas obras de pastor sejam relatadas como más. Ou, talvez, ele seja objeto de ataques ou cobranças falsas e injustas. Você não irá servir no mesmo lugar por muito tempo,

2 Richard Baxter, Christian Directory, reimpressão, Ligioner, PA: Soli Deo Gloria, 1994, 183-195

sem passar por estes momentos de tribulação. Mas, lembre-se: você não precisa se defender — seu Defensor é forte.

Sua esposa e seus filhos precisam de proteção durante estes tempos. Eles saberão que você está passando pelo meio de uma tempestade. Eles podem orar e se sensibilizar com isto. Mas, especialmente seus filhos, não precisam ser arrastados por todos os seus estresses, desapontamentos, dores e medos. Mary certamente precisará saber mais sobre a situação do que seus filhos, mas, ainda assim, você poderá poupá-la dos detalhes mais sórdidos, os quais apenas a impediriam de dormir à noite. A idéia aqui não é colocá-la numa redoma, e lutar sozinho durante os períodos de provação. Vocês são uma só carne e você não pode caminhar sozinho. Aprenda a ter Mary como sua confidente, porém, sem fazê-la carregar os fardos.

Deus irá sustentá-lo durante estas provações. Depois da tempestade sempre vem a bonança (veja Sl 66.10-12). Quando você passar são e salvo pela tempestade, será uma bênção que sua esposa e filhos não tenham detalhes para esquecer, ou lutas para destruir qualquer raiz de amargura que tenha surgido.

É um trabalho maravilhoso — o ministério do evangelho. É claro que há provações. Deus nunca nos deixa ir para muito longe, sem nos ajudar a ver nossas próprias fraquezas e profunda necessidade de seu poder e capacitação. E assim como Pedro diz, em 1 Pedro 1.6-9, mesmo quando nossa fé está sendo testada por todo tipo de provação, nós também podemos ter uma alegria que é inefável e gloriosa. Eu tive esta experiência ainda ontem. Conforme colocava meus fardos diante do Senhor, fui tomado por um incrível senso de estar sendo cuidado por Ele, e pela bondade e retidão ao conhecê-Lo e servi-Lo. A alegria inefável e gloriosa é nossa, mesmo em meio a provações. Que Deus poderoso nós servimos!

Oramos freqüentemente para que Deus continue abençoando a você e toda a sua família.

Seguindo *na graça,*
Pastor Tedd Tripp

PS — Segue abaixo alguns títulos, cuja leitura irá encorajá-lo em seu chamado como marido e pai:

1. *Your Family, God's Way*, Wayne Mack (Phillipsburg, NJ: Presbyterian & Reformed Publishing Co., 1991).
2. *The Complete Husband*, Lou Priolo (Amityville, NY: Calvary Press Publishing, 1999).
3. *Pastoreando o Coração da Criança*, Tedd Tripp (Editora Fiel, São José dos Campos, SP).

Capítulo 4

Ame seu rebanho

Ted Christman

Amado Timóteo,

Calorosas saudações em nome de nosso Salvador! Foi maravilhoso receber sua última carta. Dianne e eu nos regozijamos ao saber como o Senhor está lhe estabelecendo, não apenas na comunidade em geral, mas especialmente entre o seu próprio povo. Sua crescente utilidade para as almas dos homens é assunto de freqüentes intercessões em nosso culto doméstico. Sinta-se encorajado em saber que em várias ocasiões o Senhor tem trabalhado em nossos corações a respeito de suas necessidades, de tal maneira que a única forma de nos expressarmos é através das lágrimas e quebrantamento. Quem dera estes corações errantes, insensatos e geralmente frios fossem sempre gentis e quebrantados.

Por favor, expresse nossas mais profundas afeições a Mary. Ela é verdadeiramente uma querida esposa e fiel companheira para você. Pensamos sempre sobre os nossos primeiros anos no ministério, e os peculiares desafios que eles trazem à, por vezes, solitária esposa do pastor. Por favor, assegure-a de nosso amor e de nossas orações por ela.

Timóteo, quero lhe agradecer por compartilhar conosco a breve história de sua igreja. Achei realmente muito interessante. Sou especialmente grato por sua avaliação espiritual da congregação. Sei que este esforço tomou muito do seu tempo, mas este é um exercício que você precisa praticar continuamente. Ele o ajudará a discernir o senso de direção de Deus, tanto para o presente quanto para o futuro de seu ministério. De minha parte, saber alguma coisa sobre a situação de seu rebanho ajuda-me consideravelmente na hora de lhe dar os conselhos que gostaria de dar-lhe.

Você me pediu para compartilhar alguns pensamentos sobre o assunto do amor ao rebanho. Consenti alegremente, porque a sua preocupação é nobre e cristã. Ao mesmo tempo, escrevo com humildade, porque sou dolorosamente consciente de minhas próprias deficiências em amar o rebanho como deveria. Na verdade, agradeço a você e ao Senhor pelo seu pedido. Isto exigiu de mim uma revisão de todo o assunto sobre amar nossas ovelhas, numa maneira que tem sido boa para minha alma e ministério. Que o Senhor possa ajudar-me e iluminar nossas mentes, reacendendo o fogo da afeição em nossos corações.

O que estou a ponto de compartilhar com você é o resultado de um raciocínio particular. Simplesmente sentei com um bloco de papel e comecei a escrever todos os pensamentos que vinham à minha mente sobre este assunto. Obviamente, estes pensamentos eram aleatórios e diversos. Alguns deles pareciam primários, enquanto outros eram claramente secundários. Antes do que esperava, eu tinha mais de uma página cheia de idéias e considerações — todas relacionadas de alguma forma a amar o seu rebanho. Imediatamente, o desafio tornou-se o que fazer com tantos pormenores. Minha decisão foi organizá-los em categorias lógicas e então arranjá-los em uma ordem razoável para apresentação. Provavelmente estou sofrendo daquela famosa doença ministerial conhecida como "Homiletiquite Pastoral Aguda", mas você também é pastor e deve ter um bocado desta mesma enfermidade. Apenas peço que você tolere gentilmente minhas idéias gerais. Pelo menos, não adicionarei um poema!

Ao pensar sobre o assunto do amor ao seu rebanho, me parece razoável levantar cinco perguntas. De forma muito simples, elas são:

1 Por que esse amor é necessário?
2 Como esse amor se exterioriza?
3 O que esse amor deve superar?
4 Com quem esse amor deve assemelhar-se?
5 Onde estão os recursos necessários?

AME SEU REBANHO — POR QUE ISTO É NECESSÁRIO?

Permita-me começar com a primeira pergunta. “Por que isto é necessário?”. Timóteo, estou completamente persuadido de que você ama suas ovelhas. É evidente através daquilo que você faz por elas e até mesmo pela forma que fala nelas. No entanto, é bom que nós dois pensemos freqüentemente sobre como podemos sobressair ainda mais neste amor. Deixe-me dar algumas coisas para você considerar.

De uma perspectiva negativa, deve ser dito que se nós não amamos nosso rebanho, isto deve ser tomado como uma prova definitiva que Deus, o Pai, não nos colocou como pastores de seu rebanho. E nem o Senhor Jesus Cristo nos designou como dádiva para sua igreja. As Escrituras são muito claras nesta questão. Para seu povo da Velha Aliança, Deus disse: “Dar-vos-ei pastores segundo o *meu coração*, que vos apascentem com conhecimento e com inteligência” (Jr 3.15). Não preciso convencê-lo de que para ter um coração segundo o coração de Deus é preciso, entre outras coisas, ter um coração de amor. As implicações de *não* ter um coração de amor são mais que óbvias.

Uma vez que os pastores são “dádivas” para a igreja (Ef 4.11), é igualmente impensável que Ele colocaria como pastores aqueles que não amam suas ovelhas. O mesmo Salvador que amou os seus até o fim (Jo 13.1), implanta uma porção de seu DNA espiritual no coração de cada verdadeiro pastor.

Além disso, se não amamos nosso rebanho, seremos profundamente incapazes de exercer qualquer uma de nossas responsabilidades com o motivo apropriado. Tudo quanto fizermos será superficial — serviço mecânico de um mero profissional. Tenho certeza que você já aprendeu em seu breve pastorado que preparar os sermões com muito estudo, pregar com zelo e paixão, interceder fervorosamente em favor de suas ovelhas, exercitar um cuidado genuíno pelos membros, oferecer uma liderança sábia e corajosa aos diáconos e à congregação, etc. é um trabalho extremamente difícil que exige muito de nós! Qual seria, então, o peso destes mesmos trabalhos para um ministro que não possui o verdadeiro amor de Deus pelo seu rebanho? Certamente, seu trabalho seria mundano, para dizer pouco, e estaria destinado a se tornar absolutamente irritante. Esta talvez seja uma das razões principais porque muitos pastores são arruinados, desligam-se do ministério e acabam vendendo seguro de vida.

Falando de forma positiva, no entanto, possuir apenas um pouquinho do coração de Deus, espontaneamente, energiza e motiva o pastor a seguir com suas responsabilidades pastorais. Ao amar seu rebanho, ele anseia ajudá-los a entender a verdadeira Palavra de Deus, que nos faz crescer em fé, nos santifica, nos guia, nos conforta, e é capaz de transformar vidas. Portanto, ele estuda *laboriosamente* para preparar seus sermões e os pronuncia com uma medida de zelo e paixão.

Ao amar seu rebanho e ansiar pelo seu crescimento em graça, assim como sua paz e alegria no Senhor, o pastor carrega fervorosamente seus nomes em seu peitoral para o lugar santo, em sua intercessão sacerdotal. Ele não pode fazer menos do que isso.

O pastor que ama suas ovelhas também se assegura de que sabe a situação de suas almas, visitando suas casas e perguntando sobre sua saúde espiritual. Ele as ama demais para conversar sobre futilidades. Ele se sente compelido a fazer aquelas perguntas difíceis — as possivelmente embaraçosas. Ele anseia saber sobre a regularidade de seus devocionais, seu progresso na graça e a intimidade de seu caminhar com Deus. É profundamente interessado no culto doméstico, na situação de seu casamento e também se estão se beneficiando ou não dos meios públicos da graça. Ele deseja saber como pode orar melhor por elas. Contudo, estas preocupações práticas não são meramente quanto ao *rebanho* como um todo. Elas também se aplicam a *cada* uma das ovelhas individualmente, incluindo os solteiros, geralmente negligenciados, que lutam com seus desafios peculiares. Timóteo, esteja certo disso. Este tipo de interesse deve estar profundamente enraizado no solo do amor.

Um pastor que ama também entende a importância de que suas

ovelhas sejam persuadidas de seu amor por elas. Isto irá capacitá-las a prestar mais atenção a suas exortações, tanto pública quanto privadamente. J. C. Ryle disse: "Uma vez que você tenha certeza de que alguém o ama, irá ouvir prontamente qualquer coisa que este alguém tenha a lhe dizer".[1] Richard Baxter colocou esta idéia da seguinte forma: "Quando as pessoas vêem que você as ama sem qualquer pretensão, ouvirão qualquer coisa que você lhes disser e carregarão qualquer coisa que você colocar sobre elas".[2] Esta *persuasão* do amor de seu pastor capacitará a congregação a submeter-se mais docemente à sua liderança. Ela sabe que seu pastor a ama. Ela sabe que ele quer somente o bem dela. Meu amado irmão, afirme freqüentemente seu amor para o seu povo, tanto pública quanto individualmente; não apenas por seu ministério fiel e corajoso, mas também através de palavras de carinho. Freqüentemente, eles devem vê-lo olhando suas faces e escutá-lo dizendo: "Eu verdadeiramente o amo em Cristo. Sou muito grato por você fazer parte desta congregação".

AME SEU REBANHO — COMO ISTO SE EXTERIORIZA?

Minha segunda pergunta é: "Como isto se exterioriza?" De certa forma, já respondi esta pergunta. Ao procurar demonstrar o quanto o amor motiva e energiza nosso trabalho ministerial, fiz referência à preparação diligente dos sermões, pregação zelosa, intercessão fervorosa, cuidado genuíno e liderança corajosa. Onde estes elementos estiverem faltando, não pode haver o amor verdadeiro pelo rebanho. Por outro lado, é evidente que onde existe tal amor, ele irá se manifestar através daquelas exatas responsabilidades. Em outras palavras, o retrato do pastor que ama deve sempre ser pintado com as cores brilhantes da diligência, amor, fervor, cuidado e coragem.

Há ainda outras atrativas nuanças que, da mesma forma, contribuem para a elaboração de um retrato cativante do pastor que ama. Elas não se referem tanto a suas funções ministeriais, e sim ao seu

1 J. C. Ryle, *The Christian Leaders of England in the 18th Century*, Popular Edition,1902, 55.

2 Richard Baxter, *O Pastor Aprovado*, PES, São Paulo, SP.

comportamento e postura — a forma como se relaciona com suas ovelhas e conduz a si mesmo. Estas cores primárias são a *humildade* e a *ternura.*

Para amarmos verdadeiramente nossos rebanhos da forma como Cristo amou, nós temos de ser homens de genuína humildade, "manso e *humilde* de coração" (Mt 11.29). Entre outras coisas, a graça da humildade irá nos tornar mais acessíveis. Nosso amado Salvador era sempre acessível. Mestres em Israel como Nicodemos, orgulhosos fariseus como Simão, coletores de impostos e pecadores, ricos e pobres, cultos e ignorantes, e até mesmo pequenas crianças viam o Senhor como alguém convidativo e acessível. É tão triste que muitas ovelhas sintam-se apreensivas ao marcar uma reunião com seu pastor! Em alguns casos, isto ocorre por serem tímidos e anti-sociais, porém é muito comum tal dificuldade estar baseada em perceptível distanciamento do pastor: "É difícil conversar com ele... Parece que ele apenas está muito ocupado para desperdiçar seu tempo comigo... Ele me faz sentir que tem 'abacaxis maiores para descascar'... Eu sinto que sua mente não está realmente focada em mim". Estes são presságios e conclusões desencorajadoras que um membro da congregação jamais deveria ter.

Referindo-se a pastores que se imaginam com algum tipo de superioridade santificada, Spurgeon disse certa vez aos seus alunos, na faculdade: "É isto que estou censurando, esta terrível dureza ministerial. Se você se deixou contaminar por isto, eu lhe recomendaria ir e 'se lavar no Jordão por sete vezes', e se limpar completamente disto, cada pequena partícula".[3] Neste mesmo texto, o famoso pastor londrino disse: "Livrem-se das pernas-de-pau, irmãos, e andem com seus pés; retirem seu eclesiasticismo e ataviem-se com a verdade".[4]

Estas belas virtudes de humildade, mansidão e comunicabilidade devem brilhar *especialmente* quando nossas ovelhas, ocasionalmente, vêm nos advertir ou até mesmo nos corrigir. Irmão, um verdadeiro pastor que ama é capaz de admitir diante de suas ovelhas que ele estava errado, talvez até mesmo que ele pecou. Embora nosso Supremo Pastor

---

3 C. H. Spurgeon, *Lições aos Meus Alunos*, PES, São Paulo, SP.

4 Idem.

nunca esteja errado e jamais tenha pecado, para que nós sejamos como Ele em humildade, *temos* de estar prontos a ser construtivamente criticados. A longo prazo, ganhamos muito mais confiança de nosso povo nos humilhando diante deles, do que sempre insistindo que estamos certos. Muitas vezes, temos admirado a coragem de Priscila e Áquila por terem chamado Apolo, e, "com mais exatidão, lhe expuseram o caminho de Deus" (At 18.26). Com que freqüência valorizamos um eloqüente pregador por ser humilde o suficiente, a ponto de se deixar corrigir por alguns leigos?

Uma outra virtude essencial para o pastor semelhante a Cristo é o *afeto*. Amar nossas ovelhas requer que sempre planejemos e demonstremos uma ternura genuína e uma simpatia pastoral. Elas precisam saber e sentir, quando forem aliviar suas almas (seja pela confissão de um grave pecado, a admissão de frieza espiritual, a revelação de um casamento instável ou o relato angustiante da morte de um ente querido), que aquele a quem elas vêm em busca de ajuda e direção, verdadeiramente se importa. Elas também precisam sentir o mesmo interesse, se vieram compartilhar novidades tão felizes quanto um noivado ou uma gravidez.

Timóteo, deixe-me reiterar. Suas ovelhas precisam *saber* e *sentir* além de qualquer sombra de dúvida que você é gentil, amável, terno, amigável, interessado, atencioso e afetuoso. Se elas duvidarem da realidade destas virtudes, irão inevitavelmente duvidar de seu amor. Se duvidarem de seu amor, sua efetividade ministerial será praticamente paralisada.

Conforme eu concluo a resposta de minha segunda pergunta, escute mais uma vez o conselho de Charles Spurgeon. Ele disse:

> Um homem precisa ter um grande coração, se tiver uma grande congregação. Quando um homem tem um grande e amável coração, outros homens virão até ele, como navios seguem para o ancoradouro, e sentem-se em paz, quando atracam sob o sotavento de sua amizade. Tal homem é cordial tanto em particular quanto em público; seu sangue não é frio e duvidoso, mas

ele é tão caloroso quanto sua própria lareira.[5]

AME SEU REBANHO — O QUE ISTO DEVE SUPERAR?

Como você provavelmente descobriu, amar seu rebanho não é sempre fácil. Às vezes, pode ser bem difícil. Este é um fenômeno que precisamos entender. Quanto mais conscientes estivermos das dinâmicas que se opõe ao abnegado amor pastoral, mais sucesso teremos em superá-las.

Parece-me que há inimigos de dentro e de fora que se levantam em oposição ao tipo de amor pastoral que precisamos possuir. Estas "forças de guerrilha" *infiltradas* estão enraizadas em nossos pecados remanescentes — parcialidade, egoísmo, preguiça, orgulho, etc. Você pode imaginar o quanto a nossa pecaminosidade se manifesta. Os cenários são praticamente ilimitados! Um árduo dia de trabalho chegou ao fim. Você e Mary haviam planejado uma noite fora, uma pequena "fugidinha" de casa. Já está tudo certo com a babá que vocês arrumaram para cuidar de seu filho. Tudo parece ir bem, até o telefone tocar. Timóteo, você pode terminar esta história. Poderia ser um problema conjugal ou literalmente uma centena de outros assuntos. O desfecho é que em muitos casos a situação é suficientemente séria a ponto de você *amavelmente* deixar seus planos de lado e ministrar à ovelha que pranteia. É *apenas* o amor de Cristo que impede o surgimento de ressentimento, vence a carne e ternamente faz o sacrifício. Tempo e espaço não irão me permitir comentar sobre as granadas destrutivas que a preguiça, o cansaço, o desencorajamento, o ressentimento, o orgulho e a superficialidade também lançam sobre nós. Tudo o que posso dizer, irmão, é que nós precisamos lutar *constantemente* contra estes e ainda outros pecados remanescentes, os quais procuram capturar e aprisionar nosso amor.

E além destes, há os inimigos de *fora* — a potencial tirania das responsabilidades administrativas, o ritmo alucinante da vida, interrupções inesperadas, etc. Adicione a estas forças de oposição aquelas ovelhas difíceis, cansativas, desagradáveis, críticas, impacientes e carentes, que

5 Idem.

parecem tomar tanto de nosso precioso tempo. Tentamos enfrentar as exigentes circunstâncias da vida, priorizando nossas responsabilidades e gerenciando nosso tempo da melhor forma possível, mas ainda assim estas inevitáveis interrupções se colocarão no meio do caminho e poderão obstruir o amor que nós tanto desejamos expressar. O desafio mais difícil de todos é: "Como você pode amar os *desagradáveis*?" Deus tem sabiamente colocado alguns deles em toda congregação. Embora eles sejam cansativos e, às vezes, frustrantes para nós, eles também são preciosos para o Salvador. São os MDG de nosso rebanho — aqueles "Meios Da Graça" que intencionam *nos* tornar mais piedosos. Talvez você já tenha ouvido o ditado: "Viver lá em cima com os santos que amamos... Oh, seria a glória! Viver na terra com os santos que conhecemos... é outra história!" Amar tais ovelhas só é possível através do tipo de amor que nosso Pastor possui por nós. Para obter tal força, precisamos ir até o Forte! Este pensamento provê a continuação natural para a minha quarta pergunta.

AME SEU REBANHO — COM QUEM ISTO DEVE ASSEMELHAR-SE?

Quando pensamos sobre a *qualidade* do amor pastoral que desejamos, a pergunta que naturalmente surge é: "Com quem isto deve assemelhar-se?" Felizmente, não precisamos procurar muito para achar a resposta. O exemplo *máximo* do perfeito amor pastoral é clara e indisputavelmente o Senhor Jesus Cristo.

O apóstolo Paulo falou repetidas vezes sobre o amor de Cristo. Em Efésios 3.19, ele descreve tal amor como o que "excede todo o entendimento". Talvez a característica central e mais ilustre deste amor incompreensível seja a *abnegação*. Naquela mesma carta aos Efésios, o apóstolo disse: "... Cristo amou a igreja *e a si mesmo se entregou* por ela" (Ef 5.25). Em Gálatas 2.20, Paulo falou de forma pessoal e carinhosa. Ele disse: "... no Filho de Deus, que me amou e a *si mesmo se entregou* por mim". Referindo-se à sua própria bondade como pastor, o Senhor Jesus disse: "Eu sou o bom pastor: O bom pastor *dá a vida* pelas ovelhas" (Jo 10.11). Novamente, quando estava refletindo sobre a qualidade de seu amor, o Salvador disse claramente: "Ninguém tem maior amor do que este: *de dar alguém a própria vida* em favor dos seus amigos" (Jo 15.13).

Amado irmão, se a atitude mais cristã que um marido pode ter por sua esposa é entregar sua vida por ela, então certamente a atitude mais cristã que podemos ter por nossas ovelhas é entregarmos nossas vidas por elas. O amor que precisamos cultivar é essencialmente sacrificial. O amor perfeito é aquele do nosso Salvador. Conforme seguimos com nosso ministério e nos empenhamos para crescermos em conformidade com Ele, "contemplando, como por espelho" a glória de nosso Senhor, "somos transformados, de glória em glória, na sua própria imagem" (2 Co 3.18); nós nos pareceremos mais com *Ele*, e o nosso amor será mais parecido com o *dEle*. Se o nosso ministério for prolongado pelo amor de Deus, acharemos mil maneiras de entregar nossas vidas pelo rebanho, freqüentemente até o ponto da exaustão, até o dia de nossa morte.

Uma outra virtude exemplificada no caráter de nosso Senhor é a *paciência*. Toda vez que leio os evangelhos, fico pasmado pela forma tão graciosa com que Ele suportou a descrença, ignorância, estupidez, ingratidão e orgulho de seus discípulos. Em uma ocasião Ele teve de dizer aos doze: "*... há tanto tempo estou* convosco, e não me tens conhecido?" (Jo 14.9). Em uma outra ocasião, Ele disse: "Ó néscios e *tardos de coração para crer*" (Lc 24.25). Freqüentemente, podemos vê-Lo lamentando ternamente: "*Homem de pequena fé, por que duvidastes?*" (Mt 14.31). Até mesmo na véspera de sua crucificação, quando seu coração estava pesado com a perspectiva do abandono divino, seus discípulos, homens fracos, descrentes e de coração insensível, "suscitaram também entre si uma discussão sobre qual deles parecia ser o maior" (Lc 22.24). E como foi que aquele com quem nós devemos nos assemelhar respondeu? *Sempre, sempre, sempre* com gentileza e paciente serenidade. Timóteo, nossos discípulos não são diferentes daqueles do Senhor. Eles, assim como seus pastores, também lutam com descrença, ignorância, estupidez, ingratidão e orgulho. Nossa tarefa é ajudá-los a livrar-se destes pecados com o amor paciente e longânimo que assemelha-se ao amor do Senhor.

AME SEU REBANHO — ONDE ESTÃO OS RECURSOS NECESSÁRIOS?

Amado irmão, chego agora a minha última pergunta: "Onde estão os recursos necessários?" Quando você considera a necessidade de amar seu rebanho, a aparência dele, o que ele precisa superar e a quem ele deveria assemelhar-se, certamente você se junta a mim no mesmo sentimento de incapacidade. Ao contemplar tais assuntos, nos vemos clamando espontaneamente junto do apóstolo Paulo: "Quem, porém, é suficiente para estas coisas?" (2 Co 2.16). Claro que a resposta é "Ninguém"! No entanto, o mesmo apóstolo, apenas alguns versículos adiante, nos mostra qual é a nossa verdadeira esperança. Ele diz: "... a nossa suficiência vem de Deus" (2 Co 3.5). A responsabilidade de amar nossas ovelhas de uma maneira que realmente agrade ao Senhor é significativa. Às vezes, parece até mesmo impossível. O fato que nos encoraja é saber que *todos* os recursos necessários para se cumprir tão árdua tarefa estão prontamente disponíveis. Eles podem ser encontrados no Deus trino das Escrituras. Nós, simplesmente, temos de correr para a sua Palavra e seu trono.

No que diz respeito a sua Palavra, devemos procurar continuamente por direção em suas sagradas páginas, quanto a *como* amar nosso rebanho. Neste sentido, encontramos uma infinidade de preceitos, princípios e exemplos para a nossa instrução, especialmente nas palavras e obras do Salvador. A vida e ministério do apóstolo Paulo também são abundantes de conselhos úteis. O livro de Atos e as epístolas nos revelam muito sobre o coração de um pastor que ama. Sobre os preceitos morais de Deus foi dito: "A lei são os olhos do amor, e sem ela, o amor é cego". Isto também é verdade para o amor pastoral. Sem os olhos das Escrituras, seu amor é cego. Você e eu não temos o direito de amar as ovelhas de Cristo do jeito que *nós* acreditamos que elas devem ser amadas. Temos a responsabilidade de amá-las da forma que o Grande Pastor requer.

Além de nos curvarmos perante sua Palavra, também temos de nos curvar continuamente em oração diante de seu trono. Lá, poderemos aprender a próspera ocupação de pedir. Como você bem sabe, no Reino de Deus, os pedintes tornam-se ricos.

Timóteo, já lhe falei do Deus triuno. Vou explicar melhor o que tinha em mente. Deus, o *Pai*, dá os pastores de acordo com seu próprio coração (Jr 3.15). O exaltado *Filho* de Deus dá pastores para a igreja (Ef 4.11). Deus o *Espírito Santo* constitui bispos (At 20.28). Nós simplesmente temos de nos prostrar diante do trono gracioso deste Deus, e suplicar às respectivas Pessoas da Trindade para nos moldar em tudo aquilo que precisamos ser. Ele, que designa e constitui verdadeiros pastores, é capaz de fazê-los *melhores* pastores — por exemplo, com mais amor. Diante de seu trono de graça, temos de continuamente apresentar argumentos santos. Nós devemos clamar: "Oh Deus, eu quero um coração mais parecido com o teu, para que possa amar melhor *tuas* ovelhas. Peço-Te que me tornes semelhante a Ti mesmo! Como poderás negligenciar o meu pedido?" Certamente, o Senhor irá se agradar de tais orações! Ele, certamente, irá responder estas orações! John Piper descreve graficamente a oração como "a junção da causa primária e secundária". Ele segue caracterizando-a como "a emenda de nosso fraco arame com o raio dos céus".[6] Com um recurso como este, de infinito poder, que nós possamos estar fervorosos e freqüentemente clamando por tal graça.

Irmão, agradeço-lhe por sua paciência em ler esta carta tão longa. Confesso, no entanto, que sequer cheguei a arranhar a superfície. Também sou dolorosamente consciente de minhas próprias falhas em amar meu rebanho como deveria. Este pecado da omissão é um assunto de freqüente confissão de minha parte. Concluindo, Timóteo, por favor, lembre-se a quem nossas ovelhas pertencem. Eu digo "nossas ovelhas", mas na realidade elas *não* são nossas. Elas pertencem Àquele a quem nós temos o privilégio de servir — o Grande Pastor. Esta é apenas mais uma razão muito séria porque nós *nunca, jamais*, devemos nos aproximar como "senhores absolutos" daqueles que nos foram confiados (1 Pe 5.3). Pelo contrário, com todo o amor de Deus que nós pudermos adquirir, precisamos imitar o Senhor, de quem foi dito: "Como pastor, apascentará o seu rebanho; entre os seus braços recolherá os cordeirinhos e os levará no seio; as que amamentam ele guiará mansamente" (Is 40.11).

Que o Senhor graciosa e abundantemente derrame em nossas imerecedoras almas, quantidades cada vez maiores de seu próprio amor

---

6 John Piper, *Brothers, We Are Not Professionals*, Nashville, TN: Broadman and Holman Publishers, 2002, 58.

pelas ovelhas. Por favor, comprometa-se comigo de pedir a Deus mais deste maravilhoso dom. Timóteo, se você é capaz de receber uma última e breve exortação de um pai espiritual, humildemente aceite esta. *Ame seu rebanho*! Baxter disse: "Certifique-se de possuir terno amor em seu peito, e deixe que as outras pessoas sintam isto em suas palavras e vejam isto em seu comportamento. Deixe que elas vejam que você está disposto a dar e a ser dado por elas".[7]

Mande nossas calorosas lembranças para Mary e diga-lhe que estamos orando por uma boa gravidez e um parto seguro de um outro saudável bebê. Conforme você for nos informando de sua situação, continuaremos intercedendo pelas bênçãos do Senhor em sua igreja. Eu humildemente lhe peço que você se lembre do *Heritage Ministry* (Ministério da Herança) da mesma forma. Até que nos correspondamos novamente, que "O Senhor te abençoe e te guarde; o Senhor faça resplandecer o rosto sobre ti e tenha misericórdia de ti; o Senhor sobre ti levante o rosto e te dê a paz" (Nm 6.24-26).

Um abraço carinhoso de seu irmão em Cristo,
Pastor Ted

PS — Você havia me perguntado sobre livros que pudessem ser úteis no assunto de amor ao rebanho. Recomendo que você leia os seguintes títulos:

1. *Lições aos meus Alunos*, Charles H. Spurgeon (PES, São Paulo, SP).
2. *O Pastor Aprovado*, Richard Baxter (PES, São Paulo, SP).

7 Richard Baxter, O Pastor Aprovado, PES, São Paulo, SP.

Capítulo 5

Memorize as Escrituras

ANDY DAVIS

Amado Timóteo,

Não tenho palavras para lhe dizer o quanto fiquei feliz ao ouvir notícias sobre o seu novo ministério como pastor! Lembro-me com carinho daqueles tempos em que orávamos juntos, quando você ainda se perguntava, do fundo de seu coração, se Deus estava ou não chamando-o para o ministério. Vê-lo crescer, do incrédulo que você era quando nos conhecemos até o ponto que você chegou hoje, é uma das maiores alegrias que já tive o prazer de experimentar no ministério. Você certamente deve lembrar como estava apreensivo ao confidenciar-se comigo em nossa primeira conversa, sem sequer imaginar que algum dia eu seria um de seus melhores amigos. Conforme a conversa foi avançando, nos assuntos de vida após a morte e do sacrifício expiatório de Cristo pelos pecados, eu senti, como se o Espírito Santo estivesse selecionando pessoalmente cada versículo das Escrituras especialmente para você, como um hábil cirurgião selecionando cada um dos instrumentos cirúrgicos, a fim de que Deus exortasse por meu intermédio (veja 2 Co

5.20). E o mais impressionante era que eu havia deixado minha Bíblia em casa de forma a ter de confiar apenas nos versículos que eu havia memorizado, a fim de compartilhar com você. É exatamente sobre isso que quero falar agora — o valor da memorização das Escrituras, em cada aspecto de sua vida como um pastor.

Timóteo, anelo ver sua vida e ministério tendo valor completo para a glória de Deus e para o crescimento de seu reino. Minhas maiores súplicas em seu favor são que nunca se esqueça da importância central da Palavra de Deus, tanto para você pessoalmente quanto para a igreja a qual está pastoreando. A fim de manter-se espiritualmente saudável e proteger-se das tentações e ataques do inimigo, você precisa continuamente saturar sua mente na Palavra de Deus, de forma a escapar de todas as armadilhas que o inimigo colocar sob seus pés. Um dos aspectos mais difíceis do ministério pastoral é perceber o quão vital é para a igreja o seu caminhar com Cristo. Desta maneira, você é um alvo estratégico e atrativo para o diabo. Se ele conseguir arrastá-lo para baixo, muitos outros irão cair com você. Este é um paralelo com a situação do rei Davi e do povo de Israel e Jerusalém. Quando Davi pecou por fazer o recenseamento dos homens de combate em Israel, o povo pagou o preço através de uma praga enviada pelas mãos do Senhor (1 Cr 21.14). Da mesma forma, quando Davi pecou ao cometer adultério com Bate-Seba e quando confessou seu pecado no Salmo 51, estava muito preocupado com a prosperidade de Jerusalém: "Faze bem a Sião, segundo a tua boa vontade; edifica os muros de Jerusalém" (Sl 51.18). O pecado é um "luxo" ao qual um pastor não pode dar-se — o preço para o seu povo é inacreditavelmente alto. Portanto, quando o inimigo espreitar ao seu redor, procurando destruir sua família, tudo o que você tem plantado no ministério, e a sua própria vida também, lembre-se que nosso Senhor Jesus Cristo respondeu ao diabo com trechos memorizados das Escrituras: "...Retira-te, Satanás, porque está escrito..." (Mt 4.10).

Isto me leva a um outro aspecto de seu caminhar com Deus que será fundamental para a frutificação de seu ministério pastoral: seguir a liderança e orientação de Deus, através da obediência absoluta em um momento após o outro. Os pastores estão constantemente sentindo a necessidade de orientação em seus ministérios — "O que devo fazer agora, Senhor?" A resposta de Cristo aponta o caminho. Enquanto estava no deserto, o diabo tentou Cristo: "Se és Filho de Deus, manda que estas pedras se transformem em pães". Jesus respondeu: "Está escrito: Não só de pão viverá o homem, mas de toda palavra que procede da boca de Deus" (Mt 4.3,4). Timóteo, por muito tempo pensei que este versículo estivesse apenas me instruindo que eu precisava ter um momento silencioso todos os dias. Mas, recentemente, descobri o contexto daquela passagem no Velho Testamento, e acabei percebendo o quão superficial era aquela minha aplicação. Jesus estava citando Deuteronômio 8.3, e o contexto deste versículo é fundamental:

> Cuidareis de cumprir todos os mandamentos que hoje vos ordeno, para que vivais, e vos multipliqueis, e entreis, e possuais a terra que o SENHOR prometeu sob juramento a vossos pais. Recordar-te-ás de todo o caminho pelo qual o SENHOR, teu Deus, te guiou no deserto estes quarenta anos, para te humilhar, para te provar, para saber o que estava no teu coração, se guardarias ou não os seus mandamentos. Ele te humilhou, e te deixou ter fome, e te sustentou com o maná, que tu não conhecias, nem teus pais o conheciam, para te dar a entender que não só de pão viverá o homem, mas de tudo o que procede da boca do SENHOR viverá o homem (Dt 8.1-3).

Deus liderou Israel, passo a passo, pelo deserto, humilhando o povo e levando-o a olhar para Deus em cada uma de suas necessidades e em todas as circunstâncias, quer as boas ou as ruins. De fato, Deus treinou Israel a olhar para sua boca e a viver e mover-se apenas mediante as palavras que saíssem da boca de Deus. Isto foi igualmente salientado em seus deslocamentos de um lugar para o outro, conforme eles seguiam a liderança de Deus através da coluna de nuvem e de fogo:

> Quando a nuvem se erguia de sobre a tenda, os filhos de Israel se punham em marcha; e, no lugar onde a nuvem parava, aí os filhos de Israel se acampavam. Segundo o mandado do SENHOR, os filhos de Israel partiam e, segundo o mandado do Senhor, se acampavam; por todo o tempo em que a nuvem pairava sobre o tabernáculo, permaneciam acampados. Quando

> a nuvem se detinha muitos dias sobre o tabernáculo, então, os filhos de Israel cumpriam a ordem do SENHOR e não partiam. Às vezes, a nuvem ficava poucos dias sobre o tabernáculo; então, segundo o mandado do SENHOR, permaneciam e, segundo a ordem do SENHOR, partiam. Às vezes, a nuvem ficava desde a tarde até à manhã; quando, pela manhã, a nuvem se erguia, punham-se em marcha; quer de dia, quer de noite, erguendo-se a nuvem, partiam (Nm 9.17-21).

Então, de fato, o Senhor Jesus Cristo estava dizendo: "Satanás, eu não irei comer a não ser ao comando do Senhor. Não vivo apenas de pão, mas de cada palavra que sai da boca de Deus. Quando Deus der a ordem, irei comer novamente!" Assim, obviamente, esperamos que Deus nos "dê a palavra" para a direção de nossas vidas, unicamente através da Palavra escrita de Deus. Mas este entendimento do contexto da citação de Cristo no Antigo Testamento tem tornado a frase "toda palavra que sai da boca de Deus" muito mais vívida em termos de obediência pessoal diária. Daqui virá a orientação que você procura para cada aspecto de seu ministério.

A memorização das Escrituras é benéfica para a sua vida pessoal diante de Deus. Ela também é benéfica para a saúde de sua família. Estou tão contente por Deus estar abençoando a você e a Mary com outra criança! Ser pai é ao mesmo tempo uma imensa alegria e um tremendo desafio. Mas perceba que, parafraseando Jesus, "de quê valeria para um pastor ganhar uma 'igreja de sucesso' e perder sua família?" Ou, colocando isto de forma mais bíblica, "... se alguém não sabe governar a própria casa, como cuidará da igreja de Deus?" (1 Tm 3.5). Sua esposa precisa de seu amor e dedicação constantes, Timóteo. Memorizar Efésios 5 tem abençoado meu casamento constantemente. Quando estou dirigindo para casa depois de um dia difícil na igreja e meus olhos se voltam egoisticamente apenas para mim, o Espírito Santo me traz novamente aquelas palavras das Escrituras em um chamado estridente: "Maridos, amai vossa mulher, como também Cristo amou a igreja e a si mesmo se entregou por ela..." e também "Quem ama a esposa a si mesmo se ama" (Ef 5.25,28). De fato, o Espírito diz: "Tire os olhos de si mesmo, Timóteo, e ame a sua esposa". Várias vezes Deus tem usado alguma passagem que tenho memorizado para abençoar minhas orações com minha esposa ou até mesmo como meio de liderança de Deus para mim, em meu papel de cabeça espiritual no casamento. Esta disciplina também irá ajudar a proteger seu casamento do incrível estresse associado ao ministério pastoral.

Da mesma forma, saturar sua mente com as Escrituras irá capacitá-lo a ensinar seus filhos e discípulos de maneira adequada. Seus filhos são seus primeiros discípulos — não os perca, enquanto procura ganhar o mundo para Cristo. Novamente, a sabedoria de Deuteronômio guia sua paternidade como o sacerdote de sua família:

> Ouve, Israel, o SENHOR, nosso Deus, é o único SENHOR. Amarás, pois, o SENHOR, teu Deus, de todo o teu coração, de toda a tua alma e de toda a tua força. Estas palavras que, hoje, te ordeno estarão no teu coração; tu as inculcarás a teus filhos, e delas falarás assentado em tua casa, e andando pelo caminho, e ao deitar-te, e ao levantar-te (Dt 6.4-7).

Timóteo, realmente não sei como você pode obedecer a este mandamento de forma prática, se não se entregar à memorização. Para falar delas quando estiver "assentado em tua casa, e andando pelo caminho", você precisa tê-las armazenadas em sua memória, ou, então, sempre carregar uma Bíblia com você. Ainda mais impressionante é a palavra "inculcarás". (Em muitas outras versões: "ensines-as com persistência".) Esta mesma palavra é usada para a amolação da espada reluzente de Deus em Deuteronômio 32.41 e significa "afiar". Você se lembra daquele acampamento de discipulado que fizemos com alguns rapazes durante nosso estudo bíblico? Você se lembra como Kevin pegou sua pedra de amolar e começou a afiar seu machado antes de aprontar a lenha para usarmos? Ele esfregava a pedra contra a lâmina vez após vez, sem parar, até a lâmina ficar afiada. É exatamente isto que acontece com sua mente, quando você está memorizando versículos, repetindo-os vez após vez. Não há um atalho para a perfeita memorização — é tão simples e difícil quanto o repetir, vez após vez, dia após dia, mês após mês. É exatamente isto que Deus quer que você faça com as mentes de seus filhos — "afiar" a Palavra de Deus neles através da repetição.

Isto me lembra de uma outra ilustração naquele acampamento. Você se recorda quando mandei que cada um de vocês pegasse uma pedra do rio e outra da floresta? Vocês deveriam segurar a pedra da floresta em sua mão esquerda e a pedra do rio em sua mão direita, de forma que todos pudessem vê-las. Lembra-se da diferença mais imediata entre a pedra da floresta e a pedra do rio? Steve disse: "Sim, a pedra da floresta está toda suja!" Então mandei que todos vocês fossem lavar as pedras da floresta no rio — agora elas estavam completamente limpas e livres de qualquer sujeira ou folhas. Mas elas eram idênticas? Não! Timóteo, você foi o primeiro a ver a diferença. A pedra da floresta era afiada, com pontas denteadas, enquanto a do rio era perfeitamente lisa. Então eu disse para vocês colocarem suas pedras da floresta no rio enquanto jantávamos — salsicha e feijão, se bem me lembro. Após o jantar, vocês retiraram as mesmas pedras do rio e elas ainda pareciam afiadas e ásperas. Vocês então puderam entender o que eu estava querendo dizer — uma pedra da floresta só se torna perfeitamente lisa após muitos anos de completa imersão nas corredeiras da montanha. Da mesma forma, ocorre com sua mente e a Palavra de Deus. A santificação acontece quando sua mente está totalmente imersa, dia após dia, mês após mês, ano após ano, no fluxo constante de verdade das Escrituras. "E não vos conformeis com este século, mas *transformai-vos pela renovação da vossa mente,* para que experimenteis qual seja a boa, agradável e perfeita vontade de Deus" (Rm 12.2). A memorização das Escrituras é uma das ferramentas mais poderosas que Deus tem usado em minha vida para me purificar dos desejos malignos e me santificar para a sua glória.

Agora, Timóteo, quero lhe falar sobre seu ministério público como pastor. Eu o conheço bem o suficiente para entender o quanto você deseja ter um ministério frutífero em sua nova igreja. Perceba que este desejo é piedoso e abertamente comentado por Cristo em sua Palavra, conforme mencionarei em breve. No entanto, até mesmo um piedoso desejo por frutos pode ser transformado em desejo egoísta por um "império". Evite entrar num jogo de números, no qual você mede o "sucesso" pelo quanto os cultos têm crescido desde que você chegou lá. Lembre-se que estamos procurando "fazer discípulos de todas nações", não apenas atrair uma multidão cada vez maior. Contudo, desejar a salvação dos perdidos e o crescimento espiritual daqueles já salvos são evidências da obra de Deus em seu coração. Anseie por frutos — não apenas alguns, mas em abundância!

Como a memorização das Escrituras se relaciona a isto? Eu posso estar sem muita base, mas acredito que Jesus podia estar com isto em mente (pelo menos de alguma forma) quando disse aos seus apóstolos, na noite antes de sua morte: "Se permanecerdes em mim, *e as minhas palavras permanecerem em vós,* pedireis o que quiserdes, e vos será feito. Nisto é glorificado meu Pai, *em que deis muito fruto;* e assim vos tornareis meus discípulos" (Jo 15.7,8). Obviamente, você se lembra da poderosa ilustração da videira e dos ramos, que antecede este ensinamento. (A propósito, Timóteo, eu ainda tenho em minha mesa aquele galho seco tirado de uma videira, como um motivador, que me recorda que somente permanecendo em Cristo poderei produzir fruto. Você deveria ter um em seu escritório também). Permanecer em Cristo significa estar constantemente nos avaliando ou considerando ser enxertados espiritualmente nEle, com sua seiva vivificante correndo em nós, através do Espírito Santo. Unicamente desta forma você será capaz de produzir frutos duradouros.

Acredito que Deus tem me mostrado o papel incrivelmente poderoso que a memorização das Escrituras desempenha neste "permanecer" em Cristo. Jesus disse: "Se permanecerdes em mim [por exemplo, através da fé pessoal em mim, avivado pelo meu Espírito], *e as minhas palavras permanecerem em vós*", apenas assim vocês conseguirão produzir fruto eterno através da oração em nome dEle. Eu poderia facilmente falar sobre a importância da oração neste ponto, mas estou focando no conceito das palavras de Cristo permanecerem em você. Dei uma olhada na versão em grego, alguns minutos atrás, apenas para ter certeza, e a frase está no plural — se as *palavras* de Cristo permanecerem em você, ou seja, seus substantivos, verbos, adjetivos, orações subordinadas, etc. Todos estes devem permanecer em você de momento a momento. E como isto poderia ser feito melhor do que mediante a memorização? A memorização das Escrituras é um caminho abençoado para a frutificação espiritual em seu ministério.

Esta é uma verdade maravilhosamente prática. Vamos dizer que é terça-feira e você tem de visitar a Sra. Beecham, após sua operação de vesícula. Conforme você está andando pela calçada que leva ao hospital, relembra algum capítulo que estivera memorizando naqueles dias — talvez Filipenses 2, sobre a humildade de Cristo; ou então, 2 Coríntios 1, sobre como Deus nos conduz através de terríveis provações, de forma que possamos confortar os outros com o mesmo conforto que Ele usou para conosco. Então, quando você se senta ao lado da cama da Sra. Beecham para falar com ela, a partir de seu coração transbordante, sua boca começa a falar das Escrituras. Certa vez alguém disse: "Quando tudo que você tem é um martelo, o mundo todo começa a se parecer com um prego". De uma certa maneira, você começa a achar um uso prático para encorajamento e exortação em quase todas as passagens das Escrituras que você memorizou. Quando você aconselhar, o fará com "os oráculos de Deus" (1 Pe 4.11). Ouvi dizer que John Wesley cavalgou mais milhas do que qualquer homem que já viveu neste mundo, e em todo o tempo, ele estava lendo a Bíblia. Também foi dito sobre Bunyan que sua mente estava tão cheia com as Escrituras que em suas veias tinha circulação "biblínea". Que seja assim com você!

Timóteo, quero ser muito claro sobre o que estou defendendo. Estou exortando-o a memorizar livros inteiros da Bíblia, ao invés de apenas versículos específicos. Muitas pessoas desenvolvem métodos de memorização com "versículos chaves" escolhidos por elas. Memorizar versículos é melhor que não memorizar versículo algum, porém, memorizar capítulos e livros inteiros é muito melhor do que apenas alguns versículos individualmente. Por quê? Por muitas razões:

1. Isto honra o testemunho que as Escrituras dão sobre si mesmas: "Toda a Escritura é inspirada por Deus e útil para o ensino, para a repreensão, para a correção, para a educação na justiça" (2 Tm 3.16), e "Não só de pão viverá o homem, mas de toda palavra que procede da boca de Deus" (Mt 4.4). Deus não desperdiça o seu sopro, pois não há palavras supérfluas nas Escrituras. E você descobrirá que alguns de seus momentos mais poderosos de convicção, discernimento e encorajamento virão de textos

inesperados da Bíblia.

2. Uma vez que boa parte da Bíblia é escrita como um fluxo de pensamento, com o autor expondo alguns pontos gerais, de argumentação lógica, memorizar a passagem inteira possibilita um entendimento maior da idéia central. Você não irá perder a floresta pelas árvores. E nem as árvores pela floresta. Todo o livro de Hebreus soará como uma única sinfonia da verdade, e cada verso individualmente na seqüência de idéias tocará suas próprias notas com uma nova claridade. Este benefício da "floresta e das árvores" também irá ajudá-lo a construir uma teologia bíblica completa, sem defeitos, e sistemática, ao mesmo tempo que lhe dará entendimento, capacidade para pregar e ensinar versículos individualmente da forma adequada.

3. Você estará menos propenso a usar versículos fora de seu contexto, como resultado da memorização de todo o livro. Um dos argumentos mais comuns usados pelas pessoas que se opõem a você em uma discussão doutrinária é: "Você está tirando isto do contexto!" Um trabalho cuidadoso no livro todo irá ajudá-lo a evitar este tipo de erro.

4. Sua alegria continuará aumentando, assim como sua reverência à miraculosa infinidade da verdade nas Escrituras, conforme você descobre novas verdades dia após dia, mês após mês. A disciplina de memorizar livros inteiros irá levá-lo a territórios nunca antes desbravados, e, uma vez que "toda a Escritura é inspirada por Deus e útil..." (2 Tm 3.16), você receberá benefícios desta jornada de descobrimento. Imagine que um tio rico morreu e lhe deixou uma antiga mina de prata já abandonada, perto de Tucson, Arizona. Depois que você economizou dinheiro o bastante para o vôo até lá, você pára numa casa de ferragens e compra uma lanterna e uma pá. O atendente pergunta o que você vai fazer com aquilo e você lhe conta. Ele ri e diz: "Já não sai prata daquele buraco há várias décadas, se é que já houve alguma prata lá!" Então, você

adentra sua herança com ceticismo, afastando de seu caminho teias de aranha e tábuas velhas. Agora imagine que você passou seis horas vasculhando os túneis e não achou nada além de pedras e sujeira. Você acha que entraria novamente naquela mina? Mas, suponha que, ao invés disso, você achasse alguns túneis que nunca haviam sido explorados. Você começa a cavar e depois de uma hora de trabalho árduo seus esforços são recompensados com um brilho inconfundível — um novo veio de prata! Quais as possibilidades de você retornar com esforços renovados para explorar aquele túnel? Você chegaria a esperar ainda um outro dia? Da mesma forma, quando você memoriza passagens das Escrituras que normalmente não escolheria — descobre coisas que não esperava, e seu amor e alegria pela Bíblia sobem até os céus. Você nunca ficará estagnado; e, ao contrário, será uma fonte de constante renovação para o seu povo.

5. Finalmente, a memorização de porções maiores das Escrituras lhe fornece mais prontamente ferramentas para o melhor estilo de pregação — o expositivo. Timóteo, sei que você tem uma disposição para a pregação expositiva e enxerga o perigo de seguir um estilo meramente tópico. Você já acredita que a pregação, semana após semana, através dos livros da Bíblia é a melhor forma de evitar suas próprias "áreas de risco" e de protegê-lo das chamadas "batatas-quentes" — assuntos controversos que ninguém quer discutir. Como você bem lembra, nós falamos sobre o exemplo de Paulo; ele não hesitou em proclamar ao seu povo toda a vontade de Deus (At 20.27). Unicamente desta forma, podemos ver a Palavra de Deus santificando plenamente o seu povo como Deus quer. Você consegue ver o quanto a memorização de livros inteiros irá lhe fornecer uma riqueza e profundidade para a sua pregação, a qual poderia ser impossível sem ela? Você estará expondo versículo após versículo, nos quais já meditou profundamente, através de uma interminável repetição. Enquanto você estiver pregando, seu povo será fartamente alimentado com sua profunda meditação, enquanto você mostra coisas que eles nunca

> haviam visto antes nas Escrituras, embora já tenham lido aquelas passagens desde a infância. Eles não estarão recebendo apenas palavras infantis, e certamente florescerão. Enquanto você estiver pregando, o Espírito Santo mostrará outros versículos que você já tem armazenado em sua mente e irá capacitá-lo a citá-los com poder e precisão, porque os entende completamente. Quando você estiver escrevendo seus sermões, terá sua própria concordância de referência cruzada embutida em sua mente, que lhe dará todo o suporte e profundidade que sempre desejou. A memorização das Escrituras é um rico e poderoso aliado da pregação expositiva. Por estas e outras razões, defendo a memorização de extensas porções das Escrituras, ao invés de versículos individuais.

Agora, se você perceber que sua memória não é boa o suficiente, se surpreenderá ao descobrir como Deus é capaz de aperfeiçoar sua capacidade de memória, conforme você praticar esta disciplina. Meu professor de missões no Seminário Teológico Gordon-Conwell, Dr. J. Christy Wilson (que já está ao lado do Senhor), certa vez contou uma história sobre um encanador conhecido dele que tinha como único objetivo memorizar João 3.16. Ele tinha tamanha dificuldade que, mesmo após passar três meses trabalhando diariamente nisto, ainda assim não conseguia recitar o versículo todo sem errar! O que é ainda mais impressionante, no entanto, é que este santo tão persistente nunca desistiu, como a maioria de nós teria feito. Uma vez que ele conseguiu ter sucesso em seu humilde objetivo, Deus o abençoou, capacitando-o a memorizar mais de 2000 versículos das Escrituras nos cinco anos seguintes! Deus estava apenas testando-o para verificar se ele permaneceria fiel. E o Senhor tem poder sobre o seu cérebro, Timóteo. "Então, [Cristo] *lhes abriu o entendimento* para compreenderem as Escrituras" (Lc 24.45). Isto significa que Cristo realizou algo em seus cérebros para que eles pudessem entender. Ele pode fazer a mesma coisa com você, a fim de capacitá-lo a memorizar. Apenas seja fiel e trabalhe muito, e Ele abençoará seus humildes esforços.

Timóteo, já tenho lembrado você acerca do valor da memorização das Escrituras no *evangelismo*, desde a sua conversão, quando falei com você pela primeira vez. Testemunhar provido de extensas porções memorizadas das Escrituras dá liberdade e versatilidade para trazer todo conselho da Palavra de Deus, a fim de influenciar a alma sofredora de um perdido. A mesma coisa também é verdadeira nos aconselhamentos pastorais que você fará. Muitos pastores abandonam a doutrina da suficiência das Escrituras, quando chegam à área de *aconselhamento* de almas perturbadas. A memorização das Escrituras irá ajudá-lo a enxergar que já "nos têm sido doadas todas as coisas que conduzem à vida e à piedade" (2 Pe 1.3), através do conhecimento que as Escrituras nos têm dado do próprio Deus. A psicologia mundana irá se revelar uma fraude feita por homens ao ser comparada com os conselhos bíblicos. A memorização das Escrituras tem enriquecido profundamente minha *vida de oração*, capacitando-me a orar, usando as próprias palavras de Deus. E na área de *mordomia do tempo*, a memorização das Escrituras é a melhor forma de remir "o tempo, porque os dias são maus" (Ef 5.16). Timóteo, os dias voam rapidamente. Logo, você e Mary estarão velhos e grisalhos. Logo, seus filhos estarão crescidos. Logo, você estará diante de Cristo para dar-Lhe um relato de cada segundo que passou na terra. Pense em todas as horas que você passa dirigindo, caminhando, sentado, tomando banho, cortando a grama, se barbeando, esperando seu vôo, etc. Preencha estes momentos com oração e com a memorização das Escrituras, e você não se arrependerá de nenhum tique do relógio usado na memorização, quando Cristo lhe chamar para dar conta de sua mordomia.

Termino com uma incrível promessa de bênçãos, em cada área de sua vida, por causa de seu comprometimento a esta disciplina:

> Bem-aventurado o homem que não anda no conselho dos ímpios, não se detém no caminho dos pecadores, nem se assenta na roda dos escarnecedores. Antes, o seu prazer está na lei do Senhor, e na sua lei medita de dia e de noite. Ele é como árvore plantada junto a corrente de águas, que, no devido tempo, dá o seu fruto, e cuja folhagem não murcha; e tudo quanto ele faz será bem sucedido (Sl 1.1-3).

Timóteo, eu o amo no Senhor. Minhas orações são em seu favor, e que Deus possa abençoá-lo ricamente em todos os dias de seu ministério. Sempre serei seu amigo, eternamente seu irmão.

Para a glória do nosso Rei,
Andy

PS — Não conheço um livro dedicado à memorização das Escrituras, além de meu próprio folheto: *An Approach to the Extended Memorization of Scripture* (Um Método para a Memorização Extensiva das Escrituras). Outros têm escrito habilmente sobre a disciplina espiritual da memorização. Dois que eu recomendo são:

1. *Spiritual Disciplines for the Christian Life,* Donald Whitney (Colorado Springs, CO: NavPress, 1991).
2. *The Spirit of the Disciplines,* Dallas Willard (São Francisco, CA: Harper & Row, 1988).

Muitas pessoas lançam mão de métodos de memorização por tópicos, e têm atingido grandes resultados. Mas, novamente, Timóteo, estou defendendo a memorização de livros inteiros da Bíblia como orientação de Deus.

Capítulo 6

Ore sempre

Martin Holdt

Amado Timóteo,

Como você, comecei meu ministério quando estava com vinte e poucos anos de idade, e eu estaria suavizando a realidade ao dizer que havia um certo grau de medo e tremor diante da maravilhosa expectativa de ser pastor e pregador da Palavra. Olhando para trás, agradeço a Deus pelos conselhos que recebi de homens com mais tempo no ministério. Através deles, aprendi e *continuo* a descobrir novas formas de compreensão sobre um ministério eficiente. Aquilo que me foi passado por homens fiéis que deixaram um legado de ministério frutífero tem sido de ajuda inestimável para mim, e eu oro para que, conforme você se coloca no início de seu pastoreado, Deus possa me usar para o seu benefício desta mesma forma.

Quando eu era um estudante de teologia do terceiro ano, ansiava por saber se, quando formado, estaria na obra e serviço de Deus, desfrutando, no sentido bíblico da palavra, de sucesso. Percebi que um certo pastor em nosso país estava exercendo um ministério dirigido por Deus. Escrevi para ele e fiz algumas perguntas relacionadas ao seu sucesso e ministério. Sua réplica consistia em duas páginas e meia de lúcidos conselhos pastorais. Sua resposta para a minha pergunta acerca da oração era modesta e humilde, mas indicava uma coisa: a oração era o principal elemento de sua vida. Meus anos de treinamento foram de valor inestimável; mas, muitas vezes, me questionava por que não havia qualquer menção de teologia da oração. Na história do presbiterianismo, toda a questão do pastor e seu comprometimento à oração intercessora era parte integrante do culto de ordenação, particularmente quando se tratava de falar ao homem sobre suas tarefas e responsabilidades para com sua congregação. Tragicamente, a oração é uma parte subestimada no chamado pastoral de nossos dias.

Lance sua mente por toda a extensão da história bíblica. Sempre há uma certa quantidade de homens inspirados por Deus, o Espírito Santo, rogando ao Deus vivo e implorando sua misericórdia em tempos de necessidade. Com Abraão, por exemplo, o registro bíblico é claro. Ele compreendeu o papel que a oração desempenhava em sua poderosa peregrinação. Deus lhe revelou o segredo de seus propósitos; quando Ele fez isto, Abraão correu ao trono da graça para implorar a misericórdia de Deus para com os justos de Sodoma. Iria Deus, por amor de cinqüenta, quarenta, trinta ou ainda menos justos, poupar aqueles que eram merecedores do castigo? Deus ouviu seu clamor e lembrando-se de Abraão, livrou Ló.

A vida de Jacó nos ensina que, quando a aliança está em vigor, ainda que o pecado floresça em abundância, a graça abundará ainda mais. Você conhece uma oração mais comovente que aquela de Jacó, clamando: "Não te deixarei ir se me não abençoares?" (Gn 32.26). Não estaria o autor das Escrituras nos dizendo que temos em Jacó um homem que entendeu pelo menos uma coisa; ou seja, que na providência de Deus, é impossível considerar uma peregrinação de fé, se a oração intercessora não for uma característica proeminente dela?

O que podemos dizer de Moisés? Deus chegou a falar que o povo merecia julgamento imediato. Moisés, então, foi à frente e fez o seu apelo. Há um argumento santo e muito conteúdo em sua oração. Ouça ele rogando: "Deus, e quanto a tua reputação? O que dirão os pagãos?

Como isso pode acontecer?” (Veja Nm 14.13-16). Que santo respeito, que inquieto clamor, quanta preocupação pela honra do Deus vivo! Ele fez isto aquela vez; porém, também o fez outras vezes, enquanto ficava entre um povo ingrato e rebelde e um Deus vingador do pecado. Aqui vemos um homem de Deus, argumentando o caso com base no santo e gracioso nome de Deus, e Deus lembrou-se da nação e a poupou.

Cada capítulo com história remissora retrata homens de oração. Veja o exemplo de Neemias e os muros desmoronados de Jerusalém. Ele aparece como um homem dado às súplicas intercessoras. Esdras também fez exatamente o mesmo. Davi enfatizava a necessidade da oração. Todos os profetas eram caracterizados como intercessores de primeiro escalão.

Considere o exemplo de Jesus. Tentamos nos desculpar de nossa negligência com a oração por causa de nossa vida agitadíssima. Já existiu um homem tão ocupado quanto Jesus? Você já se deu conta, Timóteo, do momento em que se passam os acontecimentos de Marcos 1.35? Está escrito: “Tendo-se levantado alta madrugada, saiu, foi para um lugar deserto e ali orava”. O Santo Filho de Deus estava passando as primeiras horas da manhã, antes do nascimento do sol, em proximidade de seu Pai celestial, renovando seu vigor e suas forças espirituais, preparando-se para o dia que não tardava em chegar.

Toda a vida de Jesus é entremeada de orações. Na medida que se aproxima da cruz, Jesus leva seus discípulos com Ele. Novamente, Ele nos ensina a necessidade da oração. Esta foi uma parte inseparável de sua preparação para o batismo do sofrimento. Você já leu alguma coisa que tocasse mais a alma que a oração sacerdotal proferida por Jesus? No Getsêmani e na agonia da cruz, o Filho de Deus estava preocupado com a comunhão com o Pai, até mesmo quando sua ira estava sendo despejada sobre seu Filho amado, a fim de pagar os pecados de seu povo escolhido. Ainda assim, Ele tinha disposição para orar! Timóteo, seria um tremendo absurdo não enxergar a importância de caminhar nos passos dEle.

Atos 6 é uma passagem fascinante. Ela começa com estas palavras: “Ora, naqueles dias, multiplicando-se o número dos discípulos, houve murmuração dos helenistas contra os hebreus, porque as viúvas deles estavam sendo esquecidas na distribuição diária. Então, os doze convocaram a comunidade dos discípulos e disseram: Não é razoável que nós abandonemos a palavra de Deus para servir às mesas. Mas, irmãos, escolhei dentre vós sete homens de boa reputação, cheios do Espírito e de sabedoria, aos quais encarregaremos deste serviço; e, quanto a nós, nos consagraremos à *oração* e ao ministério da Palavra" (ênfase minha — At 6.1-4).

Note, antes de tudo, o crescimento sem precedentes, da igreja trazendo consigo uma demanda incomum pela atenção pastoral. A igreja estava se multiplicando por causa de um ato de soberania de Deus. Com isto, surgiu um problema pastoral inesperado, que ameaçava sair do controle. Alguns de nós teríamos entrado em pânico. Os apóstolos, contudo, recusaram-se a permitir que o assunto os envolvesse e consumisse o seu tempo. Eles delegaram a responsabilidade.

Você pode imaginar uma liderança hoje com a atitude de confiar a outros um assunto tão sério como aquele? A questão era literalmente pessoas morrendo de fome! A primeira função ministerial, na consideração daqueles homens, era a oração. Eles haviam aprendido bem. As duas funções do ministério, oração e pregação, não podem ser separadas. Os pastores precisam, invariavelmente, orar, assim como todas as outras pessoas. Eles devem fazer aquilo que todos os cristãos fazem: começar o dia com oração, programar-se a passar o dia com oração, e terminar o dia com oração, porém eles precisam ir além disso.

As pessoas da igreja primitiva, de acordo com Atos 2.42, se entregavam à oração. Mas os pastores as ultrapassavam. Eles se recusavam a assumir qualquer responsabilidade na igreja local, ainda que nobre, a fim de buscar um nível mais elevado no essencial ministério da oração. Calvino disse que os pastores têm uma razão ainda maior para orar que qualquer outro, pois a sua grande preocupação é a salvação comum da igreja. Neste ponto, o exemplo de Moisés torna-se instrutivo para todos os pastores.

Enquanto as orações minguam, a descrença e o secularismo invadem a igreja evangélica. Nossa única esperança hoje é renunciar às outras coisas e voltarmo-nos à oração. Ela é a nossa obrigação comum, mas é particularmente a obrigação daqueles que foram chamados ao ministério. No Antigo Testamento, o povo esperava que seus líderes orassem. Samuel considerava pecado a falta de oração pelo povo. Davi orou e a praga cessou. Ezequias orou durante uma crise nacional, e Deus ouviu sua oração.

No entanto, Timóteo, estes santos do Antigo Testamento, apesar de toda a sua diligência e fidelidade, não podiam orar como nós podemos hoje, com nossa fé calcada no conhecimento de Jesus Cristo. Eles não podiam orar como nós oramos com completa consciência dos privilégios gloriosos, preparados para nós, em Hebreus 10.19-22:

> Tendo, pois, irmãos, intrepidez para entrar no Santo dos Santos, pelo sangue de Jesus, pelo novo e vivo caminho que ele nos consagrou pelo véu, isto é, pela sua carne, e tendo grande sacerdote sobre a casa de Deus, aproximemo-nos, com sincero coração, em plena certeza de fé, tendo o coração purificado de má consciência e lavado o corpo com água pura.

Estude as orações de Paulo. Estude os detalhes. Estude a paixão, a precisão, a ênfase, o coração pastoral. Conforme ele carrega no coração o fardo das igrejas, sabe que, pela nomeação divina, seu mais alto chamado como um humilde pastor do rebanho é invocar o Grande Pastor em favor das ovelhas.

Não há nenhuma eficácia especial nas orações dos ministros. Somente Cristo tem esta eficácia. A base de nossa oração é sempre, e deve ser sempre, a obra mediadora de Cristo. Nosso trabalho como pastores não é apresentar um sacrifício pelos homens, e sim persuadi-los a acreditar num Sacrifício já oferecido. No entanto, é exatamente baseado nisto que nós rogamos a Deus em favor dos homens.

Neste sentido, a oração é nosso trabalho mais importante. É um trabalho árduo. É uma luta contra o adversário. É uma batalha contra a carne. É um trabalho essencial. O ministro que não ora por seu rebanho não é ministro de jeito algum. Ele é orgulhoso, porque faz seu trabalho como se pudesse obter algum sucesso sem o poder de Deus. Ele não mostra misericórdia, porque não é capaz de perceber que a maior necessidade de seu povo são os favores divinos do Senhor sobre eles. Assegure-se disto, se ele não orar, pagará um alto preço.

Considere as palavras sensatas de John Smith:

> A oração é a vida e a alma da função sagrada: sem ela, não podemos esperar qualquer sucesso em nosso ministério; sem ela, nossas melhores instruções são inférteis e nosso trabalho mais penoso não produz efeito. Antes que lancemos terror sobre aqueles que quebraram a lei, precisamos antes, assim como Moisés, passar muito tempo com Deus em um lugar retirado. A oração freqüentemente alcança o sucesso para pequenos talentos, enquanto que os maiores talentos sem oração são simplesmente inúteis e perniciosos. Um ministro que não é um homem de piedade e oração, quaisquer que sejam seus outros talentos, não pode ser chamado um servo de Deus; muito pelo contrário, ele é na verdade um servo de Satanás, escolhido por ele pela mesma razão que ele escolheu a serpente em tempos remotos, visto ser ela o mais sutil dos animais criado pelo Senhor. Que monstro, oh, Deus, este tipo de pastor deve ser, este dispensador das ordenanças do evangelho, este intercessor entre Deus e o seu povo, este reconciliador do homem com o seu Criador, se ele não se enxerga como um homem de oração.

Deus freqüentemente dá bênçãos ao povo, em resposta à oração do pastor. Nós devemos levar as suas necessidades até Ele; devemos lamentar pelos pecados deles; devemos orar pela conversão dos pecadores e pela edificação dos santos, e, ai de nós, se não o fizermos! Enquanto os ministros precisam estar à frente do ministério da oração, todos quanto acreditam precisam ter a mesma preocupação. Se a igreja deve, pelos planos de Deus, florescer, os cristãos precisam aprender a orar.

Os ministros não seguem uma carreira. Um ministro é cativo do serviço divino e não pode servir a Deus sem oração. Quando Paulo escreve aos Romanos, ele quer que eles saibam disto (ver Rm 1.8). Seguindo a introdução dele, e antes de adentrar o resto de sua carta para a igreja em Roma, ele faz como um juramento, ao dizer: "Porque Deus, a quem sirvo em meu espírito, no evangelho de seu Filho, é minha testemunha de como incessantemente faço menção de vós em todas as minhas orações" (Rm 1.9). Ele faz este juramento para assegurar aos crentes que estava trabalhando nisto. É a primeira obrigação que ele menciona.

Devo expressar aqui que, em algumas ocasiões, já ouvi pregadores criticando fortemente o que chamam de "oração lista de compras". Se, através disto, estão querendo dizer que ao orar não devemos exigir de Deus coisas de uma lista, então, me identifico com essa aversão deles por este tipo de oração. No entanto, creio, lembrando-me de dois exemplos do Antigo Testamento, que é obrigação do pastor orar por toda a sua congregação de forma nominal, isto é, lembrando-se de cada um individualmente. As Escrituras falam que Arão carregava um escudo com os nomes dos filhos de Israel em seu peito. Tome nota também do exemplo de Samuel, quando ele disse: "Quanto a mim, longe de mim que eu peque contra o SENHOR, deixando de orar por vós" (1 Sm 12.23a). Tem sido de grande ajuda para mim, ter meu livro pessoal de oração! Não há nada anormal nisto! É um caderno com um bolso no lado de dentro da capa, no qual eu guardo um pequeno cartão branco com itens em palavras curtas para oração, coisas como compromissos de palestras, necessidades que logo passarão e outros assuntos assim. No resto do livro, as páginas consistem em versos das Escrituras, os quais repito durante minhas orações, visto que eles me ajudam a focar minha atenção em Deus e em seus caminhos. Então, tenho na lista os nomes de todos os membros da igreja que pastoreio e seus filhos, assim também outros pastores e instituições pelas quais sinto necessidade de orar. Além disso, incluo nestas páginas itens como as finanças da igreja, o louvor e adoração da igreja, e os vários outros departamentos e atividades, como os jovens, por exemplo. Se isto é uma "oração lista de compras", então eu argumentaria que alguém que vai às compras com uma lista, ao menos sabe o que quer comprar e não volta para casa desapontado porque esqueceu de algo!

Há inúmeras coisas que são esperadas de um pastor. Se fizéssemos tudo aquilo que é esperado de nós, certamente nunca iríamos orar. Se você voltar para Atos 6, perceberá que quando aquela prioridade foi estabelecida, os resultados foram fenomenais. Nosso ministério não se orienta por resultados, mas quando pela vontade de Deus, estes homens fizeram aquilo que era a obrigação deles, "crescia a palavra de Deus, e, em Jerusalém, se multiplicava o número dos discípulos; também muitíssimos sacerdotes obedeciam à fé". Pode não ser sempre assim conosco, mas nosso trabalho nunca deixará de ser abençoado. Nunca haverá um verdadeiro potencial evangelístico sem a oração intercessora.

Timóteo, listei a seguir dez aspectos importantes da oração bíblica que devem ser lembrados:

1. *Necessidade*. Deus não tem filhos mudos; muito menos, servos mudos. Quando aquele fariseu dos fariseus, Saulo de Tarso, foi convertido, ele imediatamente começou a orar. Quando o anjo anunciou esta conversão para Ananias, a descrição principal dada sobre Saulo foi: "Pois ele está orando". É como se o anjo estivesse dizendo: "Ele nunca fez isto antes". Antes ele agia impensadamente. Mas agora que havia experimentado o Espírito da adoção e é um herdeiro de Deus e co-herdeiro junto de Cristo, está orando e sua voz é escutada. Isto agora se tornou uma necessidade para ele. Sem oração um homem não pode ser cristão.

2. *Urgência*. No momento em que uma alma recém-nascida começa a apreciar as glórias de sua translação do reino das trevas para o reino da Luz, ela também começa a enxergar o mundo como um lugar no qual o nome de Deus está sendo desonrado. Ela, então, implora urgentemente com as seguintes palavras: "Porventura, não tornarás a vivificar-nos, para que em ti se regozije o teu povo?" (Sl 85.6), e "Já é tempo, SENHOR, para intervires, pois a tua lei está sendo violada" (Sl 119.126). A negação da autoridade e soberania de Deus é um clamor para a ação divina. Você conhece algo tão urgente?

3. *Valorize a importância da oração*. Nós somos impotentes sem ela. Não chegamos a lugar algum sem ela. Nosso Senhor voltou do Monte da Transfiguração para presenciar uma triste cena: um grupo de discípulos impotentes diante da incrível necessidade humana. Eles dizem a Jesus: "O que está errado?" Ele lhes responde que, em essência, precisam aprender a orar. Como venceremos os obstáculos? Nós, também, às vezes parecemos ficar impotentes

diante das necessidades humanas. Teríamos nós abandonado o lugar secreto do Altíssimo para nossa própria perda e impotência no púlpito? Que Deus nos desperte!

4. *Impotência.* No Salmo 50.7-12, Deus declara sua auto-suficiência. No contexto, Ele nos ensina sobre nossa dispensabilidade e impotência. Deus não precisa de nossas orações. Nós precisamos dEle. Ele não precisa de nós! Uma vida de oração é o calvinismo em sua melhor forma; é uma declaração simples, aberta e honesta na presença de Deus, de total impotência. Se a salvação vem do Senhor, e se as pessoas devem ser convertidas, isto deve ser pela graça de Deus, pelo poder de Deus e através do evangelho. Nunca é por causa de quem eu sou, e sim apesar de quem eu sou. A propensão para o orgulho existe e irá nos arruinar, se não estivermos sempre vigilantes. Se não orarmos, Deus não sofrerá nenhuma perda quanto ao que fazer sobre a situação. Quando Mordecai tentou convencer Ester da importância de sua intervenção na crise nacional, a qual estava colocando em risco a existência futura dos judeus, e quando ela estava mais preocupada com sua própria preservação do que com qualquer outra coisa, a mensagem dele equivalia a dizer: "Você já parou para pensar, Ester, que você não é indispensável? Se você não fizer nada sobre isto, o livramento virá de algum outro lugar. Deus não depende de você. Mas, quem sabe? Talvez você tenha vindo ao reino para um tempo como este? Por que não mostrar-se à altura da situação?"

Timóteo, se você e eu pararmos de orar, os planos de Deus irão continuar. Ele ainda continuará construindo a sua igreja, os portões do inferno não prevalecerão sobre ela, e todo homem, mulher e criança destinados a serem trazidos para o reino de Deus serão trazidos. Mas eu irei sofrer por minha falta de orações.

5. *Constância.* Paulo nos exorta em 1 Tessalonicenses 5.17 a orar "sem cessar". Davi orava sete vezes por dia; Daniel, três vezes por dia. Lutero, ao encontrar um amigo na rua, diria: "Irmão, eu te encontro orando?"

6. *Conteúdo*. Por que orações foram registradas nas Escrituras? Por que o Espírito Santo considerou importante que tivéssemos colunas e mais colunas das Escrituras Sagradas dedicadas às orações que foram oferecidas por Daniel, Neemias, Paulo e Jesus Cristo? Ele fez isto para que você e eu pudéssemos aprender a orar. Oh, que as orações assumam um caráter mais bíblico! Oh, que as orações sejam uma expressão da vontade de Deus, tal como é mostrado nas Escrituras!

7. *Importunidade*. Isto é, entender a vontade de Deus e trazê-la diante dEle para sua própria atenção, contínua e persistentemente. É dar a Deus nenhum descanso até que Ele traga paz à Jerusalém. Afinal de contas, é a vontade de Deus que sua Jerusalém, o corpo de Cristo, seja resplandecente com a sua glória, e um louvor a Deus na terra. Se a igreja não é aquilo a que foi chamada a ser, não deveríamos nós implorar pela misericórdia de Deus para que o corpo de Cristo seja feito uma honra ao seu nome neste pobre e miserável mundo? Jesus não nos deu a parábola da viúva importuna, nas palavras de Lucas 18.1, "sobre o dever de orar sempre e nunca esmorecer"? Quão sério você é em sua preocupação com a igreja de Deus?

8. *Certeza*. Isto significa fé. Não tem nada a ver com Deus nos dando algum tipo de cheque em branco para o preenchermos. A fé é fundamentada na vontade de Deus. A fé descobre o coração de Deus nas páginas das Escrituras. A fé esforça-se por conhecer a Deus. A fé concebe orações tocantes, como a de João 17. "Pai", orou Jesus, "a minha vontade é que onde eu estou, estejam também comigo os que me deste, para que vejam a minha glória que me conferiste, porque me amaste antes da fundação do mundo". A fé toma conhecimento desta expressão da vontade do Salvador e a leva para Deus, vez após vez. Ela deposita esta vontade diante dos pés dEle. A fé roga: "Pai, o seu povo, por quem Cristo orou, precisa ser levado em asas de águias. Leve-os em segurança através de sua jornada por este mundo perverso e hostil. Leve-os através dos

portões da morte e para dentro do lar eterno na glória". Martinho Lutero pode ter soado impudente na forma como orou, quando se pôde ouvi-lo dizer: "Pai, que se faça a minha vontade, porque eu sei que a minha vontade é a sua vontade". Portanto, ele tinha compreendido a vontade do Pai e expressava isto em sua oração.

9. *Extensão.* Quando o crente tem uma mente que é capaz de alcançar muito além dos limites das pequenas mentes dos homens, e olha além do horizonte para enxergar e entender os propósitos gloriosos de Deus na redenção, ele ora de acordo com estes propósitos de Deus. "Pede-me, e eu te darei as nações por herança e as extremidades da terra por tua possessão" (Sl 2.8), diz o Pai para o Filho. O crente aceita esta promessa em oração. Sua maior alegria e seu maior prazer estão em saber que os rebeldes dobram os joelhos diante do Filho de Deus, que eles tocam o cetro estendido a eles, e que assim são salvos pela graça. O crente, de joelhos, anseia mais que qualquer outra coisa — que Cristo possa ter um seguidor, um seguidor que O adore. Ele espera que um seguidor admire a Jesus. Todo intercessor pode se identificar com Spurgeon, sobre quem Archibald Brown disse, certa vez: "Ele O amou, ele O adorou, ele era nosso satisfeitíssimo cativo do Senhor". Quando Paulo orou, pensou grande. Veja sua oração em Efésios 3.14-21. Pense grande, quando você orar!

10. *Objetivo.* O objetivo é a glória de Deus. "Santificado seja o teu nome." "Deixe que o nome de George Whitefield pereça", disse este homem, "mas que o nome de Cristo viva pelos séculos dos séculos!" Quando o próprio Jesus levantou seus olhos aos céus, Ele disse: "Pai, é chegada a hora; glorifica a teu Filho, para que o Filho te glorifique a ti, e, agora, glorifica-me, ó Pai, contigo mesmo, com a glória que eu tive junto de ti, antes que houvesse mundo" (Jo 17.1,5). O crente responde imediatamente com um entusiástico: "Assim seja".

Concluindo, deixe-me fazer uma ou duas sugestões práticas. Eu fui convertido sob o ministério do homem mais piedoso que já conheci. Seu nome era Victor Thomas. Ele tinha, espiritualmente, os pés no chão, era um exemplo de humildade e excepcional expositor da Palavra. Ele está no paraíso agora. Um dia, quando estávamos a sós, ele disse: "Martin, sempre que você puder, ore em voz alta". Este conselho tão prático tem me ajudado através dos anos. O próprio salmista disse: "Ao SENHOR ergo a minha voz e clamo, com a minha voz suplico ao SENHOR". Reconhecidamente, há um tipo de oração que não é audível. Diz-se que Ana murmurou uma oração sincera e inaudível. Também temos Neemias que não teve outra opção, senão fazer uma oração silenciosa para o Deus dos céus, quando o rei lhe fez uma pergunta e ele queria dar uma resposta sábia. Claro que haverá momentos em que você também seguirá estes exemplos, mas precisará descobrir o que eu mesmo aprendi, desde aquele primeiro conselho sobre oração, que verbalizar e dizer em voz alta os seus pedidos a Deus é uma simples, porém significativa, ordem bíblica.

Em Zacarias 8.20-23, nós lemos: "Assim diz o SENHOR dos Exércitos: Ainda sucederá que virão povos e habitantes de muitas cidades; e os habitantes de uma cidade irão à outra, dizendo: Vamos depressa suplicar o favor do SENHOR e buscar ao SENHOR dos Exércitos; eu também irei. Virão muitos povos e poderosas nações buscar em Jerusalém ao SENHOR dos Exércitos e suplicar o favor do SENHOR". Aqui temos uma súbita conscientização da incrível importância da oração intercessora. Com um renovado senso de urgência, o povo começa a invocar a misericórdia de Deus, e então, Zacarias continua: "Assim diz o SENHOR dos Exércitos: Naquele dia, sucederá que pegarão dez homens, de todas as línguas das nações, pegarão, sim, na orla da veste de um judeu e lhe dirão: Iremos convosco, porque temos ouvido que Deus está convosco". Oh, que Deus repita estas misericórdias novamente! Você pode imaginar, Timóteo, dez de seus vizinhos implorando para que você os leve à igreja? Oh, que Deus nos desperte! Nós temos a verdade. Não dizemos isto arrogantemente. As palavras de Jesus para Pedro se aplicam a nós: "Bem-aventurado és, Simão Barjonas, porque não foi carne e sangue que to revelaram, mas meu Pai, que está nos céus". Se queremos ver a Palavra de Deus adentrar poderosamente as fortalezas do mal e do pecado, todos nós temos de levar a sério o assunto da oração intercessora.

Eu termino citando um grande pastor americano de uma geração anterior. Gardiner Spring disse:

> Já se foi o tempo quando os pastores das igrejas americanas valorizavam o privilégio da oração; eles não somente eram homens de oração, mas também oravam freqüentemente com os outros e uns pelos outros. Suas recíprocas e fraternas visitas eram consagradas e adocicadas pela oração, e também não era nem um pouco incomum que eles se juntassem para passar dias inteiros em jejum e oração, para que as efusões do Espírito de Deus viessem sobre eles e suas igrejas, e aqueles eram dias de poder, dias em que o braço forte de Deus se mostrava e sua mão direita sustentava, nem era difícil ver onde a imensa força do púlpito encontrava-se. E o mais fraco dentre eles, naquele dia, será como Davi, e a casa de Davi será como Deus.

Que Deus seja conosco e nos desperte, e que Deus nos faça intercessores para a sua glória, para a sua honra, para o bem-estar de sua igreja e para o livramento das nações.

Soli Deo Gloria,
Pastor Martin Holdt

PS — Recomendo o mais entusiasticamente possível que você leia o capítulo sobre "Oração Particular do Pregador", no livro de C. H. Spurgeon, *Lições aos Meus Alunos*.

Um pequeno livro escrito por Derek Thomas, chamado *Praying the Saviour's Way* (Fearn, Ross-shire: Christian Focus Publications, 2001), fala sobre deixar que a oração de Jesus reconstrua a sua vida de oração. Este livro é muito mais valioso do que poderia lhe dizer. Eu lhe estimulo a ler muitos livros voltados ao assunto de oração, especialmente, o ensino das Escrituras sobre este tema. Tais leituras devem acompanhar o estudo da Palavra de Deus, que, certamente, é *a parte* mais importante do trabalho de um pastor.

Capítulo 7

Cultive a humildade

C. J. Mahaney

Amado Timóteo,

Confio que você está maravilhado pela graça de Deus, enquanto contempla a admirável cruz. Sou muito grato por sua última carta. É sempre uma imensa alegria reconhecer a sua letra no envelope e depois ler sobre a fidelidade de Deus agindo em sua vida, até mesmo em meio a tantos desafios. Também lhe agradeço por compartilhar suas lutas íntimas comigo. Sinto-me honrado em poder orar por você e oferecer-lhe algum conselho.

Antes mesmo do recebimento de sua carta, Timóteo, eu já estava pensando em você. Creio que isso se deve às atividades associadas com o aniversário de vinte e cinco anos da Igreja da Aliança da Vida. Nas últimas semanas, estive olhando algumas fotos minhas de vinte e cinco anos atrás, quando nós éramos apenas um pequeno grupo de pessoas se reunindo num porão, e eu ainda tinha cabelos! Eu era praticamente da sua idade naquela época, e ainda lembro tão bem como é ser um pastor de vinte e poucos anos, com uma jovem família e uma pequena congregação.

Mas não são as similaridades entre nós dois o que mais me impressiona. São as diferenças. Você possui muitas vantagens que eu não tive. Diferentemente de mim há vinte e cinco anos, você possui pais na fé. Você tem toda uma história de membresia em igrejas fortes e maduras, que têm sido um modelo de tudo aquilo que significa ser uma representação do corpo de Cristo em um determinado lugar. Mais importante do que isso, você também tem um sólido entendimento das doutrinas bíblicas essenciais, principalmente do glorioso evangelho de nosso Salvador. Estas eram coisas pelas quais eu ansiava profundamente, quando tinha a sua idade. Quão desafiador era, especialmente para um jovem pastor, seguir seu chamado sem um homem mais experiente na fé, o qual pudesse caminhar ao seu lado e ser seu próprio Paulo! Tendo de lidar com isto, fiz um compromisso logo no início de meu ministério, como você sabe, de fazer tudo o quanto pudesse para ajudar a preparar a nova geração de líderes, e Deus em sua misericórdia me tem garantido estas oportunidades. Agora, quando observo jovens como você, que estão cultivando ativamente estes relacionamentos, e sendo beneficiados por eles, meu coração se enche de imensa alegria.

Houve recentemente um evento durante a celebração de nosso aniversário, quando sua lembrança surgiu de forma clara em minha mente. Um homem chamado Jim, novo na igreja, contou-nos como dias antes ele ouvira Gary, um de nossos pastores, enumerar algumas das evidências da graça de Deus, as quais estiveram presentes na Igreja da Aliança da Vida desde seu início. Alguns anos atrás, Jim esteve numa igreja que, tragicamente, sofreu uma séria divisão. Então, enquanto Gary falava sobre aquelas evidências da graça de Deus, Jim prestava muita atenção, tentando entender o que havia sido diferente nas duas igrejas — e por que elas tiveram experiências tão distintas uma da outra.

Gary observou como no início de nossa igreja tínhamos um grande amor pela Palavra de Deus. E Jim disse consigo mesmo: "Sim, nós também tínhamos". Gary falou em como amávamos Jesus Cristo e éramos imensamente gratos por seu sacrifício substitutivo na cruz. E Jim pensou: "É sim, nós também éramos assim". Nós amávamos a graça e a adoração — "Com certeza nós também". Nós acreditávamos na importância dos relacionamentos, e, mais uma vez, Jim pensou: "É, nós certamente também dávamos importância a isto". Finalmente, Gary observou como havia uma ênfase na humildade, especialmente entre os líderes. E Jim pensou: "Hum... não. Nós não éramos assim".

Durante minha leitura bíblica nesta manhã, deparei-me com Isaías 66.1,2. Foi quando percebi que tinha de separar um tempo esta tarde para escrever-lhe. Timóteo, esta é uma passagem que, pela graça, os líderes da Igreja da Aliança da Vida têm procurado aplicar desde o início. Acredito que ela irá ajudá-lo com os desafios pelos quais você está passando agora. Você certamente já conhece esta passagem, mas, por favor, leia-a cuidadosamente:

> Assim diz o Senhor: O céu é o meu trono, e a terra, o estrado dos meus pés; que casa me edificareis vós? E qual é o lugar do meu repouso? Porque a minha mão fez todas estas coisas, e todas vieram a existir, diz o Senhor, mas o homem para quem olharei é este: o aflito e abatido de espírito e que treme da minha palavra (Is 66.1,2).

Assim como você, meu amigo, os israelitas tinham uma série de vantagens. Eles tinham uma identidade única. Eles tinham a Torá. Eles tinham a Lei de Deus, a aliança e o templo. Mas lhes faltava humildade — eles permitiram que o orgulho florescesse livremente. Então, Deus desviou a atenção deles do templo e a direcionou para seus corações. Ele lhes mostrou que a preocupação deles não deveria estar na grandeza exterior, mas sim na interior. "... o homem para quem olharei é este: o aflito e abatido de espírito e que treme da minha palavra."

Timóteo, não estou dizendo que o considero um homem surpreendentemente orgulhoso. Mas, eu penso que o orgulho está na raiz de vários dos desafios que você descreveu para mim. Certamente, devido ao pecado remanescente, todos nós somos inclinados ao orgulho. E como um ministro do evangelho, o orgulho possui o potencial para se alavancar através de seu ministério, fazendo estragos que podem se estender muito além de sua própria família.

Talvez você já tenha lido o que Packer citou sobre o orgulho: "Em todos os estágios do desenvolvimento de nossa vida cristã e em todas as esferas de nosso discipulado cristão, o orgulho é o nosso maior inimigo e a humildade nossa melhor amiga".[1] O melhor que posso dizer é que o orgulho foi o primeiro pecado — entre os anjos e entre os homens. Também parece que o orgulho é a essência de todos os pecados, assim como é o pecado que Deus considera mais ofensivo. Em Provérbios 6.16-19, o homem orgulhoso encabeça a lista das sete coisas que Deus abomina. Quando se refere ao orgulho, a Bíblia utiliza palavras como *ódio, abominação e detestável*. Linguagem mais forte do que esta, Timóteo, simplesmente não existe.

Além das coisas que eu "odeio" bem humoradamente falando — coisas como queijo ricota e os times esportivos profissionais de Nova York — eu, com toda a seriedade, genuinamente odeio o aborto; genuinamente odeio o racismo; genuinamente odeio o abuso de crianças. Mas coloque todos estes sentimentos lado a lado com o supremamente puro, santo e inalterável ódio que Deus tem pelo pecado de orgulho, e tudo isso parecerá uma pequena aversão. É simplesmente impossível para nós expressarmos o quão profundamente Deus detesta e abomina o orgulho.

Mas por que Deus odeia tanto assim o orgulho? Charles Bridges resumiu isto muito bem: "O orgulho levanta o coração contra Deus. Ele contende pela supremacia com Ele."[2] O orgulho é uma atitude de auto-suficiência e de independência para com Deus e de farisaísmo e superioridade para com os outros. Ele rouba a honra e a glória devidas a Deus. Ele pode tomar muitas formas, mas tem apenas um objetivo: auto-glorificação. Não é de se admirar, portanto, que Deus se oponha aos soberbos (1 Pe 5.5).

Oh, quão terríveis são os perigos do orgulho! Eu já o vi destruindo pastores, casamentos, famílias, relacionamentos, igrejas — tudo isto entre crentes sinceros. Mas para todos os reais perigos provenientes do orgulho, há também a rica promessa para a humildade. Pois o nosso Deus não apenas se opõe veementemente ao orgulho; Ele aceita decisivamente a humildade. O onisciente sabe de todas as coisas — nada

1 J. I. Packer & Loren Wilkinson, eds., *Alive to God*, Downers Grove, IL: InterVarsity Press, 1992, 119.

2 Charles Bridges, *The Commentary on Proverbs*, reimpressão, Carlisle, PA: The Banner of Truth Trust, 1968, 228.

escapa de sua vista — e ainda Ele procura ativamente por uma coisa. Sua atenção está voltada especialmente para a humildade: "... o homem para quem olharei é *este*". O homem humilde irá receber graça, e não oposição, porque sua motivação é glorificar a Deus, e não a si mesmo. Deus sempre estenderá e manterá seu favor sobre o homem humilde que busca a sua vontade.

Timóteo, durante a última década, tenho visto seu conhecimento e amor pelas Escrituras crescerem em força e profundidade. Sei que você é capaz de dar sermões precisos e eficazes sobre orgulho e humildade. Mas se você me permitir que mudemos de assunto, gostaria de argumentar sobre um ponto antes de seguir adiante.

Imagine certo número de igrejas, cada uma liderada por homens chamados por Deus, dotados e comprometidos. Cada um deles valorizando bastante as Escrituras e a sã doutrina, e devotados à centralidade do evangelho. Sendo ainda cheias de crentes comprometidos, verdadeiros servos que amam sinceramente o Senhor Jesus. Com o passar do tempo, algumas destas igrejas prosperam, enquanto outras não. Por quê? Correndo o risco de estar simplificando muito as coisas, eu diria que sei a resposta.

Muitas pessoas acreditam na Bíblia. Muitos pastores a conhecem extremamente bem. Muitos reconhecem que ela é nosso único e inteiramente confiável guia para a vida e fé. Mas igrejas fortes — isto é, igrejas nas quais os membros estão crescendo em santificação e glorificando cada vez mais a Deus, tanto em suas vidas públicas quanto privadas — são igrejas nas quais os líderes não se limitam a meramente ensinar a sã doutrina. Eles também lideram, e são verdadeiros modelos, na aplicação consistente da verdade bíblica em toda a sua vida.

Eu afirmo isto com inteira confiança: daqui a uma década, seu ministério terá frutificado na mesma medida que você tanto tenha ensinado as Escrituras de forma apropriada *quanto também* a tenha aplicado de maneira consistente — em sua própria vida, na vida de sua família, entre seus companheiros presbíteros e na sua igreja. Igrejas eficazes são construídas não somente através do ensino da verdade bíblica, mas também através da *aplicação* dessa verdade, pela graça de Deus.

Quando Gary disse, "havia uma ênfase na humildade, especialmente entre os líderes", ele estava falando sobre a aplicação. A aplicação adequada das Escrituras irá sempre enfatizar o enfraquecimento do orgulho (seu maior inimigo) e o cultivo da humildade (seu melhor amigo). Estou convencido de que isto é o que fez toda a diferença em nossa igreja. E fará toda a diferença em sua igreja também.

Tratei de tudo isto, Timóteo, para que eu pudesse compartilhar com você algumas formas específicas com as quais tenho procurado tremer diante da Palavra de Deus. Certamente esta frase fala de algo muito além da simples aquiescência. O homem orgulhoso pode respeitar a Palavra de Deus, pode acreditar nela, e até mesmo ensiná-la, mas tremer diante da Palavra de Deus é exclusividade dos humildes. Então, que passos práticos um pastor pode dar para cultivar a humildade e desta forma tremer diante da Palavra de Deus?

Por muitos anos mantive uma lista de práticas. Elas derivaram das três décadas que passei procurando crescer na graça. Algumas são itens de específica aplicação diária — são coisas que eu realmente tento observar todos os dias. Outros desses itens são áreas de ênfase e de aplicação regular e consistente durante todo o ano. Na falta de um termo melhor, eu a chamo de minha lista anual. São as coisas nas quais procuro dedicar grande parte de minha atenção, para que meu caráter continue a ser informado sobre os efeitos dominadores do orgulho e aqueles que induzem à humildade.

Não conheço nenhuma forma melhor de crescer em humildade do que observar um conjunto de práticas concretas e tangíveis. Aqui estão aquelas que, pela graça de Deus, têm provado sua eficácia para mim. Não estou encorajando uma rigorosa imitação destas práticas. Eu as ofereço para instigá-lo a considerá-las, de modo que você venha a desenvolver sua própria lista. Mas para o bem de sua própria família, e de sua igreja, você deve ter uma lista.

O primeiro item de minha lista anual é estudar os atributos de Deus. Focando-me especialmente nos atributos incomunicáveis de Deus, aqueles que não têm reflexo ou ilustração no homem ou em qualquer lugar da criação. (Note como, em Isaías 66, Deus chama nossa atenção para sua grandeza única e sem paralelos).

Considere, por exemplo, que Deus é infinito. Ele não tem limites, não tem extremos. Ele também é onipresente. Ele não possui um centro, nenhum ponto de concentração, nenhum lugar onde a sua essência está localizada, pois Ele é completa e igualmente presente em todos os lugares — na criação e muito além dela. *The New Bible Dictionary* diz: "Quando dizemos que Deus é espírito infinito, nós estamos completamente fora do alcance de nossa experiência".[3]

Verdadeiramente, meu amigo, esta é a profundeza do mar teológico. Este Ser infinito é auto-existente e auto-suficiente. Tudo na criação, desde você e eu, até às criaturas celestiais, aos átomos de gás nas profundezas do espaço, estão, para sua mera existência, momento a momento, sob completa dependência da atenção sustentadora de Deus. Mas antes do tempo, e por todo o tempo, e ainda fora do tempo, Deus sempre e unicamente depende de si mesmo. Nós somos como a grama que murcha e seca, mas Ele sozinho tem o poder da *existência absoluta*. Como Matthew Henry, escreveu: "O maior e melhor de todos os homens no mundo tem de dizer 'Pela graça de Deus eu sou o que sou'. Mas Deus diz apenas — 'Eu sou o que sou' — e isso é mais do que qualquer outra criatura, homem ou anjo, poderia dizer".[4]

Tal contemplação irá inevitavelmente enfraquecer o seu orgulho. Quanto mais você estiver consciente da diferença entre você mesmo e Deus, mais você irá experimentar e expressar humildade. Quanta bondade de Deus em nos oferecer em sua Palavra um vislumbre de sua imperscrutável singularidade; uma ajuda infalível para a nossa humildade!

Em muitos dos itens destas listas, recomendarei alguma leitura adicional. Quero identificar muitos dos livros que tiveram uma influência profunda e duradoura em meu ministério e nesta igreja. De forma que, para compreender melhor os atributos incomunicáveis de Deus, você deve ler, em algum tempo, o capítulo 11 do livro de Wayne Grudem, *Systematic Theology* (Teologia Sistemática), intitulado *"The Character of God: Incommunicable Attributes — How is God Different From Us?"* (O

3 J. D. Douglas, et al., (eds.), *New Bible Dictionary*, Wheaton, IL: Tyndale House Publishers Inc., 1962, 427.

4 Matthew Henry, *Commentary on the Whole Bible, vol. 1*, Old Tappan, NJ: Fleming H. Revell Company, n.d., 284 [xodo 3.14].

Caráter de Deus: Atributos Incomunicáveis — Como Deus se Difere de Nós?). Ou, então, você poderia ler o capítulo equivalente no *Bible Doctrine* (Doutrina Bíblica), que é a versão resumida daquele livro.

Em segundo lugar, nunca se desvie do caminho da cruz. Viva como alguém que constantemente avista — e bem próximo — a cruz maravilhosa, na qual o Príncipe da Glória morreu. Como eu disse antes, não posso fazer nada além, e certamente também não posso fazer nada melhor, que chamar sua atenção à centralidade do sacrifício do nosso Salvador.

Um amigo certa vez contou-me sobre uma oportunidade que ele teve de entrevistar Carl Henry, um homem verdadeiramente humilde que, como você bem sabe, é provavelmente o intelectual evangélico mais importante da última metade do século vinte. Ele perguntou ao Dr. Henry, que já se aproximava dos oitenta anos, como ele havia permanecido tão humilde por tantas décadas. O Dr. Henry apenas respondeu: "Como alguém pode ser arrogante quando se coloca ao lado da cruz?" Eu não tenho qualquer ilusão de que meu caráter sequer se aproxime daquele do Dr. Henry, mas há um livro que teve valor incalculável em ajudar-me a permanecer ao lado da cruz: *The Atonement*, de Leon Morris.

Em terceiro lugar, estude as doutrinas da graça. Conforme você mergulhar nos estudos da eleição, chamado, justificação e perseverança, será lembrado de que tudo o que temos e tudo o que somos como cristãos começa em Deus, termina em Deus e depende de Deus. Estas doutrinas tão ricas não deixam qualquer espaço para autocongratulação. Mark Webb escreveu: "Deus planejou a salvação de forma que nenhum homem possa se orgulhar dela. Ele não apenas a preparou de um modo que o orgulho fosse desencorajado ou mantido em níveis mínimos; Ele a planejou de tal forma que o orgulho é absolutamente excluído. A eleição faz precisamente isto".[5]

A arrogância pessoal e uma verdadeira apreciação pela teologia reformada não podem co-existir; a verdade expulsará o orgulho de seu covil. Para mim, um livro muito útil nesta área tem sido a obra de Anthony Hoekema, *Saved by Grace* (Salvo pela Graça).

---

5 Mark Webb, *"What Difference Does It Make?"*, Reformation & Revival Journal 3, no. 1 (Winter 1994).

Em quarto lugar, estude a doutrina do pecado. Eu li sobre uma placa que estava no espelho do provador de uma loja, que dizia: "Objetos no espelho podem parecer maiores do que eles realmente são". Timóteo, quando você permite que a doutrina do pecado instrua a sua autopercepção, esta não será a sua experiência. Compreender a profundidade e a depravação do pecado em nossas vidas, não permite que tenhamos uma percepção enfatuada de nós mesmos.

A melhor forma de se preparar para o estudo do pecado é, em primeiro lugar, estudar a santidade de Deus, pois somente nela podemos encontrar a inexistência absoluta de pecado. Examine as Escrituras neste tópico, e assegure-se de ler o livro *The Holiness of God* (A Santidade de Deus), de R. C. Sproul. Então, quando você começar a estudar a doutrina do pecado propriamente dita, você irá fazê-lo sob a perspectiva correta. E para sua leitura neste momento, ninguém melhor que John Owen, especialmente em *Temptation and Sin*, no volume seis de sua coletânea de trabalhos. Uma versão resumida está disponível em um único livro, sob o título *Sin and Temptation*. O livro *The Enemy Within*, de Kris Lundgaard, é essencialmente uma interpretação simplificada e modernizada da obra de Owen, mas ainda assim muito útil.

Em quinto lugar, ponha a doutrina do pecado em prática. Vendo que todos os homens são pecadores, Mike Renihan observa: "Os pecadores podem ser divididos em dois grandes grupos: aqueles que admitem seu próprio pecado, e aqueles que não admitem. Dentre aqueles que admitem serem pecadores, podemos ver dois outros grupos: aqueles que tomam alguma atitude em relação a isto, e aqueles que nada fazem a respeito".[6] Timóteo, o pastor humilde é o homem que toma alguma atitude a este respeito, especialmente através da confissão e da busca pela correção.

Não é difícil admitir nossa própria abrangente depravação. O difícil é confessar uma área específica de depravação em nossas vidas. Obviamente, todos nós precisamos primeiramente confessar os nossos pecados para Deus. Mas também somos chamados a confessar os nossos pecados, conforme for apropriado, aos irmãos. Você sabe o quanto

6 Mike Renihan, *"A Pastor's Pride and Joy"*, Table Talk 53 (July 1999).

recomendo que cada pastor, até mesmo nas menores igrejas, tenha um grupo de homens com quem ele possa se abrir. Deus certamente irá lhe enviar estes homens. Seu trabalho é encontrá-los, chamá-los para lhe ajudar e ser transparente diante deles, confessando os seus pecados livre e regularmente.

Deixe que estas confissões sejam completas e específicas, e não pré-selecionadas e parciais. Confesse atos públicos de pecado e tentações presentes, e deixe que a graça e o perdão sejam abundantes em sua vida. É uma triste verdade que sempre que um pastor se desqualifica no ministério, em razão de alguma falha pessoal de caráter, uma longa falta de confissão dos pecados esteve, invariavelmente, presente.

Outro meio vital de aplicação da doutrina do pecado em sua própria vida é o querer e o buscar a correção em determinadas áreas do caráter. A este respeito, um pastor precisa ser gentilmente persistente, tanto em público quanto em particular. Conseqüentemente, a maioria dos membros de sua igreja deveriam sentir-se verdadeiramente à vontade para mostrar-lhe qualquer situação em que você pareça ter agido de forma pecaminosa — ou até mesmo, qualquer área em que você poderia estar fazendo um trabalho melhor. Por acaso sua esposa, seus amigos ou até mesmo aqueles que servem com você em sua igreja poderiam dizer que você pede ajuda sem dificuldade? Alfred Poirier escreveu um artigo excelente neste assunto, intitulado *The Cross and Criticism* (A Cruz e a Crítica).[7]

Os itens que acabei de citar ajudarão qualquer cristão a crescer em humildade, mas os que estão alistados a seguir se aplicam especificamente a pastores.

a) Estude diligentemente, mas reconheça suas limitações teológicas. Enquanto seus filhos crescem, Timóteo, você será várias vezes bombardeado com questões teológicas que simplesmente não é capaz de responder. Nosso filho Chad, que recentemente fez nove anos, faz muitas destas perguntas, e várias vezes eu simplesmente tenho de dizer: "Eu não sei, filho". (Na verdade, eu digo isto

7 Alfred Poirier, "The Cross and Criticism", The Journal of Biblical Counseling 17, no. 6. Este artigo está incluso no livreto, Words that Cut (Billings, MT: Peacemaker Ministries, 2003).

tão freqüentemente que a esta altura ele pode estar pensando que não é necessário saber muita coisa para se tornar um pastor). Os membros da sua congregação também irão lhe fazer perguntas difíceis. Sejamos apropriadamente influenciados pela estimativa de Calvino de que até mesmo os melhores teólogos estão certos apenas 80 por cento das vezes. Então, em meu melhor dia, qual terá sido minha porcentagem? Metade disso? Além do mais, até onde eu saiba, nunca tive algum pensamento original. Quando ensino ou aconselho, estou me beneficiando dos trabalhos de homens melhores e mais sábios que vieram antes de mim. Se hoje enxergo alguma coisa, é apenas porque me apoio nos ombros deles — e jamais gostaria de deixar em alguém uma impressão diferente desta. Quando estiver instruindo ou aconselhando, a consciência de suas limitações suavizará e fará humilde suas atitudes, tom de voz e até mesmo suas conversas.

b) Logo antes de pregar, leia Spurgeon. Sempre que possível, tento encontrar e ler na noite de sábado, algum sermão de Charles Spurgeon no mesmo assunto ou texto que estarei pregando na manhã seguinte. Spurgeon mostra como deveria ser a pregação, e o lembra de que você não consegue pregar daquela forma. Ler o Príncipe dos Pregadores sempre rebaixa minha opinião sobre meu próprio sermão, e aumenta minha dependência de Deus.

c) Use em seus sermões e aconselhamento, ilustrações livres de quaisquer méritos ou elogios sobre você mesmo. A preparação de meus sermões não está completa, até que eu tenha conseguido inserir uma confissão pessoal apropriada ou uma ilustração que me traga humildade. Baseado nos comentários que tenho recebido ao longo dos anos, estas são as coisas mais memoráveis que digo (o que é por si mesmo bastante aviltante). Esta prática também apresenta a todos os reunidos ali um exemplo desafiador de humildade.

d) Reconheça sua relativa insignificância. Um pastor é um meio vital da graça para a sua igreja e aos que ele serve. No entanto, ao mesmo tempo, ninguém é insubstituível. Charles DeGaulle observou isto: "Os cemitérios estão cheios de homens indispensáveis". Caso eu morresse antes de terminar esta carta, o que aconteceria? Haveria alguma lamentação entre aqueles que me amam. Mas em alguns meses este pranto teria praticamente desaparecido. Em seis meses, para quase todos, eu não seria nada além de uma doce memória, uma voz vagamente familiar guardada em alguma fita velha e esquecida. Deus, em sua misericórdia e amor pela igreja, consagraria ricamente meu substituto até que a eficiência dele claramente sobrepujasse a minha. E quanto a mim, não me importaria nem um pouco. Eu estaria no céu!

e) Prepare-se para ser substituído. Estou aqui apenas esquentando o banco para alguma outra pessoa. O tempo pode ser incerto, mas um dia certamente serei substituído. E você também. Nossa substituição é inevitável. Você faria bem, se começasse desde agora a preparar seu coração, a fim de que quando a mudança aconteça você seja capaz de responder de uma forma que traga glória para o nome de Deus e honra para a sua igreja.

f) Jogue futebol o mais freqüentemente possível, e assegure-se de estar jogando com amigos que não hesitarão em fazer piadas das terríveis jogadas que você certamente fará de tempos em tempos. Esse é um bom esporte para exercitar a humildade.

Tenho de seguir adiante, bem rápido, agora, em minha lista diária (vou levar a Carolyn para o nosso encontro semanal esta noite, e estou ávido em completar alguns últimos preparativos). De manhã, esta lista me ajuda a ajustar o clima para o dia. Ela me ajuda, durante o dia todo, a tirar vantagem daqueles inúmeros momentos mundanos, que podem ser transformados em meios de experimentar a graça de Deus. E também me ajuda a terminar o dia completamente consciente de que sua graça faz todas as coisas boas possíveis.

Primeiramente, comece o dia admitindo sua dependência de Deus, sua necessidade de Deus, e sua confiança em Deus. Timóteo, estou me referindo aos *primeiros pensamentos* do dia. Quando o despertador toca, imediatamente procuro dirigir meu coração para Deus, expressando minha dependência dEle. E, propositadamente, continuo a cultivar esta atitude, conforme me preparo para o dia. Se eu não o fizer, meus pensamentos irão — com toda a certeza — em direção à autodependência.

Em segundo lugar, enquanto você direciona seus pensamentos para Deus, ajusta o tom para o dia todo, expressando gratidão a Ele. "A gratidão é um solo no qual o orgulho dificilmente cresce",[8] e a gratidão começa com o evangelho. A melhor forma que encontrei para lutar contra o esquecimento e a distração que tão facilmente minam nossa gratidão é — como Jerry Bridges diz — pregar o evangelho para si mesmo todos os dias. Então comece cada dia fazendo exatamente isto, e, então, direcione a sua gratidão para Deus, por causa do evangelho.

Conforme o dia avança, proponha-se a reconhecer e expressar gratidão pelos inúmeros "lembretes" que Deus coloca ao nosso redor, a fim de não nos esquecermos de sua graça. Dizem que ao conhecer Matthew Henry as pessoas logo se davam conta de que ele estava sempre alerta e era um grato observador das respostas de oração. Eu quero ser como ele. A ingratidão é a marca de um homem orgulhoso; porém, expressar gratidão consistentemente é um golpe fulminante em minha arrogância autoglorificadora.

Em terceiro lugar, pratique as disciplinas espirituais todos os dias. Estou convencido de que é sempre melhor fazer isto pela manhã, em parte porque ajuda a ajustar o clima de dependência de Deus para o dia. A disciplina espiritual é uma declaração aliada a uma demonstração diária de minha necessidade de Deus e minha dependência dEle. Considero impressionantes as palavras de Charles Hummel: "Quando falhamos em esperar, em orações, pela direção e força de Deus, estamos dizendo com nossas ações, se é que já não o fazemos com nossos próprios lábios, que não precisamos dEle".[9] Acredito que nossa inconsistência na prática das disciplinas espirituais não se deve primeiramente a falta de

8 Michael Ramsey, *The Christian Priest Today*, Londres: SPCK, 1972, 79.

9 Charles E. Hummel, *Tyranny of the Urgent*, Downers Grove, IL: InterVarsity Press, 1967.

autodisciplina, mas à presença de auto-suficiência. Praticar as disciplinas espirituais é um meio de enfraquecer diariamente a auto-suficiência orgulhosa e de cultivar a humildade.

Em quarto lugar, aproveite o tempo que você gasta no trajeto entre sua casa e o escritório da igreja para memorizar e meditar nas Escrituras. Quando William Wilberforce estava servindo na Câmara dos Comuns, ele usava sua caminhada de quinze minutos, de sua casa ao Parlamento, para recitar de memória todo o Salmo 119. Isto sim é um tempo bem gasto.

Em quinto lugar, quando, durante o dia surgirem problemas pesados demais para você carregar, deposite-os diante do Senhor, que cuidará deles por você. Onde existe preocupações e ansiedade, há o orgulho da auto-confiança. O homem humilde, embora possa ser responsável por muitas coisas, é livre de preocupações — ele é tranqüilo. Sua vida é caracterizada pela alegria e paz, pois é impossível estar preocupado quando se confia no Soberano.

Timóteo, nós não somos como furadeiras sem fio que são carregadas apenas uma vez e passam o dia todo trabalhando. Eu não espero que o meu devocional da manhã me sustente até às duas horas da tarde ou mesmo até às onze horas da manhã. O dia todo, todos os dias, preciso ficar direcionando meus pensamentos para Deus, permanecendo perto da cruz, sempre oferecendo minha gratidão pelas inúmeras evidências da graça e colocando minhas preocupações sobre Ele, que cuida de tudo para mim com tal perfeição de amor e fidelidade.

Sexto, quando o dia de trabalho acaba, ao invés de simplesmente ir para casa, aproveito a oportunidade para cultivar a humildade. Não importa o quão "bem-sucedido" ou "mal-sucedido" eu tenha sido naquele dia (em minha avaliação limitada), reconheço que Deus é o único que sempre completa perfeitamente sua lista diária de afazeres, e confio tudo aquilo que não pude concluir à sua guarda. Amanhã, eu voltarei e, por sua graça, tentarei de novo.

Então, ao fim do dia, procuro transferir toda a glória para Deus. O puritano Thomas Watson escreveu: "Quando tivermos feito qualquer coisa digna de elogios, devemos nos esconder sob o manto da humildade e transferir a glória de tudo quanto fizemos a Deus".[10] Grato por este tão precioso conselho, uso alguns momentos à noite apenas para recapitular meu dia. Para cada evidência de frutificação ou progresso que testemunhei ou experimentei naquele dia, tento atribuir especificamente a Deus o fato inegável de que Ele é o único responsável.

Como um pastor, posso ser um meio de graça na vida de outras pessoas, mas não posso salvar ninguém! Não posso convencer ninguém do pecado ou trazer uma alma ao arrependimento. Não tenho poder em mim mesmo para realizar a santificação na vida de alguém. Nossas igrejas são testemunhos à grandeza e graciosidade de Deus — não monumentos à nossa liderança e pregação.

Em uma ocasião, quando Charles Spurgeon estava lecionando aos seus alunos na *Pastors College* (Escola de Pastores), ele lhes disse: "Seu ministério é pobre o suficiente. Todo mundo sabe disso, e você precisa ter consciência disto mais que todos os outros".[11] Será que ele estava dizendo que aquela classe era particularmente incompetente? De forma alguma. Ele estava informando-lhes que a pregação somente é eficiente, e sempre o é porque Deus mantém a promessa de que sua Palavra não irá retornar vazia. Isaías reconheceu isso ao dizer: "SENHOR, concede-nos a paz, porque todas as nossas obras tu as fazes por nós" (26.12), e isto, como *The Expositor's Bible Commentary* (O Comentário Bíblico Expositivo) observa, é "uma profunda verdade, abençoadoramente destruidora do orgulho espiritual".[12] Deus é o motor primordial por trás de todos os meios da graça. *Soli Deo Gloria*!

Finalmente, antes de ir dormir à noite, reconheço que dormir é um dom do Criador para suas criaturas. Eu não apenas vou dormir passivamente. Aproveito esta oportunidade diária para enfraquecer o orgulho e cultivar a humildade através do reconhecimento de que Ele não descansa e nem dorme. Dormir, para mim, é um lembrete diário do quão longe estou da auto-suficiência. Deixe-me colocar isto da seguinte forma: eu tenho uma necessidade desesperadora, irreversível e fisiológica de

---

10 Thomas Watson, *A Body of Divinity*, Carlisle, PA: The Banner of Truth Trust, 1992, 17.

11 Charles Spurgeon, *Lições aos Meus Alunos*, PES, São Paulo, SP.

12 *The Expositor's Bible Commentary*, ed. Frank E. Gaebelein, vol. 6, Grand Rapids, MI: Zondervan Publishing House, 1986, 165.

passar uma parte substancial de cada período de vinte e quatro horas em um estado de incapacidade física e mental, totalmente indefeso e completamente inútil. Isto não é cômico? Deus, então, usa este tempo para me fortalecer e me restaurar para o dia seguinte — um dia no qual, invariavelmente, falharei em obedecê-Lo inteiramente; ainda assim, Ele redimirá minhas ações para produzir uma certa quantidade de frutos. Como isto não poderia produzir um senso de humildade?

Então, aí estão, meu amigo — minha lista anual, minha lista diária e algumas sugestões práticas. Nenhuma destas idéias é originalmente minha. Qualquer traço de sabedoria que você possa achar nelas tem como fonte as Escrituras e o discernimento de alguns professores muito mais talentosos e maduros do que eu. Tudo o que fiz foi juntar a sabedoria de outros e passá-la adiante. Oro para que estes pensamentos o inspirem a estabelecer seus próprios padrões que irão servir-lhe pelo resto de sua vida, assim como estes têm me servido.

Então, vamos nos devotar diariamente à aplicação das Escrituras, para que possamos evitar os perigos do orgulho e experimentar a promessa da humildade. E que o façamos motivados pela graça. Pois, por mais bem intencionados que sejam nossos esforços, e por mais que enxerguemos a graça de Deus trabalhando na santificação, não descansamos em nossas próprias obras ou boas intenções, como se elas, algum dia pudessem nos garantir alguma coisa diante de um Deus Santo. Não reivindicamos nenhum mérito em tudo quanto fazemos. Pelo contrário, descansamos na obra acabada do Salvador. Somos de Deus, e desfrutamos de seu favor, apenas porque Outro cumpriu perfeitamente todos os justos requerimentos da lei. Jesus Cristo é o Único que foi perfeitamente humilde, completamente contrito de espírito e totalmente observador do que significa tremer diante da Palavra de Deus. Descansamos nEle — em sua vida perfeita e em seu sacrifício substitutivo pelos nossos pecados.

Escreva-me novamente, o quanto antes, Timóteo. Estarei esperando ansiosamente notícias de como Deus em sua maravilhosa graça tem agido em sua vida e através dela.

Com amor, por você e Mary, através de nosso glorioso Salvador,

C. J.

PS — Você me pediu uma lista de leituras recomendadas. Aqui estão as fontes dos materiais que mencionei. Divirta-se!

1. *The Discipline of Grace,* Jerry Bridges (Colorado Springs, CO: NavPress, 1994).
2. *Systematic Theology,* Wayne Grudem (Grand Rapids, MI: Zondervan, 1995).
3. *Bible Doctrine,* Wayne Grudem (Grand Rapids, MI: Zondervan, 1999).
4. *Saved By Grace,* Anthony A. Hoekema (Grand Rapids, MI: William B. Eerdmans Publishing Company, 1989).
5. *The Enemy Within,* Kris Lundgaard (Phillipsburg, NJ: P&R Publishing, 1998).
6. *The Atonement: It's Meaning and Significance,* Leon Morris (Downer's Grove, IL: Inter-Varsity Press, 1983).
7. *The Complete Works of John Owen,* editado por William Gould (reimpressão, Edimburgo, Escócia: The Banner of Truth, 1980).
8. *Sin and Temptation,* John Owen (reimpressão, Bloomington, MN: Bethany House, 1996).
9. *"The Cross and Criticism",* Alfred Poirier, (*The Journal of Biblical Counseling* 17, no 3, 1999).
10. *The Cross of Christ,* John Stott (Downer's Grove, IL: Inter-Varsity Press, 1986).
11. *The Holiness of God,* R. C. Sproul (Carol Stream, IL: Tyndale, 1998).

Capítulo 8

Seja corajoso

Bil Ascol

Amado Timóteo,

Fiquei muito empolgado ao saber que você foi recentemente chamado para assumir seu primeiro pastorado. Após vinte e cinco anos no ministério pastoral, posso lhe dizer que nada há tão alegre e desafiador quanto o pastoreio do rebanho de Deus, sobre o qual o Espírito Santo lhe fez um supervisor. Liderar, alimentar e proteger o povo de Deus, enquanto seguimos pela perigosa jornada deste mundo para o mundo que está por vir, irá requerer uma grande quantidade de “coragem evangélica”. E por coragem evangélica me refiro ao compromisso incondicional de ministrar o evangelho com compaixão, a despeito das conseqüências e a qualquer preço. Gosto de usar a palavra *evangélica* para qualificar a coragem, porque algumas formas de coragem podem ter mais a ver com bravata do que com bravura, mais a ver com gabarolice do que com ousadia. Tal tipo de coragem (se é que posso chamá-la desta forma) pode ser prejudicial, ao invés de útil, se manifestada na vida de um ministro do evangelho. A coragem que não é evangélica — isto é, não guiada por motivos e desejos do evangelho — pode levar um homem a lidar com o ministério pastoral como se fosse o presidente de uma grande companhia, um comandante militar ou até mesmo um boiadeiro, ao invés de um pastor. Estes modelos não são baseados na Palavra de Deus, e contrariam o espírito e conduta expressos pelo apóstolo Pedro quando, escrevendo como um presbítero, rogou aos seus colegas presbíteros que fossem pastores fiéis sobre o povo de Deus, enquanto vivessem e trabalhassem no meio deles (1 Pe 5.1,2).

Um dilema duplo que, por fim, um ministro do evangelho enfrentará é a tentação de ser "muito permissivo" ou, então, "muito exigente", enquanto desenvolve seu trabalho no meio do povo de Deus. A tentação de ser "muito permissivo" freqüentemente surge quando o ministro tem uma série de benefícios colocados diante dele, com o requisito tácito de que, "tudo isto pode ser seu, contanto que nós concordemos em alguns aspectos". Acesso para o pastor e sua família a piscinas particulares, quadras de tênis, casas de campo, carros, e vários outros benefícios e oportunidades, podem obscurecer o julgamento do ministro. Quando se torna necessário que se posicione em favor da retidão, ele pode se ver diante da dura realidade de tornar-se impopular para com aqueles que oferecem os benefícios. Uma falha por parte do ministro, ao exercitar sua coragem evangélica face a esta tentação, pode muito bem ter o efeito de rebaixá-lo ao nível de "entregador de sermões" e de ser controlado pelos "poderosos" da igreja. Isto freqüentemente acaba por encorajar alguns a seguir por caminhos pecaminosos, enquanto, ao mesmo tempo, desencoraja aqueles mais espirituais que tinham esperança de que, finalmente, um homem de Deus chegara entre eles, para proclamar a Palavra de Deus de uma forma íntegra. É exatamente por isto que o apóstolo Paulo adverte ao ministro para manter-se livre das coisas do mundo (2 Tm 2.3,4). Uma das lições que seria prudente você aprender agora mesmo, Timóteo, é que o espaço mais difícil que você terá de conquistar no ministério, é exatamente aquele que você já teve e voluntariamente cedeu.

Igualmente perigosa é a tentação de ser muito exigente com o povo de Deus. Novamente, é popular em alguns círculos evangélicos, nos dias de hoje, a perspectiva de enxergar o pastorado da mesma forma que alguém enxergaria a posição de presidente de uma grande companhia, um comandante militar ou até mesmo um boiadeiro. Todos estes três diferentes papéis têm seu lugar adequado no mundo, mas são desastrosos quando implantados no ministério pastoral. O pastor que se coloca sob a influência de qualquer uma destas atitudes ao ministrar, corre o risco de enxergar o povo de Deus como fantoches a serem usados ou manipulados para fins geralmente pouco nobres. O "presidente" pode usar o povo sob seus cuidados para construir algo que se parece com seu próprio reino aqui na terra, não muito diferente dos faraós no tempo das pirâmides. Ele pode ser exigente com seu povo, enxergando-o como peças que podem ser sacrificadas pelo bem da "causa". O "comandante militar" é diferente do "presidente" apenas por seu nível de atuação. Ele também é um autocrata; no entanto, justifica o sacrifício do povo de Deus em razão de algo maior, a "vitória". Autoritarismo, em sua expressão máxima, pode levar a jornada conjunta de uma congregação a uma marcha espiritual mortal, na qual os feridos são "executados" ao lado da estrada durante a caminhada. As pessoas sob o laço do "boiadeiro" passam um pouco melhor, sendo levadas, no entanto, para um fim trágico. Muito freqüentemente estes infortunados modelos de ministério pastoral são apresentados e aceitos só porque o pastor quer "bancar o tal". O problema com estes três métodos é que eles têm mais a ver com administração, manobras e movimentação do que com a ministração exercida pelos pastores do rebanho de Deus. Os pastores lideram, alimentam e protegem — tarefas que muitas vezes não são cumpridas a contento nos ministérios do presidente, do comandante militar e do boiadeiro. Timóteo, não permita que algum especialista em ministérios, ainda que bem-intencionado, venha a ameaçá-lo a adotar qualquer um destes estilos contemporâneos de ministério.

O desafio, ao que me parece, é encontrar um caminho intermediário, entre estes dois abismos de ser muito "permissivo" ou muito "exigente", baseado na Bíblia, centrado em Deus, que exalte a Cristo e capacitado pelo Espírito Santo. Ao ser permissivo você corre o risco de se tornar pouco mais que a marionete da congregação. Ao ser exigente pode assemelhar-se ao papa da igreja. Você precisa resistir aos esforços de qualquer um que possa levá-lo ao abismo da rigidez, e, ao mesmo tempo, resistir à sua própria tentação de pular no abismo da permissividade. Ambos os extremos devem ser evitados no espírito de Jesus Cristo.

Algumas congregações, particularmente aquelas que experimentaram a troca constante de pastor, em um curto espaço de tempo, tendem a enxergar seu pastor como alguém que "contrataram". Ele é empregado delas, listado na folha de pagamento, e, portanto, sujeito à uma série de regras e expectativas (quase sempre tácitas) que são muito diferentes das regras e expectativas sob as quais os outros membros vivem. Por exemplo, espera-se que ele sempre esteja presente nos cultos de domingo (de manhã e à noite), na reunião de oração durante a semana, nas visitações, nos trabalhos diários da igreja, etc. Para qualquer outra pessoa na congregação estas reuniões são oportunidades opcionais. Por que isto acontece? "Porque", eles dizem, "ele é pago para fazer isto". A mesma congregação que nunca aceitaria disciplinar um membro em pecado, muitas vezes não pensaria duas vezes quando é sugerido que o pastor seja forçado a deixar a igreja. Por que isto acontece? "Porque", eles argumentam, "nós o contratamos e também podemos despedi-lo". Em tal situação, o pastor tende a ser tratado como um contratado temporário. Ele geralmente vive na residência pastoral e, portanto, pode enfrentar a pressão para manter a "casa da igreja" e o "jardim da igreja" numa condição que receberia a aprovação até mesmo do crítico mais mordaz.

Ele pode ser levado a sentir-se como um homem que vive e desfruta de seu meio de vida, apenas porque os grandes chefões da igreja assim o permitiram. Talvez o pastor seja colocado numa situação embaraçosa de ter de ir até o tesoureiro da igreja, para perguntar quando ele pode esperar receber o seu pagamento. Ele pode ter de receber a aprovação dos diáconos para tirar um tempo livre, a fim de pregar numa conferência bíblica em outra localidade, participar de uma conferência para o seu próprio fortalecimento espiritual, ou simplesmente para tirar breves férias com sua família. Na verdade, a votação de toda a igreja pode ser requerida antes que qualquer destas programações sejam agendadas. Toda vez que ele é apresentado a alguém na comunidade por um dos membros mais antigos da igreja, ele é geralmente identificado como "o nosso pregadorzinho", particularmente se é jovem ou está apenas iniciando sua jornada no ministério pastoral. Isto pode até parecer caricatura, mas, infelizmente, não é. Embora seja verdade que nem todas as igrejas agem desta forma, há um número suficientemente grande para causar preocupação e alarme. Eu oro para que a congregação à qual você está ministrando não seja, nem um pouco, parecida com a que acabei de descrever.

Quando qualquer uma destas características, senão todas, começam a se manifestar no ministério pastoral de um homem, ele pode sucumbir à tentação de sujeitar-se à vontade dos outros e viver uma vida ministerial de frustrações, sentindo-se muito mais como um mercenário que está entre a cruz e a espada. Muitos homens de Deus, no entanto, não desejam simplesmente sucumbir a tal tipo de tratamento. Ao invés disso, eles resistem a este degradante aspecto do ofício pastoral. E ao fazê-lo, há sempre o perigo de reagir de forma prejudicial. Muito freqüentemente, em nome da "coragem", um ministro pode se revestir com ar de arrogância, seguindo como alguém cujo ofício lhe autoriza a viver acima da concepção errada da congregação a respeito de sua posição. Ele pode até mesmo se ressentir com as atitudes negativas contra ele. Em um esforço para provocar o respeito que as Escrituras dizem ser devido a um ministro do evangelho, ele pode começar a exigir este respeito de forma semelhante a um tirano papista. Timóteo, lembre-se sempre que todos nós somos fracas criaturas do pó, homens suscetíveis às paixões do mundo, vulneráveis à possibilidade de tomar atitudes impensadas, quando as coisas não acontecem do nosso jeito ou quando não somos reconhecidos como aqueles que foram chamados por Deus para pregar o evangelho. Porém, demagogia despótica por parte do pastor não é a resposta adequada à aviltação proveniente dos membros da igreja contra o ofício do pastor ordenado por Deus. Também deve ser dito que muito mais danos e prejuízos foram causados às verdadeiras ovelhas de Jesus Cristo — assim como contra a reputação do próprio Jesus Cristo — como resultado do jactancioso uso de influência para benefício próprio, por parte de um pastor ou grupo de presbíteros, do que como resultado de pastores sendo depreciados, mal-tratados e pouco estimados. Na verdade, Timóteo, eu me arriscaria a sugerir que é preciso muito mais coragem evangélica para suportar tal vituperação daqueles que se intitulam povo de Deus, do que para se levantar e acabar com os rebeldes e obstinados, em nome da defesa do evangelho. O fato continua sendo, no entanto, que toda igreja na qual o Senhor nos coloca para servir como pastores será uma igreja necessitada de "reforma e de se tornar reformada". Haverá vários aspectos do ministério que precisarão ser reformados e restaurados à forma e padrão que reflita mais precisamente o modelo colocado para as igrejas no Novo Testamento.

O que um ministro deve fazer, então, quando se encontra recentemente chamado para uma igreja que precisa ser trazida à conformidade com os diversos preceitos bíblicos? Timóteo, acredite quando lhe digo que seu relacionamento pessoal com o Senhor Jesus Cristo, seu relacionamento estável com sua esposa e sua família, seu conhecimento da sã doutrina e teologia, suas competências exegéticas e pastorais, assim como suas habilidades para lidar com o público e de se comunicar de modo eficaz, devem ser todas sustentadas por uma coragem evangélica profundamente enraizada — o compromisso incondicional de ministrar o evangelho com compaixão, a despeito das conseqüências e do preço a ser pago. Enquanto você estiver trabalhando neste seu primeiro ministério pastoral, quero animá-lo a ter coragem evangélica para cultivar as vidas que você foi chamado a servir, confrontar aqueles cujos pecados são destrutivos para eles próprios ou para outros, e confessar suas faltas àqueles contra quem você pecou.

CORAGEM EVANGÉLICA PARA CULTIVAR AS VIDAS QUE VOCÊ FOI CHAMADO A SERVIR

Em primeiro lugar, você deve sempre lembrar que Deus o chamou para ser um pastor das ovelhas dEle — tanto aquelas que já estão seguramente recolhidas na congregação quanto aquelas que Ele irá chamar no curso de seu ministério. Além disso, as ovelhas sob os seus cuidados consistem em pequenos cordeiros, ovelhas feridas, ovelhas maduras e ovelhas errantes, todas elas com diferentes apetites no que diz respeito às refeições do evangelho, com as quais você deseja alimentá-las. O pastor sábio irá sustentar pacientemente suas ovelhas, alimentando-as com a verdade bíblica de acordo com a capacidade delas em recebê-la. É preciso coragem evangélica para cuidar das ovelhas em suas variadas situações, uma vez que você enfrentará muitas tentações em suas tentativas de pastorear tal variedade de ovelhas.

Os pequenos cordeiros precisarão ser alimentados com o sincero leite da Palavra (1 Pe 2.2). Eles precisarão de porções digestíveis das preciosas verdades do amor de Deus pelos pecadores, mostradas na morte sacrifical e suficiente de Jesus e sua ressurreição vitoriosa. Eles precisarão ser ensinados sobre a simplicidade de caminhar pela fé no sangue e justiça de Jesus Cristo, um sangue e uma justiça que constantemente os auxilia. Eles precisam aprender que caminhar pela fé significa confiar nas promessas do evangelho como se fossem dirigidas pessoalmente a eles. É importante que eles saibam que esta fé em Jesus Cristo é mais poderosa e alegremente expressa, quando produz frutos da disposição ao arrependimento e confissão dos seus pecados às pessoas contra quem pecaram; como também os frutos da disposição de perdoar, quando outros tiverem pecado contra eles. Há tantas "primeiras lições" que os pequenos cordeiros precisam assimilar; porém, eles não podem aprender todas de uma só vez. E nem mesmo irão, necessariamente, dominá-las logo na primeira vez em que forem ensinadas. Cultivar uma "dieta" saudável, que provocará apetite constante num jovem cristão, irá requerer tanto paciência quanto indulgência. O ministro corajoso lutará contra a tentação de se tornar impaciente ou desencorajado quanto ao progresso do crescimento na graça na vida do pequeno cordeiro. Será necessária coragem evangélica para continuar ministrando, a qualquer custo, o evangelho com compaixão abastecida de compromisso incondicional, sem levar em consideração as conseqüências.

Em qualquer congregação há ovelhas feridas — aquelas que foram profundamente feridas por outras na congregação, ou ainda pior, feridas por encontros anteriores com aqueles que serviam no papel de pastor das ovelhas de Deus. Você não deve ficar surpreso, se estas ovelhas feridas tenham aprendido a não confiar naquele que vem oferecer sua mão, para alimentá-las com as palavras de vida e cura. Elas provavelmente estarão mais inclinadas a permanecerem afastadas do ministério, ou pelo menos a tomar uma posição de "esperar para ver" a respeito do valor e sinceridade de seu ministério. Ainda, muita paciência será necessária para tolerá-las, enquanto que, ao mesmo tempo, você lutará contra a tentação de considerar a hesitação delas em se beneficiar com o seu ministério como uma rejeição pessoal a você — ou ainda pior, ao evangelho. O tempo tem a propriedade de aparar todas as arestas, e se pelo pastor forem abordadas de forma remissora, poderão tornar-se seus grandes amigos no ministério.

Ao longo do tempo, todos passamos por alguma grande necessidade — e também as ovelhas feridas. É freqüentemente no tempo de grande necessidade que o pastor fiel recebe a permissão de Deus para exercitar o decisivo cuidado pastoral na vida das ovelhas feridas. Uma experiência muito dolorosa, no presente, pode fazer com que aquele membro da igreja profundamente ferido deixe uma extrema dor do passado no esquecimento. É neste ponto que o ministro do evangelho precisa encontrar coragem evangélica em larga quantidade e se dispor a adentrar na ferida, mesmo arriscando enfrentar, de início, rejeição por parte da ovelha ferida. Eu digo "de início", porque o coração de todas as ovelhas de Jesus bate no mesmo ritmo do amor e misericórdia dEle — não importa o quão danificado ele esteja — esta misericórdia irá finalmente se expressar àqueles que são misericordiosos. Quando você provar a sinceridade de seu amor pelos feridos, ganhará o direito de falar-lhes sobre as coisas eternas. Quando você acumular este tipo de caução pastoral, irá ganhar não apenas seus ouvidos, mas também seus corações.

Algumas das experiências pastorais mais aprazíveis ocorrem entre o pastor e as ovelhas maduras — aquelas que demonstram um apetite saudável pela Palavra de Deus e que manifestam apreciação genuína pela sã doutrina. Idealmente, estas deveriam ser as líderes da congregação. São as ovelhas que fazem as perguntas certas, chegam às conclusões corretas e exibem um apetite crescente pela "carne" da Palavra. Elas não se cansam de ouvir (ou contar) a "antiga história de Jesus e seu amor". Geralmente demonstram um "espírito bereano" em sua disposição para verificar se as coisas que aprenderam sob seu ministério são ensinadas nas Escrituras (At 17.10,11). Elas não têm medo das doutrinas bíblicas que não aprenderam anteriormente. Elas simplesmente querem saber, "o que dizem as Escrituras?" As ovelhas maduras estarão mais inclinadas a se preocuparem com a glória de Deus em suas vidas e na vida da congregação, mesmo que não saibam como expressar isto com precisão teológica. Elas terão um desejo de ver Jesus Cristo exaltado, convencidas de que convém que Ele cresça e elas diminuam. Os membros maduros da igreja são provavelmente aqueles que fielmente oram juntos pelo progresso do evangelho através do ministério, e que darão graças a Deus por ter lhes enviado um ministro fiel ao evangelho. Pode ser que você pergunte: "Então, por que seria necessária coragem evangélica para ministrar a ovelhas como estas?" A resposta se encontra na tentação de passar a maior parte do seu tempo com elas, correndo o risco de negligenciar as necessidades das outras. Não cometa este erro, pois os pastores devem trabalhar para o "aperfeiçoamento dos santos, para o desempenho do seu serviço" (Ef 4.12), e, além disso, devemos transmitir as coisas que vemos e ouvimos a "homens fiéis e também idôneos para instruir a outros" (2 Tm 2.2). O trabalho do evangelho entre as ovelhas maduras é agradável, mesmo quando o ministro se encontra legitimamente cansado. Uma outra tentação, no entanto, é que o pastor seja suscetível a receber sobre si a glória que lhe é dada pelos crentes maduros e fazer disto ocasião de orgulho, vanglória, e de pensar mais de si mesmo do que convém. É também no meio deste grupo que o ministro está mais propenso a "baixar a guarda" de forma inconveniente. Pode acontecer que, alguns dos mais entusiasmados com seu ministério, agora, sejam os que um dia lhe darão as costas e rejeitarão a verdade que você expõe.

Alegre-se, Timóteo, se o Senhor se satisfaz em cercá-lo com um grupo coeso de discípulos maduros, famintos pela Palavra e que se agarram a cada vocábulo que você profere. Mas guarde seu coração, a fim de que não se torne como o rei Davi que começou a acreditar em seu nome "nas colunas sociais" (2 Sm 8.13; 11.1-2).

Talvez o grupo mais difícil ao qual um pastor terá de ministrar é aquele formado pelas ovelhas errantes. Houve um tempo em que deram mostras de ter interesse vital pelo cristianismo bíblico e pareciam querer crescer sinceramente na graça, como discípulos do Senhor Jesus Cristo. Mas, agora, abandonaram tudo isto. Talvez sua pecaminosidade se expresse na negligência habitual dos encontros de estudos bíblicos, adoração ou outras reuniões cruciais da igreja. Como cristãos professos, elas carregam o nome de Jesus Cristo. Talvez tenham trazido vergonha ao nome de Cristo, por se submeterem a um estilo de vida destrutivo que é, ao mesmo tempo, perigoso para suas almas e escandaloso. Talvez tenham se tornado causadoras de problemas, e disseminadoras de discórdias na congregação. Qualquer que seja a natureza de seu pecado, a ovelha errante pode fazer com que o pastor, que leva a sério sua responsabilidade de restaurá-las, tenha de pagar um alto "preço" espiritual e emocional.

O pastor diligente pode descobrir, em suas tentativas de restaurar aqueles que foram surpreendidos nalguma falta (Gl 6.1), que não está lidando com uma ovelha verdadeira. Pode ser que aquela pessoa tenha "professado" publica fé em Jesus Cristo, mas nunca tenha possuído a verdadeira fé salvadora nEle (At 8.13-23). Isto pode não ser reconhecido imediatamente, por isso o pastor precisa adentrar no assunto como alguém tentando recuperar a outro que tem a presença do Espírito Santo em sua vida. Quando é descoberto, no entanto, que a "ovelha errante" é na verdade um "bode", ou até mesmo um "lobo em pele de cordeiro", então a missão muda de uma disciplina corretiva e remissora de um discípulo inconstante, para um testemunho evangelístico, a um membro da igreja ainda não convertido. Muita coragem evangélica é necessária para esta tarefa, pois às vezes ela pode ser insípida e resultar em difamação do caráter do pastor que ousou empreender o resgate de acordo com o ensinamento bíblico. O membro errante geralmente está muito propenso a "morder a própria mão que o alimenta", e não hesitará em macular a reputação daqueles que se aventurarem a dizer-lhe que as coisas não estão bem com a sua alma.

Você precisará de grandes doses de coragem evangélica para se engajar no ministério de recuperação das ovelhas errantes. As tentações são dobradas. Primeiro, há a tentação de ser covarde e não tentar resgatar a ovelha errante. As racionalizações para isto são muitas. Talvez esta pessoa seja muito influente na igreja (ou, então, parente ou amigo próximo de alguém influente na igreja) e você não quer aborrecê-la. Talvez você não queira correr o risco de ofender pessoas devotas que podem não ter ainda o discernimento bíblico para compreender o fato. Talvez você tema perder sua influência ou até mesmo o seu ministério! É nesta situação que se torna importante lembrar que a coragem evangélica é um compromisso incondicional para ministrar o evangelho com compaixão, não importando as conseqüências e ou preço a ser pago. Outra tentação é igualmente perigosa. Trata-se da tentação de lidar rispidamente com as ovelhas errantes (ou bodes, ou ainda lobos na pele de cordeiro), agindo como se o objetivo da disciplina corretiva fosse dar um fim neles, lavando as mãos, e tendo mais nada a fazer com eles. Este tipo de abordagem, contudo, desvirtua completamente o objetivo da disciplina corretiva e remissora da igreja, e se torna uma ofensa não apenas na congregação, mas no céu também.

Como o membro errante pode revelar-se não convertido, é bem possível que ele profira ameaças contra o pastor. O perigo que o pastor enfrenta nesta situação é o de partir para uma atitude de autodefesa. No entanto, o pastor é colocado por Deus sobre o rebanho, para proteger as ovelhas daqueles que podem dispersá-las e dilacerá-las — e não necessariamente para proteger a si mesmo. (Esta é a razão pela qual uma diversidade de presbíteros pode ser um ajuste abençoador numa igreja — mas isto é discussão para outra carta!). O pastor deve estar disposto a entregar sua vida pelas ovelhas. Timóteo, se você deparar-se ao desafio de resgatar uma ovelha errante, crie coragem evangélica para empreender um grande esforço, de tal forma que guarde o seu coração da covardia, da dureza e do sutil perigo de se tornar autodefensivo.

CORAGEM EVANGÉLICA PARA CONFRONTAR AQUELES CUJOS PECADOS SÃO DESTRUTIVOS PARA ELES PRÓPRIOS OU PARA OUTROS

Todo pastor que é digno de ser chamado assim deseja ter um ministério cujo tom é principalmente pacífico e edificante. No entanto, a realidade do pecado remanescente, o inevitável afloramento de pecados na vida da congregação e a importância de desafiar os perdidos com as declarações do evangelho de Jesus Cristo, significam que haverá ocasiões quando o tom do ministério será o de confrontação evangélica. O ministro do evangelho precisa estar disposto a confrontar seus ouvintes na pregação e no aconselhamento, se for esperado que eles apliquem a Palavra a si mesmos.

A pregação confrontadora não é ralhar e intimidar o povo de Deus, e muito menos transformar o púlpito num local de tirania e ameaças, no qual um pregador afia seu novo machado ou censura seu mais recente inimigo. Ao invés disso, pregação confrontadora é a pregação aplicável — inculcando as declarações das Escrituras nos corações e mentes dos ouvintes. Muitos pregadores são bastante habilidosos em passar para sua congregação o sentido do texto. Porém, a exegese fiel deve ser entrelaçada com exortação veemente. Quando Pedro pregou no Pentecostes, ele não somente contou à multidão que a crucificação de Jesus Cristo era a forma previamente planejada por Deus para salvar pecadores, mas também claramente contou a seus ouvintes que suas próprias mãos pecaminosas haviam matado Jesus. Esta proclamação confrontadora e aplicável foi usada pelo Espírito Santo para tocar o coração de muitos, que inicialmente perguntavam como poderiam ser libertos de seus pecados. Eles, enfim, vieram à fé em Jesus Cristo (At 2.22-41). Será preciso coragem evangélica para pregar aos seus ouvintes, de uma forma tal a afligir os que estão confortáveis e de confortar os que estão afligidos em uma única mensagem. Você precisa subir ao púlpito com a realidade ardente de que a primeira pessoa que tem de ser percebida é o próprio Deus. Ele precisa ser agradado pelo seu trabalho, mesmo que ninguém mais o seja. As tentações de furtar-se a tão privilegiada tarefa são dobradas. Há a tentação de omitir as aplicações da pregação e deixar que os ouvintes imaginem as implicações por si mesmos. Ao fazer isto, o pastor pode estar alimentando o rebanho, mas não está liderando e nem protegendo suas ovelhas. A outra tentação é, do púlpito, atacar os ouvintes com palavras rudes num longo e enraivecido discurso. Conquanto seja verdade que o próprio Jesus Cristo irou-se, foi uma ira justa (Mt 21.12,13). Nossa raiva raramente é de tal nobre natureza. Lembre-se que a ira do homem não produz a justiça de Deus (Tg 1.20).

A maioria das ocasiões que exigirão confrontação no ministério tem a ver com aqueles que, como já observei nesta carta, caíram em negligência grosseira ou num pecado destrutivo que, se deixado passar despercebido, irá destruir a eles mesmos e a outras pessoas na congregação. Nenhum pastor gosta de ir até um membro da congregação e confrontá-lo com seu erro. Na verdade, fico até desconfiado de um pastor que encontre alguma alegria neste tipo de tarefa, da mesma forma que ficaria desconfiado de um pai que anseia ou, até mesmo, tira algum prazer do momento de bater no filho desobediente. O Senhor Jesus Cristo, no entanto, nos chamou para irmos a tal pessoa e contar-lhe sobre sua falta (Mt 18.15). Nós devemos fazer isto com um espírito de brandura e humildade, não como quem procura briga, mas na esperança de que Deus garanta àquele que errou, o arrependimento que leve a um conhecimento mais profundo da verdade. As Escrituras comparam esta tarefa ao resgate de um prisioneiro de guerra (2 Tm 2.24-26) que pode ou não querer ser resgatado.

É necessário haver confrontação amorosa, na qual a repreensão remissora é dada como um meio, esperançosamente abençoado por Deus, para ajudar o desobediente a olhar para seus pecados, confessá-los e arrepender-se deles, e, então, retornar e ser restaurado para a comunhão. Diz-se que para o bom desenvolvimento de qualquer relacionamento é preciso haver um cuidado tal pelo outro, a ponto de se poder confrontá-lo, quando ele estiver em pecado. Novamente, isto demandará coragem evangélica, quando o trabalho de ministério pastoral íntimo é feito objetivando a honra de Deus. É exatamente por ser tão fácil deixar de falar individualmente com alguém e confrontá-lo em seu pecado, que você precisará lutar contra a tentação de não fazê-lo. Todas as desculpas do mundo que você possa juntar, para esquivar-se deste trabalho, desvanecerão face às palavras de Jesus, que disse: "Se me amais, guardareis os meus mandamentos" (Jo 14.15). Também há a tentação de confundir a confrontação amorosa com a condenação legal. Você não é o juiz e o júri chamado por Deus, para executar uma sentença arbitrária naqueles cujas vidas têm provado ser um triste desapontamento na jornada. Você é um pastor indo até a ovelha desobediente, com a esperança de recuperá-la para o rebanho. E, se durante este processo ela prova não ser realmente uma ovelha, então, precisa ser amorosamente removida da comunhão para que Deus seja glorificado por causa do nome de Cristo sobre a congregação, do bem das ovelhas genuínas na igreja e para o bem da alma da própria ovelha falsa, pois ela está enganada sobre sua própria condição espiritual. Tudo isto, no entanto, deve ser feito na esperança de que o testemunho do evangelho para esta pessoa desobediente, no final das contas, produza frutos para a salvação de sua alma. Você precisa ter coragem para pôr em risco o relacionamento e descansar na providência de Deus, quer a ovelha errante volte ou não.

CORAGEM EVANGÉLICA PARA CONFESSAR SUAS FALTAS ÀQUELES CONTRA QUEM VOCÊ PECOU

É importante que um pastor fiel tenha a coragem evangélica para fazer uma avaliação honesta de si mesmo e de suas próprias faltas. Você precisa fazer uma avaliação honesta de si mesmo, se quiser ser um pastor que legitimamente tem o direito de falar para o povo sob os seus cuidados, alimentando-os com a Palavra de Deus, para o sustento de suas próprias almas, liderando-os, tanto por preceitos quanto por exemplos nos caminhos da justiça e santidade, e protegendo-os do mundo, da carne e do inimigo. É verdade que algumas pessoas tentarão tirar vantagem de sua predisposição para assumir que você também é um pecador, salvo apenas pela poderosa graça de Deus. Alguns podem inclusive considerar isto como uma fraqueza e procurar tirar vantagem. A maioria, no entanto, se contentará em estar sendo liderada por um pastor que reconhece ser também alguém que luta contra o pecado remanescente (Romanos 7 não diminui a figura de Paulo; pelo contrário, ajuda a nos identificarmos com ele). Eles podem se identificar com tal atitude sua e acreditarão que você tanto se compadece quanto compreende as suas lutas. Transparência e vulnerabilidade são marcas preciosas do servo de Jesus Cristo.

O pastor sábio, quando seu pecado é trazido à sua atenção, estará sempre pronto a confessá-lo, arrepender-se e demonstrar o poder do evangelho para santificar os homens, ao trazer o fruto do arrependimento em sua vida; ao mesmo tempo, sempre estará desejoso de perdoar aqueles que pecam contra ele. É uma via de duas mãos. Primeiro, os pastores (assim como todos os cristãos) precisam cultivar uma atitude contínua de perdão em seus corações, prontos a expressar isto àqueles que pecaram ou que ainda vão pecar contra eles. O Senhor Jesus Cristo demonstrou isto na cruz, quando disse: "Pai, perdoa-lhes, porque não sabem o que fazem" (Lc 23.34). Ele não estava formalmente perdoando todos aqueles que haviam participado de sua crucificação; e sim, demonstrando um coração disposto a perdoar os que tinham pecado contra Ele. (Na verdade, foi em Pentecostes que muitos receberam o perdão por seus pecados — após os terem confessado e se arrependido deles). O mártir Estevão mostrou em sua morte que havia aprendido esta lição de seu Senhor, quando fez para Deus praticamente a mesma declaração, enquanto seus acusadores o apredejavam até a morte (At 7.60). Esta atitude de perdão foi poderosamente usada por Deus para tocar o coração de Saulo de Tarso, que foi grandemente comovido pelo que viu e ouviu.

Além de um espírito pronto para perdoar, o pastor precisa estar pronto a expressar perdão formal, quando a pessoa que tiver pecado contra ele vier confessar o seu pecado com um coração arrependido. Falar palavras de perdão seguidas por tangíveis evidências de perdão pode ser uma tremenda lição objetiva sobre o poder reconciliatório do evangelho e a realidade do amor incondicional de Deus. Nunca perca a oportunidade de experimentar a reconciliação. Sua congregação será abençoada ao ter alguém diante deles, mostrando a essência do que significa ser salvo pela graça.

Timóteo, eu provavelmente falei muito mais do que você gostaria de ouvir sobre a vida no ministério, então vou terminar minha carta com esta exortação das Escrituras, dita por Deus para seu servo, Josué:

> Tão-somente sê forte e mui corajoso para teres o cuidado de fazer segundo toda a lei que meu servo Moisés te ordenou; dela não te desvies, nem para a direita nem para a esquerda, para que sejas bem-sucedido por onde quer que andares. Não cesses de falar deste Livro da Lei; antes, medita nele dia e noite, para que tenhas cuidado de fazer segundo tudo quanto nele está escrito;

> então, farás prosperar o teu caminho e serás bem-sucedido. Não to mandei eu? Sê forte e corajoso; não temas, nem te espantes, porque o SENHOR, teu Deus, é contigo por onde quer que andares (Js 1.7-9).

Timóteo, "o SENHOR te abençoe e te guarde; o Senhor faça resplandecer o rosto sobre ti e tenha misericórdia de ti; o Senhor sobre ti levante o rosto e te dê a paz" (Nm 6.24-26).

Seu servo companheiro no evangelho.
Pastor Bill Ascol

PS — Quero encorajá-lo a ler alguns livros que espero possam fortalecê-lo no seu ministério, como:

1. *Too Great a Temptation*, Joel Gregory (Irving, TX: Summit Publishing Group, 1994).
2. *Jonathan Edwards: A New Biography*, Iain Murray (Edimburgo: The Banner of Truth, 1987).
3. *Biography of D. Martyn Lloyd-Jones*, Iain Murray (Edimburgo: The Banner of Truth, 1983, 1990).
4. *Healing Spiritual Abuse*, Ken Blue (Downers Grove, IL: Intervarsity Press, 1993).
5. *Shepherding God's Flock*, editado por Roger Beardmore (Harrisonburg, VA: Sprinkle Publications, 1988).
6. *O Pastor Aprovado*, Richard Baxter (PES, São Paulo, SP).

Capítulo 9

Faça o trabalho de um Evangelista

MARK DEVER

Amado Timóteo,

É bom ouvir notícias suas novamente. Tenho certeza de que, pela graça de Deus, você irá resistir a todas as tempestades que está enfrentando. As dificuldades que você está encontrando para programar seu tempo com a família, para as reuniões da diretoria, preparação das pregações e tantas outras são completamente normais. Uma preocupação que você não mencionou (que para ser honesto, me preocupou um pouco) foi o evangelismo.

O verdadeiro evangelismo é uma das primeiras coisas a desaparecer, quando você inicia o trabalho no ministério. Até então, você provavelmente tinha um emprego secular ou estava na faculdade, e certamente costumava estar ao redor de incrédulos sem revelar sua identidade cristã. Naturalmente você teve tempo com incrédulos e não era alguém que se esquivava deles. Na verdade, uma das coisas que me fez encorajá-lo a considerar o ministério foi a preocupação evidente que você sempre teve pelo evangelismo. Lembre-se que a preocupação pela salvação dos amigos foi uma das primeiras coisas que lhe atraíram em sua esposa.

Quando se inicia no ministério, de uma hora para outra, você se torna uma pessoa marcada por todo tipo de afazeres que exigem o seu tempo, desde a preocupação com o seu cartão de visitas até o contato com seus colegas de ministério. Você começa uma conversa com alguém no mercado ou no avião, e tão logo ele descobre que você é um pastor (principalmente, se você for um "pastor batista") a conversa cessa rapidamente. Não quero desanimá-lo. Isto pode até ser uma vantagem, se acontecer uma vez para cada cinco a dez vezes, mas geralmente não é. Muito freqüentemente as pessoas descarregam sobre você todas as experiências desagradáveis que tiveram com um pastor, uma igreja ou até mesmo com algum parente cristão. Além de tudo isso, caso sua igreja esteja apresentando um certo crescimento, você logo descobrirá que o seu tempo está ainda mais escasso. Os membros da igreja têm uma incrível facilidade para enxergar quando você deixa de fazer algo dentro da igreja; eles geralmente não pensam se você está tendo oportunidades naturais ou não de se encontrar com descrentes.

Eu acabei de reler o que escrevi para você, Timóteo, e senti que preciso falar um pouco mais a este respeito. Eu geralmente sei que alguém não foi chamado para o ministério, quando ele gosta de trabalhar somente com os crentes e fazer coisas da igreja. Admiro a pessoa que se dá bem em um ambiente de trabalho não-cristão, e que, por causa do reino de Deus, sente-se chamada a estar na "retaguarda", e passar sua vida suprindo as necessidades daqueles que estão na frente de batalha do ministério. Como pastor, estou numa posição que é, ao mesmo tempo, frustrante e privilegiada. Ela é frustrante, porque realmente aprecio as oportunidades de passar algum tempo com amigos, parentes e vizinhos incrédulos; por ser pastor, tenho de procurar criar estas oportunidades intencionalmente. Mas minha posição também é privilegiada, porque ao menos uma vez por semana posso me reunir (e me parece que você disse ter duas reuniões semanais) com umas poucas centenas de pessoas, preparando-os para compartilhar o evangelho com seus amigos e famílias durante o resto da semana. Ser ministro da Palavra é um chamado que tem o seu preço nas oportunidades de evangelismo pessoal, mas também nos permite grandes oportunidades de encorajar outros.

Agora, tudo isto é apenas sobre o seu evangelismo *pessoal*. O cerne do seu chamado de tempo integral é a ordem de espalhar o evangelho aos outros. Boa parte das suas atividades no cumprimento deste mandamento será em público. Timóteo, você tem uma oportunidade incrível na igreja, na qual Deus o colocou para proclamar o evangelho. Não somente sua igreja e vizinhança, mas toda a sua cidade precisa ouvir o evangelho. Há milhares e milhares de pessoas, num raio de uma hora de carro do ponto onde você está, que nunca consideraram cuidadosamente o evangelho. Você é apenas um dentre um número relativamente pequeno de homens chamados para proclamar o evangelho nessa região e você tem uma comunidade toda (sua igreja), a qual está dispondo de uma parte de seus salários, para ajudá-lo no desempenho em tempo integral desta função. Você é capaz de ver esse privilégio?

Sempre achei impressionante refletir no fato de que Deus nos usa em seus propósitos. Ele determinou que salvará o seu povo; podemos saber disto através de Romanos 9; e, quando continuamos esta leitura e seguimos para Romanos 10, vemos que este mesmo Deus determinou que não salvará o seu povo sem que o evangelho seja pregado e isto requer que igrejas enviem pregadores e estes proclamem a Palavra. É exatamente neste ponto que nós entramos. Deus decidiu incluir-nos em seu plano de assegurar que Isabel, Michael, Rachel, Andréa, Marilyn, João, José e tantos outros venham a conhecê-Lo. Lembro-me de seu contentamento quando David se converteu, durante o seu primeiro ano na faculdade. Aquilo ocorreu em parte por causa de seu testemunho fiel, mas também porque ele foi convencido pelo Espírito, ao ouvir as pregações do pastor em sua igreja. Timóteo, agora você é um pastor para muitas outras pessoas.

Toda vez que você coloca seus pés no púlpito e prega um sermão, um de seus alvos deve ser o de converter pecadores. Spurgeon escreveu um maravilhoso sermão a este respeito, em seu livro *Lições aos Meus*

Alunos, Volume 1.[1] O título é: "Da Conversão como o nosso Objetivo". Neste texto, Spurgeon diz que "via de regra, Deus nos enviou como pregadores, a fim de que, através do evangelho de Jesus Cristo, os filhos dos homens pudessem se reconciliar com Ele".[2] Ele reconhece que a glória de Deus é nosso alvo principal, e que, às vezes, um ministério não é abençoado com conversões, embora, normalmente, a pregação do evangelho tenha a intenção de resultar na reconciliação de pecadores com Deus.

Algumas pessoas irão dizer-lhe que você só conseguirá ser evangelístico em suas pregações, se terminar todos os seus sermões com um apelo para as pessoas irem à frente. Certamente você entende o quão ridículo é o pensamento de que isto seja necessário; certamente você também tem a prudência pastoral para discernir quando e como ajuda sua congregação a reconhecer a diferença entre um "chamado ao altar" e a conversão. A melhor forma de fazer isto é simplesmente deixar claro, durante o curso normal de sua pregação expositiva, a natureza da verdadeira conversão. Também fale e ensine claramente qual é a finalidade do batismo numa igreja Neo-Testamentária. E não tenha pressa em mudar práticas antigas, a menos que você absolutamente tenha de fazê-lo. Ensine-os a querer mudanças em si mesmos, antes de tentar conduzir a uma mudança a pessoa que ainda não compreendeu a mensagem.

Esteja sempre, *sempre* convidando os pecadores a se arrependerem e acreditarem nas boas novas, em cada sermão. Se os membros de sua igreja ouvirem esta mensagem central nas suas pregações e virem-na sendo vivida em sua vida, eles estarão mais abertos a ouvirem seus ensinamentos sobre como evangelizar. Eles só precisam saber que não há desculpas para não evangelizar. Aqui em nossa igreja, estamos vendo mais pessoas convertidas, juntando-se à igreja agora que não fazemos mais apelos, do que quando tínhamos esta prática.

Mas lembre-se sempre de pregar o evangelho em seus sermões. Você pode pregar mais que isso, mas nunca menos. Lembro-me de

---

1 C. H. Spurgeon, *Lições aos Meus Alunos*, PES, São Paulo, SP.

2 Idem.

estar pregando um sermão em Eclesiastes alguns anos atrás, e, então, um bom amigo veio até mim e disse que havia sido um sermão maravilhoso, a não ser pelo fato de que nada do evangelho fora dito. Senti como se tivesse levado um soco no estômago. Desde então, sempre tenho tentado ser melhor no que diz respeito a manter a conversão dos pecadores como um dos principais objetivos de meus sermões, mas não o único.

Agora, honestamente, Timóteo, cá entre nós, a conversão dos pecadores tem sido um assunto a ocupar seus pensamentos, quando você subiu os degraus do púlpito, nos últimos domingos? Sua mente estava sempre voltada para Deuteronômio (eu me lembro de você ter dito estar pregando sobre os Dez Mandamentos, nas manhãs de domingo, certo?), ou sua mente está voltada em saber como o texto das Escrituras, no qual você está pregando, pode ser preparado de forma a levar os homens e mulheres à Cristo? Timóteo, eu estou particularmente preocupado sobre este assunto agora, porque você é jovem em seu ministério. Você trabalha nele a menos de seis meses, mas já está estabelecendo os padrões que seu povo irá conhecer e esperar de você nos próximos anos. Seus sermões são do tipo que levariam as pessoas a querer convidar seus cônjuges, vizinhos, ou amigos incrédulos para ouvir?

Deixe esta última pergunta permanecer em sua mente. Quero que você pense a este respeito, porque muitos pastores sentem que seu ministério de alimentar as ovelhas nada tem a ver com o ministério de proclamar o evangelho. Mas com certeza tem! Espero que você compreenda isto o quanto antes em seu ministério. Lloyd-Jones, no livro *Pregação e Pregadores,*[3] implora aos pregadores que sempre estabeleçam cultos evangelísticos, com uma pregação especial no culto semanal da igreja. Não estou certo, se concordo ou não com isto, mas penso ser verdadeiro o ponto de vista sobre a necessidade de que o ensino faça parte de nosso evangelismo e de que a pregação evangelística faça parte de nosso ensino.

Não podemos simplesmente nos afastar do evangelho! Timóteo,

3 Martyn Lloyd-Jones, *Pregação e Pregadores*, Editora Fiel, São José dos Campos, SP.

eu ouvi você falar com paixão, no passado, sobre o evangelismo; hoje, ouço você falar sobre fidelidade e sucesso de sua igreja; eu também espero ouvir você falar sobre o privilégio e a necessidade de evangelismo como prioridade em seu ministério. Irmão, se isto não for uma prioridade em seu ministério, não o será em sua igreja também.

No verão passado, durante as férias, li as cartas de A. W. Pink.[4] Ele é uma pessoa interessante, triste algumas vezes, mas felizmente sincero. Ele estava refletindo sobre o estado da pregação do evangelho na Austrália, na década de 1920, quando escreveu:

> As condições religiosas gerais aqui são muito similares àquelas encontradas nos EUA. A maioria das igrejas se encontra num estado lamentável. As que estão absolutamente mundanas não sabem mais o que fazer para atrair as multidões. Outras que embora ainda preservem uma aparência exterior de santidade não são capazes de fornecer qualquer alimento substancial para a alma; e há pouca ministração de Cristo aos corações, e pouca pregação da "sã doutrina", sem as quais as almas simplesmente não podem se fortalecer e firmar na fé. A maioria dos "pastores" convoca algum "evangelista" profissional para ajudá-los, o qual por três a quatro semanas realiza uma grande campanha e se assegura de trazer um número suficiente de "novos convertidos", para tomar o lugar daqueles que "apostataram", desde a última vez que ele esteve em tal igreja. Que farsa isto tudo é! Que reconhecimento de seu próprio fracasso! Imagine C. H. Spurgeon precisando de algum evangelista para pregar o evangelho em seu lugar, durante um mês a cada ano! Por que estes "pastores" bem pagos não atentam ao que diz 2 Timóteo 4.5 e *eles mesmos* não se encarregam do trabalho de evangelista, e desta forma cumprem cabalmente o seu ministério?
>
> A grande necessidade da Austrália, nos dias de hoje, é de homens enviados e ungidos por Deus; homens que não deixarão de declarar todos os conselhos de Deus; homens nos quais a Palavra de Cristo habite ricamente, de forma que possam dizer com o apóstolo, "ai de mim, se não pregar o evangelho"; homens

4 A. W. Pink, *Letters of A. W. Pink*, Edimburgo: Banner of Truth Trust, 1978.

> nos quais repousa o temor de Deus a ponto de estarem livres do temor do homem. Irão os leitores cristãos em terras distantes juntar-se a nós, em oração diária, para que o Senhor da seara levante e envie trabalhadores para esta porção de sua vinha?[5]

Timóteo, esta não é apenas a necessidade da cidade de Sidney, na Austrália, mas sim a necessidade de sua cidade também. Algo que todos estes homens que mencionei — Spurgeon, Pink, Lloyd-Jones — tinham em comum era paixão; uma paixão por Deus que se traduzia numa paixão para que as pessoas viessem conhecê-Lo.

Uma das coisas mais frutíferas que você pode fazer é meditar no que significa estar separado de Deus por causa dos seus pecados. Você se lembra de como era antes de ser um cristão? Medite no pavoroso estado daqueles que estão separados de Deus e perceba que imenso privilégio é poder contar às pessoas as boas novas, de que há um meio de se receber o perdão pelos pecados e, que elas podem receber um novo começo, um novo nascimento! Às vezes, estas frases tornam-se corriqueiras para nós, mas me lembro de uma pessoa que foi convertida há alguns anos, nos dizendo que, antes de ser convertida, pensava que nós tínhamos alguns bons escritores na igreja, pois todo o nosso material continha a imagem de "um novo nascimento" e de "uma nova criação". Timóteo, às vezes, nos esquecemos o quão claustrofóbico e deprimente este mundo pode ser, para aqueles que não conhecem a Deus e estão em inimizade com Ele. Faça amigos incrédulos e ore para que Deus faça crescer em seu coração um amor por Ele.

Timóteo, o Deus que nós servimos é o Deus que deixou as noventa e nove ovelhas para procurar uma única perdida. Derrame-se em oração em Lucas 15; e peça a Deus para lhe dar um coração preocupado com os perdidos, assim como aquela mulher, por sua moeda; como aquele pastor por sua ovelha; e aquele pai, por seu filho. Ore para que as pessoas perdidas se tornem preciosas para você. E se isto acontecer, certamente irá afetar a maneira como você prepara e prega seus sermões. Afetará a forma como você organiza sua agenda e a forma como você lidera sua igreja. Não há nada de errado em ser reformado em sua

5 Iain Murray, *Arthur W. Pink*, Edimburgo: Banner of Truth Trust, 1981, p. 42.

teologia e bem planejado para o evangelismo. A certeza da bênção de Deus deveria apenas nos encorajar a sermos mais ousados no uso dos meios, e não nos tornarmos preguiçosos.

Evangelismo é o compartilhar do evangelho. Para fazer isto, Timóteo, você deve antes conhecer esta verdade, e nem todos a conhecem. Isto coloca uma responsabilidade especial sobre os ombros daqueles que a conhecem, e especialmente daqueles que, como você e eu, foram chamados para este ministério. Espero que você não tenha ficado com a idéia de que evangelistas são apenas aquelas pessoas como Finney ou Moody, Graham ou Palau, pessoas que trabalhavam tempo integral no evangelismo. No centro de nosso ministério deveria estar o compartilhar do evangelho. Todos os pastores são chamados para serem evangelistas. Na verdade, o evangelismo deve ser parte central de nosso trabalho, e, às vezes, isto pode significar ensinar estas verdades ao nosso povo. Mas Timóteo, que trabalho valioso é este! Os estudiosos deixam um volume de páginas chamado de seu *magnum opus* — sua grande obra. A grande obra de um pastor, o nosso *magnum opus*, deve ser o grande número de pessoas evangelizadas por nosso ministério fiel. Oh, irmão, bem cedo em seu ministério, faça do evangelismo uma prioridade em suas orações e práticas, em suas pregações e na sua vida.

Estou servindo nesta igreja a oito anos, e não gostaria que você pensasse que cheguei até aqui com tudo resolvido. Há apenas dois meses, estava compartilhando com a congregação que eu sentia que estávamos falhando em um ponto particular: no evangelismo. Não pretendo me apresentar a você nesta carta como aquele que possui todas as respostas. Quero dizer que, pelo menos, estou convencido de que isto deve ser uma preocupação central, tanto para você quanto para mim, porque nós dois fomos chamados para sermos ministros da Palavra de Deus.

Quanto a minha ida para pregar em sua igreja algum dia, se eu puder fazê-lo, gostaria muito se fosse em algum evento evangelístico. Você é um bom teólogo em ascensão e se saiu tão bem em grego, que imagino não poder acrescentar muito além do que você já oferece a eles. Talvez eu possa me encontrar com você e os líderes da sua igreja para falar sobre batismo, congregacionalismo, disciplina e presbíteros

— aquelas coisas sobre as quais as pessoas sempre me pedem para falar. Mas, imagino, se não seria melhor para nós escolhermos um assunto para eu falar num culto em local público, no qual eu pudesse apresentar o evangelho. Sua congregação seria informada sobre isto, e então poderiam orar e convidar amigos. Eu sei que não é muito, mas poderia ser um começo para ajudá-lo a planejar mais intencionalmente o evangelismo, colocando-o em prática. Você precisa ter algum ponto para começar. Quando você me escrever novamente, quero que me conte sobre os incrédulos com quem você compartilhou o evangelho recentemente e sobre aqueles que o têm procurado para conhecer melhor o evangelho, após ouvir sua pregação. Isto soa razoável para você?

Eu preciso concluir agora. Mande-me notícias suas, logo, especialmente se for me contar sobre como está planejando fazer o trabalho de um evangelista.

Com amor fraternal, como um
Cooperador no evangelho,
Mark

PS — Segue abaixo algumas sugestões:

1. Provavelmente o melhor livro para se pensar teologicamente sobre o evangelismo seja *Evangelism and the Sovereignty of God*, J. I. Packer (Downers Grove, IL: InterVarsity Press, 1961).
2. E uma leitura valiosa sobre como compartilhar o evangelho de uma forma centrada em Deus é o maravilhoso livro de Will Metzger, *Tell the Truth* (Downers Grove, IL: InterVarsity Press, 1981).
3. Uma literatura evangelística amigavelmente reformada pode ser encontrada na editora St. Matthias Press. Conheça mais sobre seu método de apresentação do evangelho em *Two Ways to Live*.
4. Também há boas comparações de vários estudos bíblicos evangelísticos no site do *IX Marks Ministries*.

Capítulo 10

Faça o trabalho pessoal

Fred Malone

Amado Timóteo,

Saudações em nome de nosso querido Senhor Jesus Cristo. Como você está apenas iniciando seu primeiro pastorado, senti a necessidade de escrever-lhe sobre a indispensabilidade, responsabilidade e utilidade de fazer o trabalho pessoal em seu ministério.

Algumas vezes, as pessoas têm boas intenções em seus conselhos a jovens pastores, mas acabam por negligenciar alguns princípios bíblicos simples. Por exemplo, os apóstolos se consagravam à oração e ao ministério da Palavra (At 6.4). Certamente esta deve ser a prioridade no ministério pastoral. Todo o nosso conhecimento e forças vêm do estudo da Palavra de Deus e da oração. Nosso ministério público na pregação da Palavra é a fundação de tudo que fazemos. No entanto, nem o nosso Senhor e nem seus discípulos negligenciaram o trabalho pessoal ao executar estas prioridades. Não podemos permitir que os bem intencionados conselheiros de jovens pastores cheguem a ponto de os chamarem a ignorar o trabalho pessoal com vistas à prioridade do estudo e pregação da Palavra de Deus. Temos de fazer ambas as coisas, como eu irei provar-lhe.

Uma outra voz que os jovens pastores freqüentemente escutam é aquela dos pastores de igrejas grandes que geralmente dizem: "Não faço aconselhamento. Não visito hospitais. Não tenho tempo para visitar as casas das minhas ovelhas. Deixo que minha equipe esteja nesta frente do trabalho pessoal". Esta é a mentalidade de um executivo, porém, certamente, não é a mentalidade de nosso Senhor, de seus apóstolos e dos grandes pastores através da História Cristã. Podemos citar Bunyan, Spurgeon, Lloyd-Jones, Baxter, M'Cheyne, Manley, Judson, Wayland, Chantry e muitos outros, cujos ministérios foram marcados pelo alto nível da ministração pública da Palavra, enquanto, ao mesmo tempo, dedicavam seu tempo e sua vida ao trabalho pessoal. Não permita que modelos corporativos de ministério neguem a clareza dos ensinamentos das Escrituras aos pastores, e nem os maravilhosos exemplos de homens piedosos que literalmente morreram ministrando individualmente.

Eu gostaria de esboçar para você a necessidade, a fundação e os claros exemplos do trabalho pessoal nas Escrituras. Também vou listar algumas sugestões que, penso, irão acentuar suas oportunidades de aplicar a Palavra de Deus aos diferentes casos individuais dos homens.

O TRABALHO PESSOAL É ORDENADO POR DEUS

As epístolas pastorais de Paulo são cheias de ordens aos jovens Timóteo e Tito, para fazerem o trabalho pessoal. Suas ordens foram para: "...admoestares a certas pessoas..." (1 Tm 1.3); "...repreendas ao homem idoso...aos moços...às mulheres idosas...às moças..." (5.1,2); "Exorta aos ricos..." (6.17); "...transmite a homens fiéis..." (2 Tm 2.2); "...disciplinando com mansidão aos que se opõem..." (2.25); "É preciso fazê-los calar..." (Tt 1.11); "Evita o homem faccioso..." (Tt 3.10). E, se estas ordens não forem claras o bastante, lembre-se que Paulo devotou toda uma carta escrevendo a uma pessoa apenas em favor de outra (Filemon). Paulo tanto ensinava quanto demonstrava a necessidade dos pastores e presbíteros estarem envolvidos no trabalho pessoal. Ele enfatizava esta necessidade, até mesmo no meio de ordens para estudar e se apresentar a Deus aprovado, como obreiro que não tem de que se envergonhar. Ele nunca tencionou que a prioridade do estudo e da ministração pública fosse usada como desculpa para ignorar o trabalho com pessoas individualmente.

Charles Bridges disse, em *The Christian Ministry* (O Ministério Cristão), talvez o melhor livro já escrito neste assunto:

> A pregação — a grande alavanca do ministério — deriva muito do seu poder da conexão com o trabalho pastoral; e a freqüente disfunção entre eles é a causa principal de nossa ineficiência... O trabalho pastoral é a aplicação pessoal do ministério do púlpito às individualidades próprias de nosso povo... Por esta razão, precisamos estar familiarizados com as suas circunstâncias, seus hábitos, seu caráter, a condição de seus corações, necessidades específicas, e dificuldades... Os indolentes estão ociosos; os autodependentes estão cedendo; os zelosos estão sob influência do orgulho espiritual; os sinceros, apoiando-se em sua própria justiça; os normais, formais. Existem ainda os questionadores, pedindo por direção; os tentados e perplexos, procurando por auxílio; os aflitos, ansiando pelo conforto maravilhoso do evangelho; os pecadores convencidos de suas faltas, que após uma cura superficial de suas feridas, estabelecem-se numa paz ilusória; o professor, "que tens nome de que vives e estás morto". Estes casos não podem, em todos os seus detalhes e formas diversificadas, ser completamente tratados do alto do púlpito. É, portanto, em seu caráter pastoral que o ministro vela por almas, como quem deve prestar contas.[1]

Tais citações poderiam ser multiplicadas, se olhássemos para autores como Matthew Henry, John Owen e ainda outros puritanos. No

---

1 Charles Bridges, *The Christian Ministry*, reimpressão, Edimburgo: The Banner of Truth Trust, 1980, 343-344. Bridges faz referência ao texto de Hebreus 13.17 como algo muito adequado para todos os pastores de igrejas de qualquer tamanho. Sua obra sobre o trabalho pastoral inclui ilustrações de como ministrar para cada um desses tipos de homens. Vale a pena estudá-las, a fim de ampliar a aplicação da Palavra de Deus no púlpito para uma variedade de ouvintes — uma área negligenciada pela homilética nos dias de hoje.

entanto, é suficiente reconhecer que o trabalho pessoal é uma ordem de Deus nas Escrituras. Afinal, o pastor foi incluído no padrão de Jesus para o julgamento:

> Porque tive fome, e me destes de comer; tive sede, e me destes de beber; era forasteiro, e me hospedastes; estava nu, e me vestistes; enfermo, e me visitastes; preso, e fostes ver-me. Então, perguntarão os justos: Senhor, quando foi que te vimos com fome e te demos de comer? Ou com sede e te demos de beber? ...Em verdade vos afirmo que, sempre que o fizestes a um destes meus pequeninos irmãos, a mim o fizestes (Mt 25.35-37, 40).

Timóteo, recebemos ordens para fazer o trabalho pessoal. Não seja enganado, achando que o pastor está isento de tais ordens, simplesmente por ser muito ocupado (Hb 13.17).

O TRABALHO PESSOAL REQUER BASE TEOLÓGICA

Paulo disse a Timóteo: "Tem cuidado de ti mesmo e da doutrina. Continua nestes deveres; porque, fazendo assim, salvarás tanto a ti mesmo como aos teus ouvintes" (1 Tm 4.16). Embora sejamos encarregados de ter cuidado com a pregação da sã doutrina, poderia estar mais claro que Paulo também requer que você primeiramente aplique os ensinamentos da sã doutrina em sua própria vida? Em outras palavras, certifique-se de que seu próprio relacionamento com Deus e com Cristo é real, genuíno e teologicamente são. Esta necessidade teológica é a base para toda a sua obra.

Por exemplo, se você pretende pregar a justificação somente pela fé em Cristo unicamente, você mesmo compreende e vive nesta justificação? Você se lembra diariamente da montanha de pecados que merece a ira de Deus? Você diariamente procura refúgio no Cristo que subiu aos céus, e depende apenas do sangue dEle derramado uma vez para sempre e, de sua justiça imputada, para assegurar-lhe sua permanência em Deus? Você acredita que seus "pecados cristãos" são lavados pelo sangue e justiça de Cristo, bem como os seus "pecados pré-cristãos"?

Você acredita que, mesmo em seu melhor dia de ministração aos outros, as suas melhores obras ainda estão misturadas com pecado e ignorância, precisando da expiação e justiça imputada de Cristo, para serem sacrifícios aceitáveis diante de Deus? Você depende diariamente da graça soberana e da justificação pela fé somente?

Como pode ver, Timóteo, para fazer o trabalho pessoal você precisa acreditar que Deus realiza uma obra teológica pessoal em você. Você precisa acreditar que é aceito e amado pela graça soberana, através da justificação pela fé somente. Você precisa acreditar que o amor de Deus em Cristo é imutável, constante e benevolente, até mesmo quando você cai em pecado. De que outra forma você poderá dar às pecadoras ovelhas de Cristo a impressão de que as aceita, ama e sofre por elas, quando caem em pecado? De que outra forma você seria capaz de comunicar a graça, quando precisa falar com elas, confrontá-las e trazer a correção amorosa sobre elas? Se você pregar a justificação pela fé somente, primeiramente tem de vivê-la. Então, você estará apto a ter um espírito de amor, perdão, paciência e perseverança pelas pessoas em seu ministério.

Juntamente com a justificação, você também precisa prestar muita atenção a si mesmo, no que diz respeito à santificação pela fé exercitada em Cristo, na medida em que procura amá-Lo e respeitar os seus mandamentos. Se a sua busca pela santidade se degenerar numa vida legalista, num relacionamento com Deus baseado em obras, então, o seu ministério pastoral irá refletir ao rebanho de Cristo um relacionamento reprovador, raivoso e baseado em obras. Sim, a santificação dá atenção devida à lei de Deus (os Dez Mandamentos e tudo o mais). No entanto, a santificação funciona através da fé na graça justificadora do Senhor Jesus Cristo. Apenas os homens justificados perseguem a santificação, sob a graça de Deus. Se um marido não ama sua esposa como ele deveria, seu problema reside em seu entendimento da justificação somente pela fé. Apenas pastores que praticam tal santificação, como homens justificados, encontrarão a graça perseverante para ministrar às teimosas ovelhas de Cristo.

Então, como você mesmo pode ver, o trabalho pessoal possui base teológica, enraizada na justificação pela fé e na santificação pela fé em Cristo, exercitada mediante a obediência aos mandamentos dEle. Certifique-se de que compreende estas coisas, a fim de que possa ser gracioso em suas ministrações e tão perseverante quanto Deus tem sido com você. "Regozijar-se sempre no Senhor" significa acreditar na graça de Deus para com você, em todo o tempo, e na justificação de Cristo, enquanto você persegue a santificação. Somente isto irá capacitá-lo a compreender efetivamente a condição espiritual daqueles a quem você ministra individualmente, de forma que possa endireitar os seus equívocos no que diz respeito ao motivo e ao poder de uma vida cristã — a graça incondicional de Deus em Cristo.

O TRABALHO PESSOAL TEM EXEMPLOS BÍBLICOS

Timóteo, seria ousadia, eu presumo, lembrar-lhe que o nosso Senhor Jesus realizou o trabalho pessoal? Leia os evangelhos e veja-O ensinando a Palavra de Deus às multidões. Mas não deixe de perceber que Ele separou tempo para falar com uma mulher em um poço, com um jovem rico, um Zaqueu desonesto e um Pedro traidor. Ele evangelizava os perdidos, visitava os doentes, comia com os pecadores, amava aqueles que lhe viravam as costas.

Até mesmo agora, sendo o Deus infinito, Ele ainda dá sua miraculosa e completa atenção, a cada momento, para cada uma de suas ovelhas, como se elas fossem a única por quem Ele morreu, ressuscitou e hoje reina. Ele não cessou seu trabalho individual, simplesmente porque está exaltado nos céus. Ao contrário, agora Ele o realiza com mais afinco. Não é no céu onde o Noivo, mais uma vez, irá cingir-se e servir individualmente àqueles que Ele ama (Lc 12.37)?

Lembre-se também do trabalho pessoal de Paulo, como um apóstolo e pastor, em Éfeso. Por três anos, ele não deixou de anunciar-lhes coisa alguma proveitosa e de ensinar-lhes publicamente e também de casa em casa (At 20.20), "todo o desígnio de Deus" (At 20.27). Ele não cessou de admoestar cada um deles, com lágrimas. Na verdade, aos coríntios ele escreveu: "Quem enfraquece, que eu não enfraqueça? Quem se escandaliza, que eu também não me inflame?" (2 Co 11.29). Ele trabalhou a fim de apresentar todo homem perfeito em Cristo, advertindo e ensinando a todo homem (Cl 1.28). Isto é suficiente para revelar o coração pastoral de Paulo, não apenas como um apóstolo para toda a igreja, mas como um servo de todos. Paulo exemplificou o trabalho pessoal.

Como é triste ouvir pastores dizendo: "Estou comprometido apenas com minha pregação e ensino público; todo o resto virá no momento certo — não tenho tempo para cuidar de cada tropeço sofrido pelos santos". Eles não sabem, Timóteo, que cada fraqueza e pecado nos santos revela uma compreensão errônea da graça de Deus e da justificação pela fé? O pecado não pode ser mestre sobre você, pois você não está sob a lei, mas sim sob a graça! Aquele tipo de trabalho pastoral é um trabalho teológico, transformando mentes para pensar à partir do ponto de vista da graça, na qual todo verdadeiro cristão permanece. Somente isto irá fazer nosso povo manter a lei sob a graça, conforme nós clareamos o entendimento deles acerca do evangelho.

Tanto o ministério de Jesus quanto o de Paulo foram cheios de trabalho pessoal, com agendas muito mais lotadas do que as nossas. Eles enxergavam cada alma feita à imagem de Deus como condenada ao inferno eterno, sob a aliança da lei em Adão. Apenas uma mudança para a aliança da graça em Cristo, o último Adão, poderia libertá-las da condenação eterna e do poder diário do pecado. Eles enxergavam almas eternas com olhos de pastor. Nunca pensavam na inconveniência de morrer para si mesmos, esgotando tempo, energia e vida, a fim de infundir a vida eterna aos outros (2 Co 4). Eles eram homens abnegados, que sacrificavam a si mesmos pela salvação e santificação de outros. Eles ainda são exemplos bíblicos e modelos de pastorado.

Timóteo, estude a vida de Cristo, e não somente *sobre* Cristo. Estude a vida de Paulo, não apenas *sua teologia*. Você tem dois exemplos bíblicos chamando-o para realizar o trabalho pessoal. Outros que seguiram suas pegadas foram: Richard Baxter, em *O Pastor Aprovado;*[2] Charles Bridges, em *The Christian Ministry* (O Ministério Cristão); D. Martyn Lloyd-Jones, em *Pregação e Pregadores;*[3] e Charles Haddon

---

2 Richard Baxter, *O Pastor Aprovado*, PES, São Paulo, SP.

3 Martyn Lloyd-Jones, *Pregação e Pregadores*, Editora Fiel, São José dos Campos, SP.

Spurgeon, em *Um Ministério Ideal.*[4] Todos eles aprenderam como aplicar a lei e o evangelho apropriadamente, para cada necessidade individual: os agnósticos, os ateus, os novos cristãos, os jovens cristãos, os cristãos maduros, os hipócritas, os falsos convertidos, aqueles falsamente seguros, aqueles que deveriam estar seguros, etc. Eles compreenderam que todos os homens vivem sua própria teologia. Provocar uma mudança duradoura significa que o pastor precisa ensinar, corrigir e aplicar a sã doutrina à sua teologia defectível para que eles possam viver vidas piedosas e crescer em graça. Jesus e Paulo são nossos exemplos.

O TRABALHO PESSOAL REQUER QUE VOCÊ SEJA PESSOAL

Deixe-me concluir, Timóteo, com algumas exortações específicas. Em primeiro lugar, separe regularmente algumas horas para visitar o rebanho. Há mil coisas importantes para fazer com o seu tempo. No entanto, o trabalho perfeito de um pastor é impossível. Você não pode fazer tudo perfeitamente, mas pode tentar fazer tudo vivendo sob a graça. Portanto, você precisa se disciplinar para o propósito da piedade. Separe regularmente algumas horas para visitar as viúvas, os doentes, os moribundos, os confusos, os solitários, os ignorantes, assim como aqueles já mais maduros que podem acabar cansando de fazer o certo. Não permita que as "engrenagens que estão rangendo" impeçam-no de lubrificar as silenciosas. Se Cristo passa o dia todo, todos os dias, com você, é muito que Ele lhe peça para passar regularmente algum tempo com os amados dEle?

Em segundo lugar, examine o seu próprio coração à luz da justificação e santificação, e ele se tornará um reservatório de aconselhamento para as ovelhas de Cristo, nos caminhos secretos do pecado e de conforto do evangelho. Não permita que o estudo acadêmico e a preparação dos sermões se tornem um trabalho estéril. Bridges nos aconselha:

> Como um velho pastor costumava dizer, um pregador possui três livros para estudar — a Bíblia, ele mesmo e seu povo. Gillies'

4 C. H. Spurgeon, *Um Ministério Ideal*, PES, São Paulo, SP.

> Hist. Coll. Bishop Burnet disse que "o erro capital na preparação própria de homens para o ministério sagrado, é que eles estudam mais os livros que a si mesmos".[5] *History of his Own Times* (História dos seus Próprios Tempos).

Se Bunyan "pregou tocantemente o que eu senti", você não deveria fazer o mesmo?

Em terceiro lugar, passe tempo com as pessoas individualmente. Jesus comeu, dormiu, caminhou, pescou, tomou café da manhã e aplicou individualmente os seus ensinos a cada um dos discípulos. Não somos executivos pragmáticos. Também não somos torres teológicas da verdade. Igualmente, não somos comandantes de tropas. Somos pastores, pais na fé, mães em dores de parto, irmãos numa família e servos de todos (Mt 20.28). Pratique a hospitalidade. Pesque com os homens, enquanto pesca para os homens. Lave os pés sujos individualmente, até mesmo os de Judas. Ame como você tem sido amado. Perdoe como você tem sido perdoado. Sirva como você tem sido servido.

Em quarto lugar, leia as biografias de grandes cristãos, para fortalecer o seu trabalho individual com exemplos encorajadores de fé, incentivando assim o seu povo a ler sobre as obras de Deus na vida de outras pessoas. Focar-se completamente na teologia e esquecer de biografias, torna tanto o pastor quanto o seu rebanho em crianças apáticas.

Em quinto lugar, faça grandes perguntas ao seu povo. "Como a vida de Cristo e a sua obra redentora ajudam você a viver como um marido, uma esposa, um pai, uma mãe, um filho, um membro da igreja? Qual você pensa ser o grande objetivo de Deus para a sua vida? O que o paraíso significa para você hoje? O que Cristo sente e pensa de você,

---

5 Esta frase é a razão pela qual o autor acredita que pastores deveriam ensinar seminaristas em preparação para o ministério, quer sendo uma espécie de mentor na igreja ou instruindo nas salas de aula dos seminários. Pastores bastante experientes podem aplicar o conhecimento dos livros no coração dos estudantes, em todos os seus trabalhos escolares, melhor que os possíveis grandes acadêmicos. Nós precisamos de Paulos nas salas de aula, não Gamaliéis. Se os ministros não pensam pastoralmente em cada assunto, como podemos preparar outros ministros com disposição para pensarem assim em todas as questões teológicas? Estudar os livros, sem estudar pastoralmente o seu coração, irá resultar em uma mente acadêmica que tem dificuldade em aplicar pastoralmente a Palavra de Deus, no púlpito e na vida particular.

quando você peca? Você acha que Deus sente prazer em você?" Tais perguntas lhe dão uma pista do entendimento que eles têm da justificação, santificação e do evangelho. Elas levam as ovelhas de Cristo a pensar. Fazem com que procurem por respostas em seus ensinamentos. E lhe darão conhecimento da verdadeira condição espiritual de cada ovelha, o que direcionará seu ministério no púlpito e suas aplicações para as necessidades reais do povo.

Finalmente, seja você mesmo. Não vista a "capa do profissional". Pelo contrário, vista apenas o manto do cristão praticante, que é honesto sobre suas próprias lutas espirituais e os confortos que encontra em Jesus Cristo. Tal sinceridade atrai os sinceros para o Salvador e dá a esperança de que Cristo é suficiente. Em outras palavras, para realizar o trabalho individual você precisa ser pessoal. Você precisa primeiramente sentir e, então, pregar inteligentemente.

Concluindo, amado Timóteo, ame as ovelhas de Cristo, assim como Ele tem amado você e a elas. Você somente precisa realizar tanto trabalho individual quanto Ele realizou e ainda realiza. Você precisa abandonar todo traço de egoísmo. Precisa viver em Cristo e regozijar-se sempre no Senhor. Precisa lembrar-se de que Ele o carregou de volta da perdição, em seus largos ombros, com alegria. Memorize 2 Coríntios 4, e ore para que Deus use a verdade desta passagem para alargar seus ombros, o suficiente para carregarem as ovelhas de Cristo à sua gloriosa presença, e apresentar cada uma delas, sob o seu cuidado, completa em Cristo. Timóteo, *faça* o trabalho pessoal.

Seu Paulo inferior,
Fred Malone

PS Novamente, Timóteo, encorajo-o a adquirir para a sua biblioteca e a ler os livros já mencionados nesta carta:

1. *O Pastor Aprovado*, Richard Baxter, PES, São Paulo, SP.
2. *The Christian Ministry*, Charles Bridges (Reimpressão, Edimburgo:

The Banner of Truth Trust, 1980).
3. *Pregação e Pregadores*, Martyn Lloyd-Jones, Editora Fiel, São José dos Campos, SP.
4. *Um Ministério Ideal*, C.H. Spurgeon, PES, São Paulo, SP.

Capítulo 11

Tenha cuidado da Doutrina

Raymond Perron

Amado Timóteo,

Saudações calorosas em nome de nosso Senhor Jesus Cristo, o único Salvador dos eleitos de Deus! Eu creio que você e sua pequena família estão indo bem, física e espiritualmente. Você sempre está em meus pensamentos e orações. É fácil para mim imaginar o quão atarefado deve estar, devido às responsabilidades com sua família, especialmente agora com a gravidez de Mary, seu filho de dois anos e todas as demandas de um ministério pastoral recém-iniciado.

Ao aceitar esta posição pastoral, uma nova missão, um novo trabalho, e, até mesmo, uma nova vida se iniciou para você. Junto às novas responsabilidades vieram novas promessas. Estas novas promessas serão cumpridas através da perseverança. Compreendo que você ainda está passando por um período de adaptação em seu ministério. Deve estar sentindo-se esmagado com a imensa tarefa que repousa diante de você. Sem qualquer sombra de dúvida, trabalhar com almas representa a tarefa mais difícil de todas. Na verdade, é algo tão complexo que vai além do que se pode calcular, desafiando as análises, como se fosse formado por todos os tipos de crises existentes, impulsos incontáveis, paixões e emoções. Por isto, "amados, quando empregava toda a diligência em escrever-vos acerca da nossa comum salvação, foi que me senti obrigado a corresponder-me convosco, exortando-vos a batalhardes, diligentemente, pela fé que uma vez por todas foi entregue aos santos" (Jd 3). Meu apelo sincero a você, meu amado amigo e irmão, é: Tenha cuidado da doutrina! Quando uso a palavra *doutrina,* você certamente é capaz de entender que estou me referindo ao sentido mais amplo de ensino, isto é, tanto a maneira quanto o assunto da instrução dada.

Se eu tivesse de lhe pedir para escrever uma lista das coisas mais importantes em sua vida e ministério, como seria esta sua lista? Que categorias surgiriam conforme sua lista fosse tomando forma? A lista do apóstolo Paulo se compunha de duas categorias, valores centrais e valores doutrinários: "Tem cuidado de ti mesmo e da doutrina" (1 Tm 4.16).

Nos dias de hoje, chegamos a um ponto no qual a doutrina não é mais um assunto discutido, até mesmo entre muitos dos seguidores professos de Cristo. Os dias em que linhas rígidas e firmes eram traçadas entre as pessoas, com base em suas diferenças doutrinárias, ficaram no passado, foram substituídas por uma ênfase na experiência. Porém, a experiência, à qual não foi dado significado com embasamento na verdade, é a de estrutura mais perigosa. Então, deixe-me chamar a sua atenção para a primazia da doutrina e, conseqüentemente, a tarefa máxima de cuidar dela.

Em primeiro lugar, considere a importância da doutrina (ensino) na vida e ministério de nosso Senhor Jesus Cristo. "Quando Jesus acabou de proferir estas palavras, estavam as multidões maravilhadas da sua doutrina [ensino]" (Mt 7.28). "Então, entenderam que não lhes dissera que se acautelassem do fermento de pães, mas da doutrina dos fariseus e dos saduceus" (Mt 16.12). "E os principais sacerdotes e escribas ouviam estas coisas e procuravam um modo de lhe tirar a vida; pois o temiam, porque toda a multidão se maravilhava de sua doutrina [ensino]" (Mc 11.18; cf. Mt 22.33; Mc 1.27; 4.2; 12.38; Lc

4.32). O que dizem estes versículos? Nosso amado Senhor não estava tentando instigar as exigências de seu tempo, transformando seus sermões em exposições filosóficas, morais ou estéticas; muito menos estava limitando sua apresentação da verdade, a fim de ir ao encontro das opiniões ou fantasias de seus ouvintes. A verdade permanece a verdade, contanto que seja dita em concordância com aquilo que Deus afirma ser a verdade. Apenas o Onipotente tem autoridade para definir a doutrina, pois ela é originada em sua mente. Assim, quando o Filho de Deus veio à terra, Ele praticou e ensinou a doutrina de seu Pai: "O meu ensino [doutrina] não é meu, e sim daquele que me enviou" (Jo 7.16). "Porque eu não tenho falado por mim mesmo, mas o Pai, que me enviou, esse me tem prescrito o que dizer e o que anunciar. E sei que o seu mandamento é a vida eterna. As coisas, pois, que eu falo, como o Pai mo tem dito, assim falo" (Jo 12.49,50).

Sua missão, amado irmão, é ser um profeta do Senhor Jesus Cristo. Um profeta não cria sua própria mensagem, e sim comunica fielmente a mensagem que recebeu. E exatamente a mesma doutrina que era tão preciosa ao coração de nosso Senhor precisa ser também preciosa para nós. Então, cuida da doutrina e seja fiel ao ensinar tudo aquilo que Deus tem nos entregue através de sua Palavra.

Em segundo lugar, considere a importância da doutrina na Igreja Primitiva. Deixe-me, amado irmão, citar apenas um texto que mostra o lugar da doutrina nos primeiros dias da igreja de Cristo. "E perseveravam na doutrina dos apóstolos e na comunhão, no partir do pão e nas orações" (At 2.42; cf. 5.28). A primeira coisa em que perseveravam era na doutrina dos apóstolos, este conjunto de crenças, este "sistema da verdade" que agora está contido nas Escrituras. Quando olhamos para todas as exortações que o apóstolo Paulo dirige a Timóteo e Tito, não podemos escapar da conclusão de que a doutrina era a arma mais poderosa na luta pela verdade e contra a falsidade. Por exemplo, "... apegado à palavra fiel, que é segundo a doutrina, de modo que tenha poder tanto para exortar pelo reto ensino como para convencer os que o contradizem" (Tt 1.9). Esta é exatamente a mesma arma que lhe foi dada. Então, mantenha-a afiada, cuide de sua doutrina!

Em terceiro lugar, considere a importância da doutrina para a sua própria vida. A vida é uma peregrinação cheia de acontecimentos; nela, experimentamos uma interminável sucessão de estações. Meu querido amigo, deixe-me confessar-lhe que eu tenho experimentado uma superabundância de diferentes estados de alma, desde a mais maravilhosa alegria até o mais profundo desespero, do mais ardente entusiasmo ao mais escuro e mórbido passivismo, conseqüência de uma perda de motivação. Em cada uma das circunstâncias, a doutrina se mostrou uma poderosa defesa. Como eu estimo as palavras do apóstolo: "A mim, não me desgosta e é segurança para vós outros que eu escreva as mesmas coisas" (Fp 3.1). É tão necessário que nos mantenhamos na sã doutrina, evitando a cilada de estar sempre procurando as novidades!

Eu o conheço desde seus anos de adolescência — sua constância e firmeza tem sido sempre de grande bênção para a minha alma. Contudo, deixe-me lembrar-lhe que o tempo é capaz de erodir as mais altas montanhas. Tenha cuidado da doutrina, a fim de estar certo de que ela não sofrerá a erosão, causada pela passagem de anos de indisciplina.

A pressão da vida, as responsabilidades sempre crescentes de uma família em desenvolvimento no topo de uma lista interminável de demandas do ministério pastoral, as obrigações diárias de tomar decisões, poderiam te levar à tentação de negligenciar o cultivo de sua doutrina. Cuide de si mesmo e da doutrina!

Cansaço e desencorajamento formam um time poderosamente destrutivo. Acontecerá muitas vezes que as circunstâncias de sua vida e ministério estarão em desacordo com a sua doutrina. Esteja preparado para ser firme — tenha cuidado da doutrina. Veja onde o apóstolo encontra conforto em meio às mais terríveis situações da vida:

> "Pelo que, tendo este ministério, segundo a misericórdia que nos foi feita, não desfalecemos; pelo contrário, rejeitamos as coisas que, por vergonhosas, se ocultam, não andando com astúcia, nem adulterando a palavra de Deus; antes, nos recomendamos à consciência de todo homem, na presença de Deus, pela manifestação da verdade. Mas, se o nosso evangelho ainda está encoberto, é para os que se perdem que está encoberto, nos quais o deus deste século cegou o entendimento dos incrédulos, para que lhes não resplandeça a luz do evangelho da glória de Cristo,

o qual é a imagem de Deus. Porque não nos pregamos a nós mesmos, mas a Cristo Jesus como Senhor e a nós mesmos como vossos servos, por amor de Jesus. Porque Deus, que disse: Das trevas resplandecerá a luz, ele mesmo resplandeceu em nosso coração, para iluminação do conhecimento da glória de Deus, na face de Cristo. Temos, porém, este tesouro em vasos de barro, para que a excelência do poder seja de Deus e não de nós. Em tudo somos atribulados, porém não angustiados; perplexos, porém não desanimados; perseguidos, porém não desamparados; abatidos, porém não destruídos; levando sempre no corpo o morrer de Jesus, para que também a sua vida se manifeste em nosso corpo. Porque nós, que vivemos, somos sempre entregues à morte por causa de Jesus, para que também a vida de Jesus se manifeste em nossa carne mortal. De modo que, em nós, opera a morte, mas, em vós, a vida. Tendo, porém, o mesmo espírito da fé, como está escrito: Eu cri; por isso, é que falei. Também nós cremos; por isso, também falamos, sabendo que aquele que ressuscitou o Senhor Jesus também nos ressuscitará com Jesus e nos apresentará convosco. Porque todas as coisas existem por amor de vós, para que a graça, multiplicando-se, torne abundantes as ações de graças por meio de muitos, para glória de Deus. Por isso, não desanimamos; pelo contrário, mesmo que o nosso homem exterior se corrompa, contudo, o nosso homem interior se renova de dia em dia. Porque a nossa leve e momentânea tribulação produz para nós eterno peso de glória, acima de toda comparação, não atentando nós nas coisas que se vêem, mas nas que se não vêem; porque as que se vêem são temporais, e as que se não vêem são eternas" (2 Co 4.1-18).

Nesta passagem, encontramos o apóstolo enfrentando evangelhos falsos, envolvido em uma incrível batalha espiritual, sentindo sua fraqueza humana, sendo fortemente pressionado por todos os tipos de problemas, parecendo até mesmo estar derrotado. Mas ele não desanimou! Por quê? Porque encontrou conforto na sã doutrina.

Em quarto lugar, considere a importância da doutrina para o seu ministério. Meu querido amigo, Deus tem lhe chamado para a tarefa mais nobre de todas, ou seja, tomar conta de seu rebanho. Na verdade, "se alguém aspira ao episcopado, excelente obra almeja". A sã doutrina representa a essência de seu cuidado por aqueles que estão sob seu ministério: "Atendei por vós e por todo o rebanho sobre o qual o Espírito Santo vos constituiu bispos, para pastoreardes a igreja de Deus, a qual ele comprou com o seu próprio sangue" (At 20.28). Em seguida, o apóstolo escreveu sobre como os lobos, até mesmo de dentro da igreja, virão e não pouparão o rebanho. Deixe-me lembrar-lhe, Timóteo, que a forma mais eficiente de manter o rebanho a salvo da astúcia e artimanhas dos lobos, e contra os mais variados ventos de doutrinas mortais, é construir uma fortaleza de sã doutrina. "Tem cuidado de ti mesmo e da doutrina. Continua nestes deveres; porque, fazendo assim, salvarás tanto a ti mesmo como aos teus ouvintes" (1 Tm 4.16).

Considere o valor da alma humana! A alma — "a vida da vida", como alguém a descreveu — é capaz de uma infinidade de bem ou mal. A alma possui uma incalculável potencialidade, tanto para o bem quanto para o mal, estendendo-se na eternidade. Considere a importância do seu cuidado com tal alma e as conseqüências de negligenciá-la. Tem sido dito que o valor de algo é medido pelo preço que foi pago por ele. O custo das almas que nosso Senhor confiou aos seus cuidados foi nada menos que o sangue do Filho Eterno do próprio Deus. Então, quando você avaliar o valor das almas confiadas a você, é preciso refletir não apenas no que elas são, ou no que elas deveriam ser, mas também é necessário perceber o valor que o próprio Deus depositou sobre elas.

Você certamente irá entender, amado amigo, que, se eu insisto tanto na necessidade de cuidar da doutrina, é porque tantas circunstâncias e adversários tentarão impedi-lo de fazê-lo. Então, deixe-me lembrar-lhe de dois deles, a saber, a influência dos colegas e o relativismo desmedido.

Começo falando sobre o último deles, o relativismo. Este vício abominável está sendo considerado uma virtude em nossos dias. Na verdade, ser dogmático hoje é o pecado imperdoável, enquanto estar "aberto às novidades" é a graça suprema, ainda que ao custo da verdade. Esteja preparado para ouvir todo tipo de afirmações das mais absurdas possíveis, tais como: "Não faz a menor diferença em que você acredita, contanto que seja sincero"; ou, então: "Nós todos iremos para o mesmo lugar, no fim das contas, apenas seguimos por estradas diferentes". Nada poderia estar mais distante da revelação de Deus que estes clichês insípidos. Um líder cristão sabiamente advertiu: "Onde as Escrituras são ignoradas, Deus é 'o Deus desconhecido'" (At 17.23). Você também encontrará algumas pessoas dizendo: "Não importa no que você acredita, contanto que tenha um relacionamento pessoal com Jesus Cristo". Você certamente concorda comigo, que não contestaríamos a necessidade de tal relacionamento com nosso Senhor; no entanto, a existência deste relacionamento, assim como sua qualidade, depende da doutrina. Um relacionamento baseado em mentira é o mais enganoso possível. Um verdadeiro relacionamento com Jesus deve ser embasado na verdade. Apenas quando conhecemos a verdade, somos libertos (Jo 8.32).

Se você olhar ao seu redor, logo reconhecerá que a maior preocupação de nossas igrejas evangélicas contemporâneas são os sentimentos. Esta preocupação se manifesta mais comumente durante as músicas e pregação na igreja (com freqüência, identificadas erroneamente como "louvor e adoração"). De forma que, após um culto, no qual foram cantados hinos tradicionais, muitas pessoas podem chegar a você e perguntar por que não há louvor e adoração na sua igreja. Para elas, se não experimentarem fortes sensações de bem-estar, não houve nem louvor e nem adoração — como se a adoração devesse consistir em estimular uns aos outros ao invés de proclamar as virtudes e obras de Deus. Em segundo lugar, hoje em dia é comum ver pessoas desejosas de falar da importância da teologia apenas da "boca para fora", enquanto os seus púlpitos "em sua maior parte já sucumbiram ao triunfo do terapêutico", como um teólogo contemporâneo colocou muito bem. Na verdade, meu caro amigo, esteja preparado para enfrentar o fato de que, de muitas formas, a psicologia tem tornado a mente evangélica cativa. Como é importante lembrar-se de que a verdadeira "psicologia" (ciência da "psique" [alma]) é a Palavra de Deus!

Você também terá de lidar com os falsos piedosos, que divorciaram a verdadeira espiritualidade da teologia. Teologia é simplesmente aquilo que nós sabemos sobre Deus. Como, então, alguém pode ter uma espiritualidade autêntica sem o verdadeiro conhecimento de Deus? Se você almeja desenvolver uma profunda espiritualidade no povo a quem está ministrando, tenha cuidado da doutrina!

Deixe-me compartilhar com você alguns pensamentos sobre o segundo obstáculo à sã doutrina: a influência dos colegas. A apóstolo Paulo adverte sobre o que espera cada pregador do glorioso evangelho de nosso Senhor Jesus Cristo:

> Pois haverá tempo em que não suportarão a sã doutrina; pelo contrário, cercar-se-ão de mestres segundo as suas próprias cobiças, como que sentindo coceira nos ouvidos; e se recusarão a dar ouvidos à verdade, entregando-se às fábulas. Tu, porém, sê sóbrio em todas as coisas, suporta as aflições, faze o trabalho de um evangelista, cumpre cabalmente o teu ministério (2 Tm 4.3-5).

Meu amado irmão, aqueles que são deste mundo não suportarão a sã doutrina. Eles não quererão ouvir quando você pregá-la. Eles dirão que aquela pregação já está ultrapassada e monótona. No mundo dos negócios, quando você tem um produto que ninguém mais quer, é dito que você deve mudá-lo e adaptá-lo ao gosto do consumidor. Mas esta não é a regra do Reino; a verdade não é um produto que pode ser adaptado de acordo com as fantasias do consumidor. A Palavra de Deus não é um produto desenvolvido através de pesquisa; é a revelação de Deus. Mensageiros não editam ou adaptam uma revelação; eles a proclamam. Então, o argumento do apóstolo é este: o fato de que as pessoas não querem ouvir a mensagem é um indicador certeiro de que precisam dela. Então, pregue a Palavra!

Permita-me alertá-lo, com base em minha própria experiência, que tentarão seduzi-lo a adaptar a mensagem do evangelho, a fim de que mais e mais pessoas sejam atraídas à igreja. Você encontrará no seu próprio coração um desejo sutil de obter o sucesso aos olhos do povo. Além disso, fica tão bem em nossos relatórios mensais um impressionante crescimento numérico. Você também será tentado a espiritualizar sua motivação errada, dizendo que está apenas procurando a melhor forma de promover o reino de Deus. Além disso, não faltarão supostos conselheiros que o convidarão a olhar com que velocidade a igreja do outro lado da rua está crescendo. Por que você não deveria adotar a mesma estratégia? "Aqui está a forma de conduzir o ministério, de uma maneira que será mais agradável aos anseios da maioria do povo". "Não estamos falando de mudar a mensagem, mas apenas de suavizá-la um pouquinho, contando apenas a parte que elas querem ouvir, a fim de ganhá-las para Cristo". Isto não é sutil? Não lhe parece bom? Porém, seguir estes conselhos representa uma negação daquilo que a Bíblia ensina sobre nossos métodos de evangelismo. Seria adotar o antigo credo sofista: *homo censura* — o homem é a medida de todas as coisas. Tenha sempre em mente, caro amigo, que é a Palavra de Deus que realiza a obra de Deus. O poder não está no semeador, mas na semente. Olhe para o nosso gracioso Senhor. Ele nunca estava preocupado com números, mas sim obcecado pela verdade. Seja seu imitador! Nunca se esqueça de que a igreja não é uma reunião de pessoas que convencemos com argumentos humanos ou atraímos por métodos mundanos. A igreja do Deus vivo é o pilar e fundação da verdade. Então, tenha cuidado da doutrina!

Leve consigo estas últimas palavras de exortação de um velho amigo, o qual já caminhou muitos quilômetros pela estrada em que você está apenas iniciando. Faça do seu ensino algo visível para que os outros o compreendam e o imitem, sendo reto em sua vida pessoal! Seja cuidadoso no cultivo de sua própria vida espiritual, entregando-se à oração e ao estudo diligente e regular da Palavra de Deus. Que as palavras do salmista sejam o testemunho do seu próprio coração: "Quanto amo a tua lei! É a minha meditação, todo o dia! ... Quão doces são as tuas palavras ao meu paladar! Mais que o mel à minha boca" (Sl 119.97, 103). Todos os tipos de atividades importantes e urgentes constantemente tentarão competir com estas primeiras tarefas que são suas, como um ministro da Palavra. Esteja sempre em guarda e prepare-se para uma luta difícil e diária nesta questão! Cultive um companheirismo constante e sistemático com a Bíblia! Refresque a sua mente através de confissões de fé e livros sobre teologia sistemática! Aproveite ao máximo as oportunidades para estar em comunhão com pessoas de pensamento semelhante.

Oh, meu mais amado jovem cooperador, pregue a Palavra!

Pregue-a de uma forma sã; pregue-a de uma forma fiel; pregue-a de uma forma sistemática; pregue-a de uma forma expositiva; pregue-a doutrinariamente! A doutrina elucida o texto e nos guia em sua exposição. Além disso, a doutrina irá ajudá-lo a medir a retidão de suas conclusões exegéticas. Tenha cuidado da doutrina! Viva-a e pregue-a!

Tenha certeza da minha afeição mais profunda por você. Transmita o meu amor a Mary e ao seu querido filho. Não há palavras para dizer-lhe o quão preciosos vocês são ao meu coração. Que o nosso Deus da Aliança continue derramando sobre você as suas mais ricas bênçãos.

Coram Deo,
Raymond Perron

PS Permita-me recomendar-lhe três livros que têm sido muito preciosos em meu próprio ministério:

1. *The Precious Things of God,* Octavius Winslow (reimpressão, Pittsburgh, PA: Soli Deo Gloria, 1993).
2. *The Christian Pastor's Manual,* editado por John Brown (reimpressão, Pittsburgh, PA: Soli Deo Gloria, 1991).
3. *The Christian Ministry,* Charles Bridges (Carlisle, PA: The Banner of Truth Trust, edição de 1997).

Capítulo 12

Continue estudando

Lingon Duncan

Amado Timóteo,

Já faz algum tempo que estou pensando em escrever-lhe. Espero que você e sua amada esposa, Mary, estejam passando bem. Recentemente recebi a boa notícia de que ela está grávida novamente. Isto deleita meu coração, porque o Senhor está trazendo outra criança para este mundo, sob a responsabilidade e cuidados de maravilhosos pais cristãos. Que este pequenino possa vir a conhecer, amar e professar o Senhor o quanto antes e andar com Ele sempre.

Timóteo, eu também tenho recebido notícias sobre o seu ministério e sobre como a mão de Deus o tem abençoado. Isto é uma resposta de oração, e nós agradecemos ao Senhor por fazer prosperar o seu trabalho. Uma das minhas petições a seu favor era que o Senhor lhe outorgasse um povo que lhe amasse e abraçasse o seu ministério. Em sua misericórdia, Ele escutou e respondeu as minhas orações.

Saiba também que há um pastor presbiteriano, bem como sua congregação, intercedendo por você e regozijando-se no fato de que

Deus colocou um jovem fiel, que crê na inerrância das Escrituras, pregador do evangelho, batista, que se deleita na graça soberana de Deus e ama o seu povo, numa congregação de crentes para ser o seu pastor.

Hoje, Timóteo, estou escrevendo para você com uma razão especial. Faz algum tempo que estava querendo falar-lhe sobre este assunto, mas talvez ao escrever isto tudo no papel eu consiga organizar melhor os meus pensamentos. Quero exortá-lo no que diz respeito ao estudo pessoal. Você sempre foi um bom aluno na escola e no seminário, e as suas pregações carregam todas as marcas de um homem devotado aos estudos. Ainda assim, as pressões do pastorado o desafiarão a este compromisso, então quero instá-lo a continuar estudando.

A IMPORTÂNCIA DO ESTUDO

Falando muito francamente, Timóteo, a maioria dos pastores evangélicos não lê ou estuda muito nestes dias, e a maior parte das igrejas não os encoraja a fazê-lo. Os membros da igreja e até mesmo pastores têm muita dificuldade em compreender quanto tempo é necessário para se preparar uma boa mensagem da Palavra de Deus, e, além disso, eles não conseguem enxergar a importância do pastor estudar outros assuntos além das pregações e devocionais. Há uma forte dose de anti-intelectualismo em nossos círculos de convivência e isto acaba por desencorajar qualquer homem disposto a fazer o trabalho árduo de desenvolver sua mente e expandir seus conhecimentos.

Mas exatamente porque o nosso povo está mergulhado num mar de informações triviais em nossos dias, eles precisam de um pastor com o verdadeiro conhecimento, muito discernimento e uma aptidão para ver a verdade. Este conhecimento precisa ser adquirido e estas qualidades cultivadas, porém ambos requerem que você se torne um estudante permanente. Este chamado para o estudo é, sem dúvida, completamente bíblico.

A Bíblia enfatiza a importância de perseguir o verdadeiro conhecimento de modo geral aos sábios e de modo específico aos pastores. Provérbios 15.14 diz que “o coração sábio procura o conhecimento, mas a boca dos insensatos se apascenta de estultícia”. Provérbios 18.15

reitera este princípio quando diz que "o coração do sábio adquire o conhecimento, e o ouvido dos sábios procura o saber". Provérbios 24.5 diz: "Mais poder tem o sábio do que o forte, e o homem de conhecimento, mais do que o robusto". Estes versos me lembram um velho ditado: "Saber é poder". Eu não preciso lhe dizer que a literatura sábia da Bíblia é repleta de chamados ao crente para perseguir o conhecimento. Mas a Bíblia não diz apenas isto. Ela enfatiza que os ministros precisam perseguir o estudo da verdade.

Esdras 7.10 descreve este grande líder do Antigo Testamento da seguinte forma: "Esdras tinha disposto o coração para buscar a Lei do SENHOR, e para a cumprir, e para ensinar em Israel os seus estatutos e os seus juízos". Assim como Esdras, Oséias lamentou a falta de líderes espirituais, quando disse: "O meu povo está sendo destruído, porque lhe falta o conhecimento. Porque tu, sacerdote, rejeitaste o conhecimento, também eu te rejeitarei, para que não sejas sacerdote diante de mim; visto que te esqueceste da lei do teu Deus, também eu me esquecerei de teus filhos" (Os 4.6). A mesma aspiração e reclamação pode ser encontrada no último livro do Antigo Testamento: "Porque os lábios do sacerdote devem guardar o conhecimento, e da sua boca devem os homens procurar a instrução, porque ele é mensageiro do SENHOR dos Exércitos" (Ml 2.7).

Mas é nas epístolas pastorais que encontramos algumas das palavras de instrução e exortação mais diretas sobre o estudo ministerial. Paulo pôde dizer para Timóteo: "Procura apresentar-te a Deus aprovado, como obreiro que não tem de que se envergonhar, que maneja bem a palavra da verdade" (2 Tm 2.15). Aqui nós temos uma diretriz apostólica a um jovem ministro para estudar com um empenho e esforço equivalentes ao de um incansável trabalhador braçal. O verdadeiro ministro é um trabalhador (Paulo realmente gosta desta metáfora!). Ele trabalha muito em sua tarefa. O verdadeiro ministro deve trabalhar duramente, dedicando-se aos estudos, a fim de conhecer e pregar a verdade corretamente.

Além disso, Paulo dá a Timóteo um excelente exemplo de diligência nos estudos, através de suas próprias práticas e prioridades. Pense em seu extraordinário pedido, em 2 Timóteo 4.13: "Quando vieres, traze a capa que deixei em Trôade, em casa de Carpo, bem como os livros, especialmente os pergaminhos". Pense neste pedido. Paulo está a apenas alguns meses da morte. Ele já havia escrito quase todas as cartas do Novo Testamento. Tem em seu passado toda uma vida de ministério. Apesar de tudo isso, o que ele quer fazer? Estudar! O inverno está se aproximando e Paulo pede sua capa, mas, ainda mais importante que isso, ele pede que lhe tragam seus livros e pergaminhos. Embora estivesse quase no fim de sua vida, Paulo almeja continuar aprendendo e crescendo através de leituras espirituais.

Ninguém jamais proferiu uma meditação pastoral mais pungente a respeito deste pequeno versículo do que C. H. Spurgeon:

> Como eles foram repreendidos pelo apóstolo! Ele foi inspirado, mas, ainda assim, quer livros! Ele esteve pregando por pelo menos trinta anos, mas, ainda assim, quer livros! Ele viu o Senhor, mas, ainda assim, quer livros! Ele teve uma experiência mais ampla que a maioria dos homens, mas, ainda assim, quer livros! Ele foi arrebatado ao terceiro céu, e ouviu coisas que eram proibidas ao homem pronunciar, mas, ainda assim, quer livros! Ele escreveu a maior parte do Novo Testamento, e, ainda assim, quer livros! O apóstolo disse a Timóteo e da mesma forma ele diz a todos os pregadores: "APLICA-TE À LEITURA".
>
> O homem que nunca lê, jamais será lido; aquele que nunca cita, jamais será citado. Aquele que nunca usa os pensamentos do cérebro de outros homens, prova que ele próprio não tem cérebro. Irmãos, aquilo que é verdade aos ministros também é aplicável a todo o nosso povo. Você precisa ler. Renuncie o máximo possível todo o tipo de literatura superficial, mas estude o máximo possível as sólidas obras teológicas, especialmente os escritores puritanos, e comentários da Bíblia. Estou completamente persuadido de que a melhor forma de você gastar o seu tempo de lazer é lendo ou orando. Assim você será capaz de extrair muitas informações dos livros, as quais depois poderão ser usadas como verdadeiras armas a serviço de seu Senhor e Mestre. Paulo clama: "Traga os livros" — junte-se a este clamor.
>
> O Paulo aqui retratado é um exemplo de diligência. Ele está na prisão; ele não pode pregar. O que ele irá fazer? Como

> não pode pregar, ele resolve ler. Igualmente temos outro exemplo, quando lemos sobre os pescadores de antigamente e seus barcos. Quando estavam fora de seus barcos, o que eles faziam? Remendavam suas redes. Então, se a providência o deitou sobre um leito, doente, e você não pode mais ensinar sua classe — se você não pode mais trabalhar para Deus em público, remende suas redes através da leitura. Se você está impedido de realizar determinada ocupação, tente outra, e deixe que os livros do apóstolo ensinem-lhe uma lição de diligência.[1]

Paulo passou sua vida inteira aprendendo, e você deveria fazer o mesmo, Timóteo. Como o supervisor da minha tese de doutorado me disse, certa vez, com um sorriso travesso e os olhos brilhando, "tempo que não é gasto com leitura é tempo desperdiçado — ou quase!"

O QUE ESTUDAR

Agora preste atenção, pois saber o que estudar é algo de vital importância, em dias como estes em que boa parte da literatura vendida como cristã não passa de um grande disparate. Por isso você precisa ter o propósito de ler sabiamente. A vida é muito curta para ser desperdiçada com leituras rasas, sem substância. Naturalmente, você irá ler os comentários bíblicos ao preparar as pregações, mas você precisa pensar em ler mais que apenas os comentários. Os seguintes livros precisam ser parte regular de sua dieta. A ênfase aqui é na piedade bíblica, nas doutrinas da graça, na visão bíblica da igreja e do ministério, e no desafio de consagrar todo o seu coração (e não apenas a mente) ao estudo ministerial: *A Modern Exposition of the 1689 Baptist Confession of Faith* (Uma Exposição Moderna da Confissão de Fé Batista de 1689), de Sam Waldron;[2] *The Religious Life of Theological Students* (A Vida Religiosa dos Estudantes de Teologia), de B. B. Warfield,[3] que continua sendo

1 C. H. Spurgeon, *Sermon nº 542: "Paul His Cloak and His Books"*, em *Metropolitan Tabernacle Pulpit*, vol. 9, Londres, Inglaterra: Passmore & Alabaster, 1882, pp. 668-669.

2 Sam Waldron, *A Modern Exposition of the 1689 Baptist Confession of Faith*, Darlington, Inglaterra: Evangelical Press, 1989.

3 Benjamin B. Warfield, *The Religious Life of Theological Students*, reimpressão, Phillipsburg,

relevante para ministros; *Conhecendo a Deus*, de J. I. Packer,[4] um clássico devocional que deveria ser usado com freqüência; *O Pastor Aprovado*, de Richard Baxter,[5] fundamental para se pensar mais a respeito do cuidado pastoral; *O Peregrino* de John Bunyan,[6] todo evangélico deveria ler este livro; *Survey of the Bible* (Visão da Bíblia), de William Hendriksen,[7] uma gema rara que certamente lhe será de grande ajuda ao buscar uma visão geral da Palavra, e também ao resumi-la, organizá-la e memorizá-la; *A Quest for Godliness* (Uma Busca pela Piedade), de J. I. Packer,[8] um conjunto brilhante de ensaios sob a visão puritana da vida cristã; *Redenção Alcançada e Aplicada*, de John Murray,[9] o clássico tratamento popular da *ordo salutis*; *Christianity and Liberalism* (Cristianismo e Liberalismo), de J. Gresham Machen,[10] imprescindível para todos os cristãos modernos; *Santidade... Sem a Qual Ninguém Verá o Senhor*, de J. C. Ryle,[11] um dos grandes devocionais modernos; e *No Place for Truth* (Sem Lugar para a Verdade), de David F. Wells,[12] um livro perturbador, porém importante.

Em outras palavras, você deve estar preocupado em ler livros que "saciem" sua alma — livros que irão aumentar o seu conhecimento, o seu amor pelo Senhor e a sua confiança nas Escrituras. Você, certamente, acabará lendo, de vez em quando, livros que não "saciam" a alma, mas não pode permitir que a melhor espécie de livros esteja inteiramente ausente de seus planos regulares de leitura. Além disso, você também gostará de ouvir alguns CDs / fitas; as entrevistas de Mark Dever, do *Center for Church Reform* (Centro para a Reforma de Igrejas), são magníficas; a *Mars Hill Tape Library* (Biblioteca de Fitas Mars Hill), de

NJ: P&R, 2001.

4 J. I. Packer, *Conhecendo a Deus*, Editora Cultura Cristã, São Paulo, SP.

5 Richard Baxter, *O Pastor Aprovado*, PES, São Paulo, SP.

6 John Bunyan, *O Peregrino*, Editora Fiel, São José dos Campos, SP.

7 William Hendriksen, *Survey of the Bible*, reimpressão, Darlington, Inglaterra: Evangelical Press, 1995.

8 J. I. Packer, *A Quest for Godliness: The Puritan Vision of the Christian Life*, Wheaton, IL: Crossway Books, 1990.

9 John Murray, *Redemption Accomplished and Applied*, Grand Rapids, MI: Eerdmans, 1955.

10 J. Gresham Machen, *Christianity and Liberalism*, Grand Rapids, MI: Eerdmans, 1923.

11 J. C. Ryle, *Santidade... Sem a Qual Ninguém Verá ao Senhor*, Editora Fiel, São José dos Campos, SP.

12 David F. Wells, *No Place for Truth*, Grand Rapids, MI: Eerdmans, 1993.

Ken Myers, é estimulante e informativa, e nossas próprias entrevistas da coleção "*First Things*" (Primeiras Coisas); Fitas e CDs das Conferências Fiel podem ser úteis. Pegue o catálogo da *The Teaching Company* (Companhia de Ensino) e ouça as melhores palestras de universitários ao redor do país, a respeito de assuntos importantes. Você pode ouvi-las, enquanto faz seus exercícios diários, enquanto está dirigindo para a igreja ou voltando para casa, e até mesmo a caminho de uma visita. Vá a conferências — não aquelas do tipo "como fazer", mas àquelas que alimentam sua alma e o façam pensar — as conferências da *Banner of Truth*, do *Founders*, da *Evangelical Theological Society*, Conferência Fiel para Pastores e Líderes, no Brasil, entre outras. Mantenha-se atualizado com relação aos acontecimentos presentes (sempre dê uma olhada no *New York Times*, leia a revista *World* e a *Atlantic Monthly*, e também visite o site *Arts and Letters Daily*, ou o *Ars Disputandi*, ou ainda o *Access Research Network* — todos eles podem ser facilmente encontrados com uma busca no *Google*, na Internet); pense muito sobre a cultura (Phil Ryken traça um ótimo curso neste assunto no livro *This Is My Father's World* [Este é o Mundo de Meu Pai]).[13]

Mas, acima de tudo, mantenha a resolução de ler e dominar completamente os maravilhosos livros de sua herança Reformada. *Nascido Escravo*,[14] de Lutero; *Institutas da Religião Cristã*,[15] de Calvino; *Institutes of Elenctic Theology* (Institutas da Teologia Refutativa), de Turrentin; *Marrow of Theology* (Essência da Teologia), de Ame; *Reformed Dogmatics* (Teologia Dogmática Reformada), de Heppe; assim como as obras de John Bunyan, John Owen, John Gill, John Dagg, C. H. Spurgeon e Carl Henry. Leia os clássicos e leia as fontes primárias. Você pode muito bem já ter encontrado com o famoso comentário de C. S. Lewis sobre isto, no livro "*On the Reading on Old Books*" (Sobre a Leitura de Livros Antigos), originalmente escrito como uma introdução do livro de Atanásio, *On the Incarnation* (Na Encarnação). Seu conselho é muito sábio. Lewis disse:

---

13 Phil Ryken, *This is My Father's World*, Phillipsburg, NJ: P&R, 2002.

14 Martinho Lutero, *Nascido Escravo*, Editora Fiel, São José dos Campos, SP.

15 João Calvino, *As Institutas*, PES, São Paulo, SP.

Uma idéia muito estranha tem circulado de que, em qualquer assunto, os livros antigos deveriam ser lidos apenas por profissionais, e de que os amadores deveriam se contentar apenas com os livros modernos. Assim sendo, eu tenho percebido, como professor de literatura inglesa, que se o aluno comum quer saber alguma coisa sobre o platonismo, a última coisa que ele pensaria em fazer é pegar uma tradução de Platão da estante da biblioteca e ler o Simpósio. Ele, ao invés disso, leria algum monótono livro moderno, com dez vezes mais páginas, todo sobre os "ismos" e influências, e que apenas a cada doze páginas faria alguma citação do que Platão realmente disse. O erro é certamente interessante, visto que surge da humildade. O aluno está um tanto amedrontado de se encontrar face a face com um dos grandes filósofos. Ele se sente inadequado e pensa que será incapaz de entendê-lo. Mas, se apenas conhecesse o grande homem por causa de seus grandes feitos, seria muito mais compreensível que seu comentador moderno. Mesmo o mais simples dos alunos seria capaz de entender, se não tudo, boa parte daquilo que Platão disse; dificilmente alguém entende alguns dos livros modernos sobre o platonismo. Portanto, um dos meus maiores esforços como professor sempre tem sido persuadir os mais jovens de que o conhecimento de primeira mão, não só é algo mais valioso de ser adquirido que o conhecimento de segunda mão, como também, é geralmente muito mais fácil e prazeroso.

A preferência equivocada pelos livros modernos e esta desconfiança pelos livros antigos não se mostra mais presente em qualquer lugar do que na teologia. Onde quer que você encontre um pequeno grupo de estudo de cristãos leigos, você pode estar quase certo de que eles não estão estudando São Lucas, São Paulo, Santo Agostinho, Tomás de Aquino, Hooker ou até mesmo Butler, mas sim Berdyaev, Maritain, Niebuhr, Sayers, ou, ainda, a mim mesmo.

Isto me parece uma grande confusão. Naturalmente, uma vez que eu mesmo sou escritor, não desejo que o leitor comum cesse de ler todo e qualquer livro moderno. Mas se ele tivesse de ler apenas os livros modernos ou somente os livros antigos, eu lhe aconselharia a ler os antigos. E lhe daria este conselho exatamente porque ele é um amador e, como tal, muito mais desprotegido do que os especialistas, contra os perigos de uma dieta exclusivamente contemporânea. Um novo livro ainda está em seu período de experimentação, e o amador não está em posição de julgá-lo. Ele deve ser testado pelo maravilhoso corpo do pensamento cristão através dos tempos, e todas as suas implicações secretas (muitas vezes insuspeitadas pelo próprio autor) devem ser trazidas à luz. Com freqüência, não pode ser completamente compreendido sem o conhecimento prévio de muitos outros bons livros modernos. Se às onze horas você entrar no meio de uma conversa que teve início às oito, provavelmente não compreenderá a real posição do que está sendo dito. Observações que para você pareçam comuns, podem acabar produzindo risos ou irritação nos outros participantes, e você não conseguirá saber o porquê disto — a razão, obviamente, é que os estágios anteriores da conversa acabaram dando a eles uma outra perspectiva. Da mesma forma, as frases de um livro moderno que pareçam sem significado para você, podem estar relacionadas a algum outro livro; desta forma, você pode acabar aceitando aquilo que teria rejeitado fortemente, caso soubesse o seu verdadeiro significado. A única segurança é ter um padrão de cristianismo claro, focado no núcleo do cristianismo ("mero cristianismo" como Baxter dizia), que coloque as controvérsias do momento em sua perspectiva adequada. Tal padrão pode ser adquirido somente nos livros antigos. É uma boa regra, após ler um livro moderno, nunca ler outro, sem antes ter lido um livro antigo entre eles. Se isto for muito difícil para você, tente ao menos ler um livro antigo a cada três livros modernos.

Cada época tem sua própria perspectiva, a qual é especialmente boa em enxergar algumas verdades e especialmente sujeita a cometer determinados erros. Nós todos, portanto, precisamos de livros que corrigirão os erros característicos de nosso próprio período. Ou seja, precisamos dos livros antigos. Todos os autores contemporâneos compartilham de certa forma da mesma visão contemporânea — mesmo aqueles, como eu mesmo, que parecem se opor fortemente a ela. Nada me aflige mais, quando leio sobre as controvérsias do passado, que o fato de que ambos os lados estavam geralmente assumindo

> sem qualquer questionamento muitas coisas que hoje negamos completamente. Eles pensavam que eram tão opostos uns aos outros como dois lados podem ser, mas na verdade estavam o tempo todo unidos secretamente — unidos uns com os outros e contra as eras passadas e as vindouras — por uma imensa quantidade de suposições comuns. Podemos estar certos que a cegueira característica do século vinte — cegueira sobre a qual a posteridade perguntará: "Mas como eles poderiam pensar desta forma?", repousa sobre algo que nós jamais suspeitaríamos, e acerca de alguma coisa sobre a qual há uma concordância clara entre Hitler e o Presidente Roosevelt, ou entre H. G. Wells e Karl Barth. Nenhum de nós pode escapar completamente desta cegueira, mas certamente podemos aumentá-la, e enfraquecer nossa guarda contra ela, caso leiamos apenas os livros modernos. Nas áreas onde eles são verdadeiros, apenas nos darão verdades que nós já conhecíamos parcialmente. E nas áreas em que são falsos, eles irão agravar ainda mais o erro com o qual já estamos perigosamente contaminados. O único paliativo é manter a limpa brisa marinha dos séculos passados soprando em nossas mentes, e isto só pode ser feito através da leitura de livros antigos. Não que haja alguma mágica sobre o passado. As pessoas não eram mais inteligentes do que são hoje; elas cometiam tantos erros quanto nós. Porém, não os mesmos erros. Elas não irão nos engabelar nos erros que nós já estamos cometendo; e os seus próprios erros, estando agora já claros e tangíveis a todos, não irão nos causar perigo. Duas cabeças pensam melhor do que uma, não porque uma delas seja infalível, mas porque dificilmente elas irão errar na mesma direção. Esteja certo de que os livros do futuro seriam um corretivo tão bom quanto os livros do passado, mas infelizmente nós não podemos ter acesso a eles.[16]

Então, uma forma de você evitar ser pego nas banalidades, trivialidades e modas passageiras do "aprendizado" atual é interagindo com os melhores pensadores do passado. Por trás do meu chamado para ler

16 C. S. Lewis, *God in the Dock*, reimpressão, Grand Rapids, MI: William B. Eerdmans Publishing, 1994, pp. 200-207.

muito, lembro o sábio conselho de Thomas Brooks: "Cristo, as Escrituras, o seu próprio coração, e os artifícios de Satanás, são as quatro coisas principais que deveriam ser mais estudadas e pesquisadas. Se alguém descarta o estudo, não poderá estar seguro aqui, ou na vida futura. É meu dever como cristão, e muito mais, visto que sou também um sentinela, fazer o meu melhor para descobrir a plenitude de Cristo, o vazio da criatura, e os ardis do grande enganador".

COMO ESTUDAR

Meus comentários até agora indicam, obviamente, que a leitura deve ser um aspecto de fundamental importância na continuidade de seus estudos como ministro da Palavra. Isto é completamente apropriado, especialmente à luz de nossa doutrina evangélica da revelação: Deus se comunica conosco através de proposições. Mas deixe-me adicionar só mais um pouco sobre isto. Há cinco maneiras principais com as quais nosso estudo contínuo será auxiliado: leitura, reflexão, escrita, ensino e vivência. Não direi mais nada sobre a leitura, pois minha ênfase nisto já foi evidente. No que diz respeito a reflexão, eu apenas direi que você precisa ir até os puritanos para aprender a prática deles sobre a reflexão cristã, ou meditação, a fim de obter o máximo possível de sua leitura. Sobre escrever, deixe-me apenas dizer que não existe uma disciplina mais adequada para forçar a mente a se organizar e comunicar a verdade do que a de escrever. Se você não é capaz de comunicar uma verdade, é porque você não a compreende. Se você não consegue comunicá-la em mais de uma forma, é porque não a compreende. E, se você não consegue comunicá-la claramente, é porque não a compreende. Quando escrevemos, recebemos ajuda em todas estas áreas. Um lugar perfeito para praticar esta habilidade é no jornalzinho de sua igreja. No que diz respeito ao ensino, assim como a escrita, é um tremendo benefício para o autodidatismo. Se você tiver ocasiões para praticá-lo, não perca a chance. Eu não estou falando apenas de suas pregações regulares (que obviamente irão conter algum componente de ensino) ou das oportunidades que surgem na Escola Bíblica Dominical. Estou falando de contextos que o levem a transmitir as verdades em um nível muito mais elevado — palestras para universitários, alunos de seminário, locais públicos e afins. Quando você tiver estas oportunidades, use-as.

Algo que desejo enfatizar, exatamente por ser de modo geral tão negligenciado entre aqueles que são devotados ao estudo, é a relevância de viver e aprender. Com isto eu quero dizer, por um lado, que você deve estar constantemente se perguntando como o aprendizado está agindo em sua vida. Por causa do meu aprendizado, estou amando mais a Deus, amando mais as Escrituras, estou mais devoto a Cristo, mais comprometido com o ministério do reino, mais piedoso, sou um pai e um marido cristão melhor, sou mais amável com meus vizinhos, mais justo, misericordioso e humilde e estou crescendo em graça? Jesus enfatizava regularmente em seus ensinos que as nossas obras mostram o que nós realmente amamos e acreditamos. Conseqüentemente, nossas atitudes, ações e prioridades na vida revelam os segredos do coração. Se o seu aprendizado não está lhe ajudando em sua vida e em seu pastorado, de acordo com a ênfase e o padrão bíblicos, então o seu aprendizado está indo muito mal.

Quando falo na relevância de viver e aprender, por outro lado, quero dizer que esta é a escola da experiência cristã sob a mão da providência, ou seja, uma área de testes de todo o verdadeiro aprendizado. Especialmente as providências sombrias de Deus — sofrimento, provações, testes, frustrações, "perdas e cruzes", como diziam os puritanos — revelam a extensão de nosso aprendizado. Benjamin Disraeli, certa vez, disse: "Ver muito, sofrer muito e estudar muito, são os três pilares do aprendizado". Ele estava apenas ecoando palavras de Lutero, também encontradas na Bíblia, que dizem: "Oração, meditação e tentação (significando provações e testes) fazem o cristão". Na verdade, Lutero se expressou de maneira mais provocativa que esta, quando disse que um pregador não é feito pela leitura de livros, e sim "vivendo e morrendo e sendo amaldiçoado". Em outras palavras, Deus forja os pregadores em seu cadinho. Nunca se esqueça disto. Deus faz um ministro do evangelho quebrando o coração daquela pessoa. Não foi isto uma das coisas que Jesus quis dizer, quando nos chamou para tomar nossa cruz e segui-Lo?

QUANDO ESTUDAR

Agora, se pudermos retornar a um assunto relativamente comum, após termos penetrado algumas áreas sérias, veremos quando o seu estudo está sujeito a ser um desafio. O pastor dos dias de hoje é, por definição, pau para toda obra. Muitas vezes ele é visto como presidente administrativo, presidente executivo, trabalhador braçal, visitador oficial, pregador/professor/conselheiro chefe, relações-públicas, representante oficial da denominação na congregação local, entre outros. É categoricamente impossível realizar um bom trabalho em todas estas áreas. Quando alguém tenta fazê-lo, o estudo geralmente acaba sendo esmagado pela tirania da urgência. De forma que você terá de planejar cuidadosamente quando estudar e como proteger o tempo de estudo.

Os três maiores desafios serão como lidar com os diáconos, os outros membros da igreja e sua família, no que diz respeito ao tempo e proteção do seu estudo. Você precisará devotar algum tempo cultivando em seus diáconos um senso de importância vital do seu tempo de estudo (se eles já não apreciam sua significância). Fui abençoado com diáconos que compreendem totalmente a importância de eu ter um tempo para estudar, mas nem todos os ministros são tão afortunados. Se os seus diáconos não lhe derem qualquer apoio neste sentido, ou forem simplesmente ignorantes de sua importância, comece com aqueles que forem mais empáticos com você e passe a explicar-lhes como você compreende o seu chamado e que coisas são necessárias para cumpri-lo. Compare as coisas que eles têm de fazer em seu cotidiano (incluindo o trabalho essencial dos bastidores, mas sem qualquer *glamour*) com aquilo que você tem de fazer. Ajude-os a entender como eles são beneficiados com o seu tempo gasto nos estudos. Então, explique e solicite a ajuda deles na disponibilização e proteção de seu tempo de estudo. Eles precisam ser os seus defensores nisto junto ao povo.

Com relação aos membros, quando eles ligam para você, intencionando marcar uma reunião, até hoje encontrei apenas algumas poucas almas, santificadas e graciosas o bastante, para se satisfazerem com uma secretária respondendo: "Ele não está disponível agora, está estudando". As pessoas naturalmente pensam que a crise pela qual estão passando, naquele momento, é mais importante que um livro velho e empoeirado que o pastor está lendo. Elas se sentirão ofendidas por terem sido deixadas de lado por causa de seu estudo. Então, eu sugiro que sua assistente proteja o seu tempo de estudo, dizendo apenas: "Ele não está disponível no momento". Desta forma, a pessoa que está ligando não terá a oportunidade de julgar se o seu assunto ultrapassa a sua necessidade de estudar.

Com a família é um assunto diferente. Minha esposa me ajuda extremamente no ministério. Especialmente, quando se trata de responsabilidades pastorais, tais como aconselhamentos de emergência ou visitas em hospitais, ela é sempre muito adaptável quando tenho de tirar um tempo para realizá-las, não importando o quanto possam ter arruinado nossa programação familiar. No entanto, ela tem muitas dificuldades no que diz respeito ao estudo. De forma que manter o equilíbrio entre o tempo familiar e o de estudo pode ser um verdadeiro desafio para nós. Você precisará trabalhar neste assunto, a fim de que sua esposa possa estar confortável com o ritmo e volume de seu tempo de estudo, e, desta forma, apoiar o que isto significa para a programação familiar.

É desnecessário dizer que o tempo de estudo não deve ser desperdiçado com e-mails, salas de bate-papo, correntes de discussão (que, muitas vezes, é apenas um aglomerado de ignorância), navegando na Internet ou repondo tempo de negligência em outras importantes responsabilidades pastorais. Este é um problema de muitos pastores, especialmente aqueles que são mais introvertidos e tentam se esquivar das "responsabilidades com pessoas" no ministério. Não vejo este problema em você, então, sigo adiante após somente mencioná-lo.

POR QUE ESTUDAR

Você precisará estar consciente de suas próprias motivações para o estudo. Muitos bons homens têm caído vítimas de falsas motivações, e assim acabaram perdendo o verdadeiro benefício de um estudo continuado. Em primeiro lugar, seu estudo continuado não deve ser motivado pelo desejo de ganhar algum *status*. Muitos renomados seminários e instituições de ensino atraem os pastores a fazerem um curso "avançado" que dificilmente seria considerado avançado em padrões reais, simplesmente porque oferecem um título de graduação ostentoso, possuindo na verdade um conteúdo inexpressivo. Não caia vítima deste "golpe". O objetivo do aprendizado é o conhecimento, não o status.

Os britânicos têm uma atitude muito mais saudável que os americanos quanto aos títulos de graduação acadêmica (embora eu creia que estamos tendo um efeito nocivo até mesmo sobre eles nesta área). O grande F. F. Bruce, por exemplo, tinha graduação equivalente à de universitário americano (ele tinha um *Scottish MA*) e ainda assim foi devidamente reconhecido como um grande erudito em seu campo de estudos. Sua falta de um doutorado não fez a menor diferença. Ele tinha mais conhecimento do que uma sala cheia de doutores. Eu, pessoalmente, não dou a menor importância ao título que o homem tem. Se ele não possui o conhecimento correto e útil, e um bom julgamento das coisas, é de pouco valor para a igreja como um ensinador.

Uma motivação que deve impelir seus estudos é simplesmente o desejo de aprender — aprender a verdade e adquirir o verdadeiro e útil conhecimento. Há pouquíssimas ocasiões na vida em que não há problemas em ser ganancioso; no que concerne ao aprendizado, devemos ser "gananciosos" para aprender, porque a verdade vem de Deus e devemos ter o desejo de conhecê-la. Além disso, devemos ser motivados a aprender, a fim de sermos de alguma ajuda à igreja. Não é raro encontrar ministros cristãos que, pelo muito estudar, consideram-se extremamente sofisticados e "acima" da média dos freqüentadores da igreja. Tal tipo de atitude é inapropriada ao extremo e, é interessante notar, geralmente não é vista naqueles que possuem mentes realmente brilhantes. O ministro estuda precisamente para poder ajudar o povo de Deus, por mais humilde que ele seja. Nós queremos aprender a fim de sermos úteis à igreja.

Você deve ser motivado a aprender para ser útil a outros pastores e igrejas. Torne-se um especialista em algo para que possa ajudar amigos pastores às voltas com determinada área de conhecimento que eles não conhecem tão bem quanto você. Talvez você se familiarize de tal maneira com a melhor literatura acadêmica sobre o Islamismo, que não somente poderá testemunhar como também ensinar o seu povo. Também poderá ajudar outros pastores que não conhecem tanto quanto você sobre aquela que é a principal rival religiosa do cristianismo no mundo. Ou, talvez, você se torne um especialista nos puritanos, não apenas para ser edificado através daquele excelente material, mas, também, a fim de livrar outros da considerável e negativa mitologia que cerca este campo de estudos. Você entendeu o que quero dizer. Esteja motivado a aprender para que seu aprendizado possa abençoar a igreja como um todo.

Certamente, há muitas outras motivações para estudar além destas que eu listei. Dei apenas sugestões.

QUAL O SEU ALVO AO ESTUDAR

Entre os seus objetivos ao estudar, obviamente haverá a glória de Deus, seu crescimento pessoal na graça, a edificação de outros e o desenvolvimento de suas próprias capacidades como professor e pregador. Relacionando-se a este assunto, seria bom lembrarmos das três máximas de Herman Witsius (o famoso pastor e teólogo holandês do século dezessete) que diziam: "Ninguém ensina bem, sem que antes tenha aprendido bem". "Ninguém aprende bem, sem que antes aprenda a fim de ensinar." E, "tanto aprendizado quanto ensino são vãos e inúteis, sem que sejam acompanhados da prática". Estas palavras são dignas de apreciação, assim como o pequeno clássico de Witsius, *On the Character of a True Theologian* (Sobre o Caráter do Verdadeiro Teólogo).[17]

Além disso, deixe-me mencionar alguns bons objetivos para o seu estudo. Uma meta apropriada para os estudos é adquirir a verdadeira e útil informação, ou conhecimento. Em primeiro lugar, obviamente, você estará preocupado em adquirir conhecimento que consista no conhecimento de Deus revelado nas Escrituras. Mas você também irá desejar o conhecimento da criação de Deus, incluindo nós mesmos, a época em que vivemos, o mundo e nosso rebanho. A maior fonte deste

17 Herman Witsius, *On The Character of a True Theologian*, reimpressão, Greenville, SC: Reformed Academic Press, 1994.

conhecimento será, sem dúvida alguma, a revelação especial, mas nosso estudo deverá incluir também questões da revelação geral.

Um segundo objetivo de seu estudo será a aquisição da habilidade de empregar o uso correto daquele conhecimento que você adquiriu estudando. O tipo de conhecimento de Deus que pode ser ganho através do estudo em livros não é um fim em si próprio, e sim um meio para um fim. E o fim é a glória de Deus e a união com Ele, da qual fluirá o benefício desta comunhão com Ele. Aprendemos sobre Deus, a fim de conhecê-Lo, isto é, entrar num relacionamento e comunhão com Ele. Em outras palavras, o conhecimento salvífico é o conhecimento da aliança — o conhecimento da comunhão e companheirismo com o Deus vivo. O conhecimento com fins aplicativos é um elemento essencial daquele conhecimento salvífico e, conseqüentemente, imperativo em todo o caminhar espiritual do cristão. No entanto, ele não é o único elemento do conhecimento salvífico, assim como não é o objetivo final de nosso estudo. Que Deus possa garantir-lhe uma compreensão sólida das verdades salvadoras, e também um entendimento correto de seus usos.

Um terceiro objetivo do estudo deve ser o desenvolvimento de sua capacidade analítica. Você precisa desenvolver suas habilidades de discernimento a ponto de ser capaz de sintetizar conhecimentos, engajar-se em questões críticas e possuir um bom senso de julgamento. Pois, você será um ponto de referência para o seu rebanho. Além disso, cada sermão ou lição que você preparar irá requerer o seu discernimento e sua análise de elementos como: texto (tanto no original quanto na tradução), ferramentas (dicionários, comentários, léxicos e outras literaturas), contexto (quando e onde a lição está sendo ensinada, quais eram as tendências significativas, assuntos, pecados e preocupações daquela época) e da congregação (em que ponto eles estão espiritualmente, do que eles precisam, etc.).

Uma quarta meta do estudo deve ser uma constante renovação do seu desejo de aprender, obedecer, adorar e pastorear. Nós devemos estar sedentos por conhecer a Palavra de Deus e o mundo de dEle (incluindo o seu povo e o seu contexto). Nem todos seremos igualmente interessados nos mesmos assuntos, mas cada um de nós deve estar faminto por um conhecimento muito amplo de alguma coisa. Também devemos estar famintos para colocar este conhecimento em ação a serviço da obediência. É verdade que algumas pessoas mais voltadas à "prática" querem pular esta etapa de parar para pensar e ir direto à ação, mas este tipo de zelo sem conhecimento é orgulhoso e potencialmente destrutivo. Nosso coração tem de arder para adorar e pastorear. Mas estes desejos precisam ser constantemente alimentados. O estudo pode adicionar um pouco de lenha ao fogo de nossa devoção.

Um quinto aspecto de nosso objetivo em aprender deve ser o de nos capacitarmos para a auto-crítica e desenvolvermos nossa habilidade de exercitarmos corretamente o arrependimento. É um trabalho de suma importância para o qual fomos chamados, e os perigos para nossas almas, bem como para a nossa congregação, são muitos, caso sejamos descuidados com a nossa vocação. Fomos chamados para sermos mordomos dos mistérios de Deus, e um dia daremos conta de nossa conduta ao Todo-Poderoso. O auto-exame espiritual e a auto-crítica (evidências de um espírito contrito) junto à sinceridade diante da repreensão por parte de outros são absolutamente essenciais, se queremos evitar as armadilhas no ministério cristão.

Finalmente, devemos almejar em nossos estudos o cultivo de uma piedade ardente, completa, natural e prática. Esta piedade deveria ser caracterizada pela reverência a Deus, amor ao próximo, seriedade de propósito em seu chamado e determinação à santidade. Meu desejo é que você seja (emprestando um apropriado resumo de David Wells) "centrado em Deus nos seus pensamentos, temente a Deus em seu coração, e honre a Deus em sua vida".

O QUE VOCÊ FAZ COM OS SEUS ESTUDOS

O verdadeiro estudo do evangelho deve sempre nos levar à oração. Quando estudamos algo que nos leva a compreender a grandeza de Deus e de sua obra salvífica, isto deveria nos induzir a adoração, ação de graças e louvor. Não devemos resistir ao impulso de orar durante nossos estudos. Quando lemos alguma coisa que nos convence de culpa, devemos ser impelidos a confessar o pecado em oração. Quando lemos algo que nos lembra da terrível condição dos outros, devemos ser movidos a interceder por eles. Quando lemos algo destruidor ou potencialmente danoso ao bem-estar espiritual dos outros, devemos implorar a Deus que arranque todo o veneno, que poupe as ovelhas descuidadas, que repreenda os falsos pastores, que proteja os pastores fiéis e que poupe nossas próprias almas do contágio da falsidade.

Todo o nosso estudo deve ser transformado em oração e servir ao propósito da santificação — dos outros e de nós mesmos. Isto apenas nos lembra, novamente, da importância de um conhecimento prático de Deus para o nosso aprendizado teológico. Sem um conhecimento verdadeiro, salvador e pactual de Deus, o estudo está destinado ao fracasso. Somente isto já é o bastante para nos alertar da importância da oração e do Espírito Santo em nosso estudo. Na oração, mostramos nossa mais profunda dependência de Deus para a obtenção do verdadeiro conhecimento. Apenas através do Professor, do Espírito Santo, é que conseguimos o verdadeiro conhecimento e o verdadeiro conhecimento de Deus. Ambas as realidades devem permear todo o nosso método de estudo. Esta é uma das razões para a profunda verdade encontrada em Provérbios 1.7: "O temor do Senhor é o princípio do saber".

Timóteo, que Deus possa erguê-lo como um "homem poderoso" em nossos dias, comprometido com a autoridade das Escrituras, firmemente persuadido de suas grandes doutrinas, especialista em seu entendimento das verdades do evangelho e com um desejo ardente de proclamá-las, caracterizado pela piedade amorosa e pela santidade inabalável, devoto e cuidadoso em suas obrigações pastorais e diligente para manter-se estudando, a fim de mostrar-se como alguém aprovado, para que a igreja possa ser erguida, suas paredes alargadas e Cristo glorificado.

Seu amigo,
Ligon Duncan

PS Timóteo, já mencionei um bom número de livros para você nesta carta tão longa, porém, deixe-me sugerir apenas mais alguns que podem ser especialmente úteis durante sua reflexão nesta questão sobre o estudo.

1. *On the Character of a True Theologian*, Herman Witsius (reimpressão, Greenville, SC: Reformed Academic Press, 1994). Eu já mencionei este pequeno clássico, mas é magnífico.
2. *The Religious Life of Theological Students*, B. B. Warfield (reimpressão, Phillipsburg, NJ: P&R, 2001). Escrito para seminaristas mas com uma aplicação vitalícia para os pastores.
3. *An Introduction to Theological Studies*, William Cunningham, (reimpressão, Greenville, SC: Reformed Academic Press, 1994). Um clássico que nos alerta das armadilhas escondidas no estudo e nos guia para um aprendizado mais frutífero. Cunningham, além de outras coisas, (1) lembra-nos da importância de um conhecimento prático de Deus para a obra teológica; (2) esclarece-nos as diferentes áreas do estudo teológico, sua significância e relação umas com as outras; (3) insta-nos sobre a importância da oração e do Espírito Santo para a obtenção do verdadeiro conhecimento de Deus; (4) mostra-nos a importância da meditação — reflexão considerada e devota — para nosso crescimento na graça; (5) sugere-nos o papel fundamental da experiência cristã em nossa formação para o ministério; (6) aconselha-nos sobre a importância absoluta de dominar completamente as línguas bíblicas e de estar inteiramente familiarizado com a nossa tradução da Bíblia e (7) exorta-nos sobre a necessidade de descansar de nossos estudos profissionais no dia do Senhor.
4. *Patterns in History*, David Bebbington (Downer's Grove, IL: Inter-Varsity Press, 1990). Irá introduzi-lo à prática da historiografia, importante para os seus estudos continuados, mas raramente vista no seminário.
5. *The Study of Theology*, Richard Muller, (Grand Rapids, MI: Zondervan, 1991). Praticamente um clássico moderno — será uma bênção para as suas meditações na área de teologia sistemática.

Capítulo 13

Aprenda com os Puritanos (I)

JOEL BEEKE

Amado Timóteo,

Você me perguntou em sua última carta: "Quando você se volta para o passado e olha os seus vinte e cinco anos de ministério, qual a disciplina espiritual facultativa de maior ajuda que você manteve para a sua própria vida espiritual, para a sua pregação e para o seu ministério pastoral?" Eu respondo sem hesitação: uma rígida dieta de literatura puritana.

Este contato com a literatura puritana tem sido uma tremenda bênção para mim, espiritualmente falando, por mais de trinta e cinco anos. Quando o Espírito Santo começou a me convencer da seriedade do pecado e da espiritualidade da lei, aos meus quatorze anos, eu examinava as Escrituras e devorava a literatura puritana da biblioteca de meu pai. Todas as noites, lá pelas 11 horas, minha mãe dizia: "Luzes apagadas!" Depois que meus pais apagavam a luz de seu quarto, eu ligava a minha novamente e continuava lendo até meia-noite e meia ou uma hora da manhã. Com muita satisfação li todos os títulos dos puritanos publicados pela Banner of Truth Trust, iniciei uma biblioteca em nossa igreja, fundei uma organização sem fins lucrativos chamada *Bible Truth Books* (Leitura Bíblica Verdadeira) e mais tarde, já como um pastor, fundei a Reformation Heritage Books. Passei milhares de horas com os escritores puritanos e vendi dezenas de milhares de livros puritanos durante os últimos trinta e cinco anos. Por quê?

Em primeiro lugar, deixe-me explicar brevemente o que eu quero dizer com o termo "puritanos", e, então, lhe mostrarei como a leitura dos puritanos pode ser tão proveitosa para você. Colocando de forma bem simples, o meu uso da palavra *puritano* inclui não apenas aquelas pessoas que foram expulsas da Igreja da Inglaterra, pelo Ato de Uniformidade, em 1662, mas também aqueles na Grã-Bretanha e na América do Norte que, por muitas gerações após a Reforma, trabalharam para reformar e purificar a igreja e liderar o povo a uma vida bíblica e piedosa, coerente com as doutrinas reformadas da graça.[1] O puritanismo se desenvolveu de pelo menos três necessidades: (1) a necessidade pela pregação bíblica e ensino da sã doutrina reformada; (2) a necessidade de uma piedade pessoal bíblica, que enfatizasse a obra do Espírito Santo na fé e vida do crente, e (3) a necessidade da restauração da simplicidade bíblica na liturgia, vestimentas e governo da igreja, de forma que a vida bem organizada dela pudesse promover a adoração do Deus trino,

1 Richard Mitchell Hawkes, *"The Logic of Assurance in English Puritan Theology", Westminster Theological Journal* 52 (1990): 247. Em casos de tentativas e dificuldades em definir o puritanismo, veja os livros de Ralph Bronkema, *The Essence of Puritanism*, Goes: Oosterbaan and LeCointre, 1929; Leonard J. Trinterud, *"The Origins of Puritanism", Church History 20* (1951): 37-57; Jerald C. Brauer, *"Reflections on the Nature of English Puritanism", Church History 23* (1954): 98-109; Basil Hall, *"Puritanism: The Problem of Definition"*, em G. J. Cumming, ed., *Studies in Church History, vol.* 2 (Londres: Nelson, 1965), 283-96; Charles H. George, *"Puritanism as History and Historiography", Past and Present 41* (1968): 77-104; William Lamont, *"Puritanism as History and Historiography: Some Further Thoughts", Past and Present* 42 (1969): 133-46; Richard Greaves, *"The Nature of the Puritan Tradition"*, em R. Buick Knox, ed., *Reformation, Conformity and Dissent: Essays in Honour of Geoffrey Nuttall*, Londres: Epworth Press, 1977, 255-73; D. M. Lloyd-Jones, *"Puritanism and Its Origins", The Puritans: Their Origins and Successors* (Edimburgo: Banner of Truth Trust, 1987), 237-59; James I. Packer, *"Why We Need the Puritans"*, em *A Quest for Godliness: The Puritan Vision of the Christian Life*, Wheaton, IL: Crossway Books, 1990, 21-36; Joel R. Beeke, *The Quest for Full Assurance: The Legacy of Calivin and His Successors* (Edimburgo: Banner of Truth Trust, 1999), 82 em diante.

como prescrito em sua Palavra.[2] Doutrinariamente, o puritanismo era um tipo amplo e vigoroso de calvinismo; experimentalmente, era um tipo de cristianismo caloroso e contagiante; evangelisticamente, era tanto suave quanto agressivo.[3] J. I. Packer escreveu: "O puritanismo era, em seu âmago, um movimento de reavivamento espiritual".[4]

Quero escrever duas cartas dirigidas a você, Timóteo, sobre como, com as bênçãos do Espírito, os puritanos podem ser proveitosos para você. Esta primeira carta focalizará a forma como eles podem ser proveitosos para você pessoalmente, enquanto a segunda se preocupará em como eles podem ser proveitosos em sua pregação e ensino.[5]

MOLDE A SUA VIDA PELAS ESCRITURAS

Mais do que qualquer outro grupo de escritores na História da Igreja, os puritanos nos mostraram como moldar completamente nossas vidas e ministérios pelas Escrituras Sagradas.

Os puritanos eram pessoas do Livro vivo. Eles amavam, viviam e respiravam as Escrituras, apreciando o poder do Espírito que acompanhava a Palavra.[6] Consideravam os sessenta e seis livros das Escrituras como a biblioteca do Espírito Santo, a qual havia sido graciosamente legada a eles. Enxergavam as Escrituras como Deus falando-lhes, da mesma forma que um pai fala com seus filhos. Eles viam a Palavra como a verdade na qual podiam confiar e descansar por toda a eternidade. Viam as Escrituras como o poder do Espírito, para renovar suas mentes e transformar suas vidas.

---

2 Peter Lewis, *The Genius of Puritanism*, Hayward Health, Sussex: Carrey, 1975, 11 em diante.

3 Sidney H. Rooy, *The Theology of Missions in the Puritan Tradition: A Study of Representative Puritans: Richard Sibbes, Richard Baxter, John Eliot, Cotton Mather, and Jonathan Edwards*, Grand Rapids, MI: Eerdmans, 1965, 310-28.

4 De acordo com a introdução de Packer no livro de Leland Ryken, *Santos no Mundo: Os Puritanos Como Realmente Eram*, Editora Fiel, São José dos Campos, SP.

5 Alguns dos meus conselhos foram adaptados de meu livro *Puritan Evangelism: A Biblical Approach*, Grand Rapids, MI: Reformation Heritage Books, 1999.

6 Ver Joel R. Beeke e Ray B. Lanning, "*The Transforming Power of Scripture*", em *Sola Escriptura: The Protestant Position of the Bible*, ed. Don Kistler, Morgan, PA: Soli Deo Gloria, 1995, 221-76.

Os puritanos examinavam, ouviam e cantavam a Palavra com deleite, e encorajavam outros a fazerem o mesmo. O puritano Richard Greenham sugeriu oito maneiras de ler as Escrituras: com diligência, sabedoria, preparação, meditação, conferência, fé, prática e oração.[7] Thomas Watson providenciou inúmeros guias sobre como ouvir a Palavra. Venha até a Palavra com apetite santo e coração pronto para aprender. Sente-se sob a Palavra atenciosamente, receba-a com mansidão e misture-a com fé. Então, retenha a Palavra, ore sobre ela, pratique-a e fale com outros sobre ela.[8] "Terrível é a situação daqueles que vão para o inferno carregados de sermões", alertou Watson. Em contraste, aqueles que respondem às Escrituras como uma "carta amorosa enviada a você por Deus"[9] irão experimentar o seu poder caloroso e transformador.

"Alimente-se da Palavra", o pregador puritano John Cotton exortou à sua congregação.[10] O prefácio da Bíblia de Genebra contém uma recomendação parecida, dizendo que a Bíblia é "a luz para os nossos caminhos, a chave para o reino dos céus, nosso conforto na aflição, nosso escudo e espada contra Satanás, o princípio de toda sabedoria, o vidro através do qual podemos contemplar a face de Deus, o testemunho de seu favor, e a única alimentação e sustento para as nossas almas".[11]

Os puritanos apresentaram um forte encorajamento ao povo para que se tornasse centrado na Palavra, tanto na fé quanto na prática. O livro *Christian Directory* (Diretório Cristão) de Richard Baxter, nos mostra como os puritanos consideravam a Bíblia um guia digno de confiança

7 *"A Profitable Treatise, Containing a Direction for the reading and understanding of the holy Scriptures"*, em H[enry] H[olland], ed., *The Works of the Reverend and Faithfull Servant of Iesus Christ, M. Richard Greenham* (1599; reimpressão, New York: Da Capo Press, 1973), 389-97. Cf. Thomas Watson, *"How We May Read the Scriptures with Most Spiritual Profit"*, em *Heaven Taken by Storm: Showing the Holy Violence a Christian is to Put Forth in the Pursuit After Glory*, ed. Joel R. Beeke, 1669; reimpressão, Pittsburgh, PA: Soli Deo Gloria, 1992, 113-129.

8 Idem, 16-18, e Thomas Watson, *A Body of Divinity*, 1692; reimpressão, Londres: Banner of Truth Trust, 377-79.

9 Idem, 379. *"There is not a sermon which is heard, but it sets us nearer heaven or hell"* (John Preston, *A Pattern of Wholesome Words*, citado em Christopher Hill, *Society and Puritanism in Pre-Revolutionary England*, 2ª ed. New York: Schocken, 1967), 46.

10 *Christ the Fountain of Life*, Londres: Carden, 1648, 14.

11 *Geneva Bible*, 1599; reimpressão, Ozark, MO: L. L. Brown, 1990, 3.

para toda a vida. Todo caso de consciência era sujeito às diretrizes das Escrituras. Henry Smith pregou para a sua congregação: "Nós sempre deveríamos colocar a Palavra de Deus diante de nós como um guia, e acreditar em nada além do que ela ensina, amar nada além do que ela prescreve, odiar nada além do que ela proíbe, e fazer nada além do que ela ordena".[12] Talvez John Flavel tenha dito isto de maneira ainda melhor: "As Escrituras nos ensinam a melhor forma de viver, a forma mais nobre de sofrer, e a forma mais confortável de morrer".[13]

ORE SEM CESSAR

Os puritanos nos mostraram a necessidade de sermos homens de Deus devotos à oração. Eles eram realmente homens que se retiravam para orar. Em seus aposentos — locais especiais, privados, dedicados à oração, que poderiam ser seus próprios quartos, o sótão ou até mesmo num campo aberto — eles levantavam suas vozes e clamavam ao Deus do céu por suas bênçãos sobre eles mesmos e seus ministérios, suas famílias, igrejas e nações.

Diferentemente de muitos pastores de nossos tempos, a qualidade da vida espiritual dos ministros puritanos parece ter sido uniformemente alta.[14] Creio que os puritanos eram grandes pregadores em primeiro lugar, e mais importante, porque eram também grandes peticionários que lutavam com Deus pelas bênçãos divinas sobre a pregação deles. Richard Baxter disse: "A oração precisa abranger tanto o nosso trabalho quanto a nossa pregação; o pastor não prega ao seu povo sinceramente quando não ora por eles com seriedade. Se nós não prevalecermos com Deus em dar-lhes fé e arrependimento, não prevaleceremos com eles em acreditar e arrepender-se".[15] E Robert Traill escreveu: "Alguns pas-

---

12 *"Food for New-Born Babes"*, em *The Works of Henry Smith*, ed. Thomas Smith, Edimburgo: James Nichol, 1866, 1:494.

13 Citado em I.D.E. Thomas, *The Golden Treasury of Puritan Quotations*, Chicago, IL: Moody Press, 1975, 33.

14 Ver Benjamin Brook, *The Lives of the Puritans*, 3 vols., 1813; reimpressão, Pittsburgh, PA: Soli Deo Gloria, 1994; William Barker, *Puritan Profiles*, Fearn, Ross-shire: Christian Focus, 1996.

15 Richard Baxter, *O Pastor Aprovado*, PES, São Paulo, SP.

tores de poucos dons e talentos obtêm mais sucesso do que alguns mais talentosos; não porque eles pregam melhor, e sim porque oram mais. Muitos bons sermões são perdidos por falta de muita oração durante o estudo".[16]

Timóteo, suas orações particulares precisam temperar as suas mensagens no púlpito. Leve em seu coração a admoestação de Richard Sibbes: "Um ministro de Cristo freqüentemente se encontra na posição de maior honra entre os homens pela performance de apenas metade de seu trabalho [o ministério público], enquanto Deus o tem em grande desagrado pela negligência da outra metade do trabalho [oração]" (veja At 6.4). Assim como os puritanos, guarde ciosamente o seu tempo pessoal de devocional. Estabeleça suas prioridades de acordo com as realidades espirituais, eternas. Esteja convencido de que tão logo você cesse de vigiar e orar, estará cortejando o desastre espiritual. Esteja dolorosamente consciente, como John Flavel disse, que "um homem pode ser *objetivamente um [homem] espiritual*, e ainda assim ser *subjetivamente um homem carnal*".[17] Acredite, como John Owen notou, que "nenhum homem prega bem um sermão, sem antes pregá-lo para o seu próprio coração... Se a palavra não habitar com poder *em* nós, ela não fluirá com poder *de* nós".[18]

APRENDA A MEDITAR

Talvez não haja área onde os puritanos sejam de maior auxílio que em oferecer um guia para o processo de meditação espiritual e bíblica. Eles disseram para começar pedindo assistência ao Espírito Santo. Ore pelo poder de encouraçar sua mente e de focar os olhos da fé nesta tarefa. Como Edmund Calamy escreveu: "Eu gostaria que você orasse a Deus para que Ele iluminasse o seu entendimento, vivificasse a sua devoção, enternecesse seus sentimentos, e assim abençoasse aquela hora para você, para que pela meditação das coisas sagradas você possa

16 *The Works of the late Reverend Robert Traill*, 1810; reimpressão, Edimburgo: Banner of Truth Trust, 1975, 1:246.

17 *The Works of John Flavel*, 1820; reimpressão, Londres: Banner of Truth Trust, 1968, 5:568.

18 *Works of John Owen*, 9:455, 16:76.

tornar-se mais santo, e ter sua concupiscência mais mortificada, e suas graças incrementadas, sendo mortificado para o mundo e a sua vaidade, e elevado aos céus e às coisas do céu".[19]

A seguir, os puritanos aconselhavam a leitura das Escrituras, selecionando um versículo ou determinada doutrina sobre os quais meditar. Esteja certo de escolher assuntos relativamente fáceis para meditar no início de sua empreitada, eles advertiam. Por exemplo, comece com os atributos de Deus, ao invés da doutrina da Trindade. E considere apenas um assunto por vez.

Além disso, selecione assuntos que sejam mais aplicáveis às suas circunstâncias presentes e que serão de maior benefício para a sua alma. Por exemplo, se você está espiritualmente abatido, medite na disposição de Cristo de receber pobres pecadores e perdoar a todos que vierem a Ele. Se sua consciência lhe atormenta, medite nas promessas de Deus em dar graça aos arrependidos. Se você está financeiramente aflito, medite na maravilhosa providência de Deus àqueles em necessidade.[20]

Agora, memorize os versículos selecionados, ou algum aspecto do assunto, para estimular a meditação, fortalecer a fé e servir como um meio de direção divina.

A seguir, fixe seus pensamentos nas Escrituras ou em um assunto bíblico, sem espreitar além daquilo que Deus revelou. Use a sua memória para se focar em tudo que as Escrituras têm a dizer sobre o assunto. Considere sermões passados e livros edificantes.

Use "o livro da consciência, o livro das Escrituras, e o livro da criatura",[21] conforme você considera os vários aspectos de seu assunto: seus nomes, causas, qualidades, frutos e efeitos. Assim como Maria, pondere estas coisas em seu coração. Pense em ilustrações, similaridades e opostos, a fim de iluminar o seu entendimento e abrasar suas afeições. Então, deixe o julgamento avaliar o valor daquilo em que você está meditando.

Aqui vai um exemplo do Calamy. Se você for meditar no assunto

---

19 Edmond Calamy, *The Art of Divine Meditation*, Londres: for Tho. Parkhurst, 1680, 172.

20 Idem, 164-68.

21 *The Works of George Swinnock*, reimpressão; Edimburgo: Banner of Truth Trust, 1998, 2:417.

de pecado, "comece com a descrição do pecado; siga para a distribuição do pecado; considere a origem e a causa do pecado, os abomináveis frutos e efeitos do pecado, as conseqüências e características do pecado em geral e do pecado pessoal em particular, o oposto do pecado — graça, as metáforas do pecado, os títulos dados a ele, [e] tudo o mais que as Escrituras dizem sobre o pecado".[22]

Duas advertências devem ser dadas. Em primeiro lugar, como Thomas Manton escreveu: "Não prenda pelas regras dos métodos o espírito que é livre. Deus nos chamou para a religião, não para a lógica. Quando os cristãos se confinam a tais regras e prescrições, eles se restringem, e os pensamentos pingam como de uma destilaria, e não jorram como em uma fonte".[23] Em segundo, se sua mente lançar-se em outras direções, aperte as rédeas, ofereça uma rápida oração, pedindo a Deus por perdão e forças para se manter focado; leia trechos apropriados das Escrituras novamente e prossiga. Lembre-se, leitura bíblica, meditação e oração andam sempre de mãos dadas. Quando uma disciplina esvaecer, volte-se para outra. Persevere; não se renda a Satanás abandonando sua tarefa.

Depois disso, encoraje sentimentos como amor, esperança, coragem, gratidão, zelo e alegria,[24] para glorificar a Deus.[25] Converse com sua própria alma. Inclua reclamações sobre si mesmo em razão de seus defeitos e fraquezas, e derrame diante de Deus os seus anseios espirituais. Acredite que Ele irá lhe ajudar.

Paul Baynes, ao tratar a meditação como um "meio particular" da graça, comparou-a primeiro com o poder da visão para afetar o coração, e depois com o processo da concepção e do nascimento: "Agora observe como, após a concepção, existem dores para dar à luz no devido tempo: então, quando a alma, através do pensamento, concebe, logo as afeições

---

22 Calamy, *The Art of Divine Meditation*, 178-84. Cf. Thomas Gouge, *Christian Directions, shewing How to walk with God All the Day* long, Londres: R. Ibbitson e M. Wright, 1661), 70-73.

23 *The Works of Thomas Manton*, Londres: James Nisbet & Co., 1874, 17:281.

24 Richard Baxter, *The Saint's Everlasting Rest*, reimpressão integral, Ross-shire, Scotland: Christian Focus, 1998, 579-90.

25 Jonathan Edwards, *Religious Affections*, reimpressão, Londres: Banner of Truth Trust, 1959, 24.

são [afetadas], pois as afeições despertam em um pensamento, assim como o fogo ao surgir uma faísca na palha. As afeições são afetadas, a vontade é agitada e inclinada".[26]

Agora, seguindo o despertar de sua memória, julgamento e afeições, aplique suas meditações a você mesmo, para despertar sua alma para o trabalho e conforto, e para livrar sua alma do pecado.[27] Assim como William Fenner escreveu: "Mergulhe em sua própria alma; antecipe e previna seu próprio coração. Visite freqüentemente o seu coração com promessas, ameaças, misericórdias, julgamentos e mandamentos. Deixe que a meditação examine o seu coração. Leve o seu coração para diante de Deus".[28]

Examine-se para o seu próprio crescimento na graça. Reflita sobre o passado e pergunte: "O que tenho feito?" Olhe para o futuro, perguntando: "O que estou decidido a fazer, pela graça de Deus?"[29] Não faça tais perguntas legalisticamente, mas com santidade de emoção e olhando para a oportunidade de um espírito que cresce em graça. Lembre-se: "As obras da lei são nossa obrigação; a meditação é nosso prazer".[30]

Siga o conselho de Calamy: "Se é para receber benefício através da prática da meditação, você precisa alcançar *os pequenos detalhes*; e, então, meditar em Cristo, aplicando-O à sua alma; e também medite sobre o céu, aplicando-o à sua alma".[31] Medite de dia e de noite (Js 1.8). Deixe que a meditação e a prática, como duas irmãs, andem de mãos dadas. Meditação sem prática apenas aumentará a sua condenação.[32]

Em seguida, transforme as suas aplicações em resoluções. "Faça com que suas resoluções sejam firmes e fortes, não [meros] desejos, e sim propósitos firmes, ou determinações", escreveu Thomas White.[33]

---

26 Paul Baynes, *A Help to True Happinesse*, Londres, 1635.

27 *The Works of William Bates*, reimpressão, Harrisonburg, VA: Sprinkle, 1990, 3:145.

28 William Fenner, *The Use and Benefit of Divine Meditation*, Londres: for John Stafford, 1657, 16-23.

29 James Ussher, *A Method for Meditation*, Londres: for Joseph Nevill, 1656, 39.

30 *The Works of William Bridge*, reimpressão, Beaver Falls, PA: Soli Deo Gloria, 1989, 3:153.

31 Calamy, *The Art of Divine Meditation*, 108.

32 *The Sermons of Thomas Watson*, reimpressão, Morgan, PA: Soli Deo Gloria, 1995, 269, 271.

33 *A Method and Instructions for the Art of Divine Meditation*, Londres: for Tho. Parkhurst, 1672, 53.

Faça das suas resoluções compromissos de lutar contra suas tentações de pecar. Escreva suas resoluções. E acima de tudo, tome a decisão de passar sua vida "como alguém que tem meditado nas coisas santas e celestiais". Confie a si mesmo, sua família e tudo o mais que você possui às mãos de Deus com "doce resignação".

Conclua com orações, ações de graça e salmos. "A meditação é o melhor início para uma oração, e a oração é a melhor conclusão para a meditação", escreveu George Swinnock. Watson disse: "Ore durante sua meditação. A oração santifica a tudo; sem oração, ela não é nada, senão uma meditação profana; a oração fixa a meditação na alma; a oração é o nó final na meditação que não a deixa solta; ore para que Deus mantenha estas santas meditações em sua mente para todo o sempre, e que o seu perfume possa permanecer em seu coração".[34]

Agradeça ao Senhor pela assistência na meditação, ou, então, como Richard Greenham alertou, "nós seremos esbofeteados em nossa próxima meditação".[35]

As versões métricas dos Salmos são uma grande ajuda na meditação. Sua forma métrica facilita a memorização. Como a Palavra de Deus, elas são um assunto adequado para a meditação. Como uma "completa anatomia da alma" (Calvino), elas fornecem material abundante e um guia para a meditação. Como orações (Sl 72.20) e ações de graças (Sl 118.1), elas são um veículo apropriado para a meditação e uma forma conveniente para concluí-la. Joseph Hall escreveu que encontrou muito conforto em terminar sua meditação elevando seu "coração e sua voz a Deus, cantando um ou dois versos dos Salmos de Davi — um que responda nossa disposição e o assunto de nossa meditação. Desta forma, o coração se fecha com muita doçura e contentamento".[36] John Lightfoot ainda disse: "Cantar em louvor a Deus é a tarefa de maior meditação que qualquer um pode fazer em público. Ela mantém o coração muito acima daquilo que é falado. A oração e o ouvir passam rapidamente

---

34 Idem, 269.

35 *The Works of the Reverend and Faithfull Servant of Iesus Christ M., Richard Greenham*, Londres: Felix Kingston, 1599, 41.

36 *The Art of Meditation*, reimpressão, Jenkintown, PA: Sovereign Grace Publishers, 1972, 26-27.

de uma frase para a outra; mas a música fica mais tempo em nossas mentes".

Finalmente, não mude muito rapidamente da meditação para o engajamento com coisas deste mundo, para que, como Thomas Gouge advertiu, "por meio disto, você não sufoque rapidamente aquela devoção espiritual, irradiada em seu coração através daquele exercício".[37] Lembre-se que uma hora gasta em tal meditação é "mais valiosa que mil sermões", disse Ussher, "e isto não é uma degradação da Palavra, mas uma honra a ela".[38]

LIDE COM AS PROVAÇÕES COM UMA POSTURA CRISTÃ

Os puritanos nos mostraram como lidar com as provações. Considere os irmãos escoceses Ebenezer e Ralph Erskine. Além das controvérsias religiosas que minaram sua alegria no ministério por vinte e cinco anos, eles também enfrentaram muitos reveses em suas vidas pessoais. Ebenezer Erskine enterrou sua primeira esposa quando ela tinha trinta e nove anos de idade; sua segunda esposa faleceu três anos antes de sua própria morte. Ele também perdeu seis de seus quinze filhos. Ralph Erskine enterrou sua primeira esposa quando ela tinha trinta e dois anos, e também nove de seus treze filhos. Os três meninos que alcançaram a idade adulta ingressaram todos no ministério, mas um deles ajudou a destituir seu próprio pai do cargo que ocupava.

Os irmãos Erskine haviam entendido muito bem que Deus tem "apenas um Filho sem pecado, mas nenhum sem aflição", como disse um puritano. Seus diários, algo tão típico dos puritanos, são repletos de submissão centrada em Cristo em meio a aflição. Quando sua primeira esposa estava em seu leito de morte e ele tinha acabado de enterrar vários de seus filhos, Ebenezer Erskine escreveu:

> Deus tocou minha família com o seu cajado, com a grande angústia de uma amada esposa, sobre quem o Senhor colocou sua mão, e sobre quem sua mão ainda permanece pesadamente.

---

37 *Christian Directions, shewing How to walk with God All the Day long*, 70.
38 Ussher, *A Method for Meditation*, 43.

> Mas que, ainda assim, eu possa exaltar as maravilhas de sua graça gratuita, que me visitou novamente neste dia, sem que eu merecesse. Ele tem estado comigo tanto em público quanto em particular. Eu pude sentir o delicioso aroma da Rosa de Sarom, e minha alma foi restaurada com uma nova visão dEle, na excelência de sua pessoa, como Emanuel, e na suficiência de sua justiça que dura para sempre. Minhas esperanças que já esmaeciam foram revigoradas pela visão dEle. Meus grilhões são quebrados, e o fardo da aflição feito leve quando Ele aparece... "Eis-me aqui; faça de mim como melhor lhe parecer." Se Ele me chamar para ir até as profundezas do Jordão, por que não, se esta for sua santa vontade? Apenas esteja comigo, Senhor, e o teu bordão e o teu cajado me consolam, então, não temerei ir pelo vale da turbulência, sim, pelo vale da sombra da morte.[39]

Podemos aprender com os puritanos que precisamos de aflições para nos tornarmos humildes (Dt 8.2), para nos ensinarem o que significa o pecado (Sf 1.12) e para nos levar a Deus (Os 5.15). "A aflição é o pó de diamante no qual as jóias celestiais são polidas", escreveu Robert Leighton. Timóteo, veja o cajado divino da aflição como o seu meio de imprimir a imagem de Cristo mais plenamente em você, para que você possa tomar parte de sua retidão e santidade (Hb 12.10-11). Deixe que as provações levem-no a caminhar pela fé e o afastem do mundo. Thomas Watson escreveu: "Deus tem o mundo pendurado como um dente de leite, que facilmente pode ser arrancado, para não mais incomodar". Empenhe-se para que a graça permita a aflição elevar a sua alma aos céus e calçar seu caminho para a glória (2 Co 4.7).

Se, neste momento, você estiver passando por profundas provações, aprenda com os puritanos a não superestimar estas provações. Leia a obra de William Bridge, *A Lifting Up for the Downcast* (Um Estímulo aos Abatidos); o livro de Thomas Brooks, *A Mute Christian Under the Rod* (Um Cristão Calado Sob o Cajado), e também *A Bruised Reed* (Um Junco Esmagado), de Richard Sibbes. Lembre-se que a vida é curta e a eternidade dura para sempre. Você é jovem, mas também para você,

39 Donald Fraser, *The Life and Diary of the Reverend Ebenezer Erskine*, Edimburgo: William Oliphant, 1831, cap. 6.

os puritanos dariam um conselho muito acertado: Pense mais na coroa que está por vir e em sua comunhão eterna com o Deus Trino, os santos e os anjos, que nas tribulações temporais. Como John Trapp escreveu: "Aquele que corre para ser coroado não precisa pensar muito no dia de adversidades".

Você está aqui meramente como quem aluga; uma mansão o aguarda na glória. Não se desespere. O cajado do Pastor está seguro em amorosas mãos paternas, não em mãos punitivas de julgamento. Considere Cristo em suas aflições — as dEle não eram maiores do que as suas, e não era Ele completamente inocente? Considere como Ele persevera por você, como Ele ora por você, como Ele lhe ajuda a cumprir os objetivos que preparou para você. No fim, Ele será glorificado através de suas aflições. John Bunyan disse, singularmente: "O povo de Deus é como sinos; quanto mais forte lhes baterem, melhor será o som".

Deus usará suas provações para torná-lo um pregador melhor, assim como Ele fez com os puritanos. George Whitefield escreveu:

> Pastores jamais escrevem ou pregam tão bem como quando estão sob a cruz; o Espírito de Cristo e da glória descansam sobre eles. Foi isto, indubitavelmente, que forjou os puritanos... esta luz brilhante e ardente. Quando foram banidos pelo terrível ato de Bartolomeu [o Ato de Uniformidade de 1662] e despojados de suas responsabilidades de pregar nos celeiros e campos, nas estradas e caminhos, de uma maneira especial eles escreveram e pregaram como homens de autoridade. E mesmo depois de mortos, continuaram falando através de seus escritos; e uma unção especial está sobre eles, neste exato momento.[40]

Aquela "unção especial" a que Whitefield se refere é uma unção experimental, cristocêntrica, que deriva do aprendizado da arte do contentamento na escola da aflição. Sob a aflição, os puritanos experimentaram rico contentamento espiritual e consolo em Cristo. O mesmo deve ocorrer conosco, Timóteo. Leia a obra de Jeremiah Burroughs, *The*

40 *Works*, Londres: for Edward e Charles Dilly, 1771, 4:306-307.

Rare Jewel of Cristian Contentment (A Jóia Rara do Contentamento Cristão). Ele o ensinará como transformar provocação em contentamento. Então, a próxima vez em que você for esbofeteado no ministério por outras pessoas, Satanás ou sua própria consciência, ao invés de reclamar, carregue estes sofrimentos até Cristo e peça a Ele, através de seu Espírito, que santifique-os para que você possa demonstrar contentamento espiritual diante do seu rebanho.

REPREENDA O ORGULHO

Os puritanos nos mostram como lidar com o orgulho no ministério. Deus odeia o orgulho (Pv 6.16-17). Ele odeia os orgulhosos com todo o seu coração, amaldiçoa-os com sua boca e os pune com sua mão (Sl 119.21; Is 2.12, 23.9). O orgulho foi o primeiro inimigo de Deus. Foi o primeiro pecado no paraíso e o último que largaremos na morte. "O orgulho é a camisa da alma, a primeira a ser vestida e a última a ser despida", escreveu George Swinnock.[41]

Como pecado, o orgulho é sem igual. A maior parte dos pecados nos afasta de Deus, mas o orgulho é um ataque direto à pessoa de Deus. Ele eleva nossos corações acima de Deus e contra Deus, disse Henry Smith. O orgulho procura destronar Deus e entronar a si próprio.

Os puritanos não se consideravam imunes a este pecado. Vinte anos após sua conversão, Jonathan Edwards ainda suspirava sobre as "insondáveis e infinitas profundezas do orgulho" que remanescia em seu coração.

O orgulho destrói nossas obras. Richard Baxter disse: "Quando o orgulho escreve o sermão, ele segue conosco até o púlpito, dá o tom da pregação, tonifica nossa elocução, nos afasta daquilo que possa ser útil às pessoas. Ele nos coloca em busca dos vãos aplausos de nossos ouvintes. Faz os homens procurarem apenas seu próprio bem e a sua própria glória".[42]

O orgulho é algo complexo. Jonathan Edwards disse que ele toma

41 Thomas, *Puritan Quotations*, 224.

42 Richard Baxter, *O Pastor Aprovado*, PES, São Paulo SP.

muitas formas diferentes e cinge o coração como as camadas de uma cebola — quando você puxa uma camada fora, há mais uma sob aquela.

Nós, pastores, sempre à vista de todos, somos particularmente inclinados ao pecado do orgulho. Richard Greenham escreveu: "Quanto mais piedoso um homem se torna, e quanto mais as graças e bênçãos de Deus estão sobre ele, mais ele precisa orar, pois Satanás é o mais ocupado contra ele, e ele torna-se o mais pronto a se encher de uma santidade vaidosa".[43]

O orgulho se alimenta de quase tudo ao seu redor: uma boa medida de capacidade e sabedoria, um único elogio, uma temporada de extraordinária prosperidade, um chamado para servir a Deus numa posição de prestígio — até mesmo a honra de sofrer pela verdade. "É difícil de matar de fome este pecado, quando ele pode sobreviver de quase qualquer tipo de alimento", escreveu Richard Mayo.[44]

Os puritanos costumavam dizer que se nós pensamos estar imunes ao pecado do orgulho, devemos nos perguntar: Quão dependente nós estamos dos aplausos dos outros? Estamos nos preocupando mais com uma reputação de santidade que com a própria santidade? O que os presentes e recompensas recebidas de outras pessoas nos dizem sobre nosso ministério? Como nós respondemos às críticas do povo em nossa congregação?

Um ministro piedoso luta contra o orgulho, ao passo que um pastor mundano o alimenta. Cotton Mather confessou, quando o orgulho o encheu de amargura e confusão diante do Senhor: "Eu me esforcei para enxergar o meu orgulho como a própria imagem do diabo, contrária à imagem e graça de Cristo; como uma ofensa contra Deus, e uma aflição ao seu Espírito; como a mais irracional insensatez e loucura de alguém que não possui nada singularmente excelente e que tem uma natureza corrupta".[45] Thomas Shepard também lutou contra o orgulho. Em seu diário, no dia 10 de novembro de 1642, Shepard escreveu: "Mantive um

43 *The Works of Greenham*, 62.

44 Cf. William Greenhill, *Puritan Sermons: 1659-1689: The Morning Exercises at Cripplegate*, Wheaton, IL: Richard Owen Roberts, 1981, 3:378-93.

45 Charles Bridges, *The Christian Ministry*, 1830, reimpressão, Londres: Banner of Truth Trust, 1959, 152.

jejum particular para minha iluminação espiritual, a fim de ver toda a glória do evangelho... e para vencer todo o orgulho remanescente em meu coração".[46]

Você consegue se identificar com estes pastores puritanos em suas lutas contra o orgulho? Você se importa o bastante com seus irmãos no ministério a ponto de admoestá-los sobre este pecado? Quando John Eliot, o missionário puritano, percebeu que um colega tinha uma visão muito elevada de si mesmo, ele lhe disse: "Estude a mortificação, irmão; estude a mortificação".[47]

Com podemos lutar contra o orgulho? Nós compreendemos o quão profundamente ele está enraizado em nós — e o quão perigoso ele pode ser para o nosso ministério? Alguma vez nós nos censuramos, como o puritano Richard Mayo fazia: "Deveria estar orgulhoso o homem que tem pecado como tu tens feito, e vivido como tu tens vivido, e desperdiçado tanto tempo, e abusado tanto da misericórdia, e se omitido tanto de suas tarefas, e negligenciado tão maravilhosos recursos? — que tem entristecido o Espírito de Deus, violado as leis de Deus, e desonrado o nome de Deus? Deveria estar orgulhoso o homem, que possui tal coração como tu tens?"[48]

Timóteo, se você está disposto a matar o orgulho mundano e viver em piedosa humildade, olhe para o seu Salvador, cuja vida, como Calvino disse, "foi nada senão uma série de sofrimentos". Em nenhum outro lugar a humildade foi tão cultivada quanto no Getsêmani e no Calvário. Quando o orgulho te ameaçar, considere o contraste entre um pastor orgulhoso e nosso humilde Senhor. Cante junto de Issac Watts:

Olhando o lenho crucial,
Em que morreu da glória o Rei,
Às honras, vida mundanal
Desprezo eterno votarei. [49]

46 *God's Plot: Puritan Spirituality in Thomas Shepard's Cambridge*, ed. Michael McGiffert, Amherst: University of Massachusetts Press, 1994, 116-17.

47 Citado em Bridges, *The Christian Ministry*, 128.

48 *Puritan Sermons, 1659-1689*, 3:390.

49 Hinário das Igrejas Batistas do Brasil, 3º ed. 2001, Rio de Janeiro, RJ.

Aqui estão algumas outras formas para subjugar o orgulho, aprendidas dos puritanos e seus sucessores:

- Enxergue cada dia como uma oportunidade para esquecer de você mesmo e servir aos outros. Abraham Booth escreveu: "Não se esqueça que toda a sua obra é ministerial; não legislativa — que você não é o senhor da igreja, mas um servo".[50] O ato de servir é inerentemente humilhante.

- Procure um conhecimento profundo de Deus, de seus atributos e sua glória. Jó e Isaías nos ensinam que nada é mais humilhante que conhecer verdadeiramente a Deus (Jó 42; Is 6).

- Leia as biografias de gigantes na fé, como *Journals* (Diário) de Whitefield, *A Vida de David Brainerd*[51] de Jonathan Edwards, e *Early Years* (Primeiros Anos) de Spurgeon. O Dr. Lloyd-Jones disse: "Se aquilo não o trouxer à terra, então eu declaro que você é nada mais que um profissional, e fora de qualquer esperança".[52]

- Lembre-se diariamente que "*a soberba precede a ruína, e a altivez do espírito, a queda*" (Pv 16.18).

- Ore por humildade. Lembre-se que Agostinho respondeu à pergunta: "Quais são as três graças que um ministro mais necessita?" dizendo, "Humildade. Humildade. Humildade".

- Medite muito sobre a solenidade da morte, a certeza do Dia do Julgamento e a vastidão da eternidade.

---

50 Abraham Booth, "*Pastoral Cautions*", em *The Christian Pastor's Manual*, ed. John Brown (reimpressão, Pittsburgh, PA: Soli Deo Gloria, 1990), 66.

51 Jonathan Edwards, *A Vida de David Brainerd*, Editora Fiel, São José dos Campos, SP.

52 Martyn Lloyd-Jones, *Pregação e Pregadores*, Editora Fiel, São José dos Campos, SP.

CONFIE NO ESPÍRITO

Os puritanos demonstram sua profunda confiança no Espírito Santo em tudo quanto eles diziam e faziam. Eles sentiam ardentemente a magnitude da conversão e sua incapacidade para levar qualquer pessoa a Cristo. "Deus nunca colocou sobre vós a responsabilidade de converter aqueles a quem Ele vos enviou. Não; proclamar o evangelho é a vossa obrigação", disse William Gurnall, falando a pastores.[53] E Richard Baxter escreveu: "A conversão é um outro tipo de trabalho que a maioria das pessoas desconhece. Não é um assunto qualquer levar uma mente mundana ao paraíso e mostrar ao homem as amáveis excelências de Deus; e ser tomado por tal amor por Ele, o qual jamais poderá ser apagado; fazê-lo fugir em busca de refúgio em Cristo e agradecidamente adotá-Lo como vida de sua alma; ter os próprios desígnios e afeições de sua vida completamente mudados, a ponto do homem chegar a renunciar tudo aquilo que acreditava lhe trazer felicidade, e colocar a sua alegria onde jamais havia posto".[54]

Os puritanos estavam convencidos de que tanto o pregador quanto o ouvinte são totalmente dependentes da obra do Espírito para a regeneração e conversão quando, como e em quem Ele desejar.[55] O Espírito leva a presença de Deus ao coração dos homens. Ele persuade os pecadores a buscarem a salvação, renova desejos corrompidos e faz as verdades espirituais se enraizarem em corações endurecidos. Thomas Watson disse: "Os pastores batem na porta do coração dos homens, o Espírito vem com a chave e abre a porta".[56] E ainda Joseph Alleine disse: "Nunca pense que você é capaz de converter a si próprio. Se você tiver de ser salvificamente convertido, não tenha esperanças de fazê-lo com suas próprias forças. Trata-se de uma ressurreição dos mortos (Ef 2.1), uma nova criação (Gl 6.15; Ef 2.10), uma obra de absoluta

---

53 William Gurnall, *The Christian in Complete Armour*, 1662, reimpressão, Londres: Banner of Truth Trust, 1964, 574 (segunda paginação).

54 Richard Baxter, *O Pastor Aprovado*, PES, São Paulo, SP.

55 J.I. Packer, *A Quest for Godliness*, 296-99.

56 *The Select Works of Rev. Thomas Watson*, New York: Robert Carter & Brothers, 1856, 154.

onipotência (Ef 1.19)”.[57]

Especialmente um jovem pastor como você, Timóteo, precisa estar persuadido de que o ato de regeneração do Espírito é, como John Owen escreveu: “infalível, vitorioso, irresistível, e sempre eficaz”; ele “remove todos os obstáculos, vence todas as oposições, e infalivelmente produz o efeito pretendido”.[58] Todos as formas de agir que impliquem em outra doutrina são antibíblicas. Packer escreveu: “Todos os artifícios usados para exercer pressão psicológica, a fim de precipitar ‘decisões’, devem ser evitados, pois são na verdade tentativas presunçosas de intromissão na obra do Espírito Santo”. Tais pressões podem até mesmo ser danosas, ele continua dizendo, pois conquanto “elas possam produzir um tipo de ‘decisão’ exterior e visível, não trazem regeneração e mudança de coração, e quando as ‘decisões’ vão se desgastando, aqueles que as indicaram acabam ‘fechados ao evangelho’ e hostis”. Packer conclui no estilo puritano: “O evangelismo precisa ser concebido antes como um empreendimento a longo prazo, de ensino paciente e instrução, no qual os servos de Deus buscam simplesmente serem fiéis em levar a mensagem do evangelho e em aplicá-la às vidas humanas, deixando para o Espírito de Deus o trabalho de inculcar a fé através desta mensagem, de sua própria maneira e em seu próprio tempo”.[59]

Lembre-se, Timóteo, é o Espírito Santo que também irá abençoar a pregação fiel tanto para a conversão de incrédulos quanto para o crescimento da graça entre os crentes. Seja encorajado. A Palavra de Deus cumprirá os seus propósitos através de seu Espírito (Is 55.10,11; Jo 3.8). O *Westminster Larger Catechism* (O Catecismo Maior de Westminster) diz que o Espírito de Deus faz “especialmente da pregação da palavra uma forma eficaz de iluminar, convencer e humilhar os pecadores, de levá-los para fora de si mesmos, e trazê-los para Cristo; de conformá-los à sua imagem, e dominá-los à sua vontade; fortalecê-los contra as tentações e corrupções; de fazê-los crescer na graça, e estabelecer os seus corações em santidade e conforto através da fé para a salvação”.

57 Joseph Alleine, *Um Guia Seguro para o Céu*, PES, São Paulo, SP.

58 *Works of John Owen*, 1850; reimpressão, Edimburgo: Banner of Truth Trust, 1976, 3:317 em diante.

59 J.I. Packer, *A Quest for Godliness*, 163-64.

VIVA EM DOIS MUNDOS

Os puritanos nos mostraram como viver a partir de um ponto de vista de dois mundos. O livro de Richard Baxter, *The Saint's Everlasting Rest* (O Descanso Eterno dos Santos) é uma demonstração magnífica do poder que a esperança do céu deveria ter para o direcionamento, controle e energização de sua vida aqui na terra. Apesar de ter mais de 800 páginas, este clássico se tornou leitura obrigatória nos lares puritanos, sendo excedido apenas por *O Peregrino*, de John Bunyan, o qual, aliás, é uma prova alegórica do meu argumento. O Peregrino, de Bunyan, está seguindo para a Cidade Celestial, a qual sempre esteve em sua mente, com exceção de quando ele foi traído por alguma forma de mal-estar espiritual.

Os puritanos acreditavam que você precisa ter o céu "em seus olhos" durante toda a sua peregrinação nesta terra. Eles levavam muito a sério a dinâmica de dois mundos, "agora/ainda não" do Novo Testamento, reforçando que manter a "esperança da glória" diante de nossa mente nos ajuda a guiar e manter nossas vidas retas aqui na terra. Para os puritanos viver à luz da eternidade geralmente carregava consigo uma radical auto-negação. Timóteo, recuse-se a se tornar egoísta, espiritualmente descuidado em seu ministério, mas ao invés disso, negue-se a ceder ao que você não possa orar ou perseguir à luz do imenso valor da eternidade. Como os puritanos, viva nos termos do julgamento pré-estabelecido que a alegria do céu compensará quaisquer perdas e cruzes, esforços e dores que nós precisemos enfrentar na terra, se pretendemos seguir fielmente a Cristo. Considere a prontidão para morrer como o primeiro passo do aprendizado da vida. Enxergue esta terra como o camarim de Deus e o ginásio que o prepara para o céu.

Quando visitei a igreja de Robert Murray M'Cheyne, em Dundee, alguns anos atrás, não pude deixar de notar uma grande pedra chata, colocada na entrada do cemitério adjacente à igreja. Ajoelhei-me para limpar o pó e a sujeira que cobriam uma única palavra entalhada no centro daquela pedra. Passei meus dedos sobre aquela palavra: "Eternidade" era tudo o que dizia. Não tive dúvidas de que M'Cheyne, permeado pelo espírito puritano, colocou aquela pedra ali para que ninguém visitasse o cemitério sem considerar a solene realidade do seu estado futuro.

Quando Jonathan Edwards tinha trinta anos de idade, escreveu em seu diário: "Deus, grave a eternidade em meus olhos". Amado Timóteo, faça desta a sua oração diária: "Ó Deus Trino, grave a eternidade em meus olhos, minha consciência, minha alma, minhas mãos e pés, meus cultos domésticos e públicos, sim, todo o meu ser e ministério — cada sermão que eu pregar e cada aula que eu der, cada visita pastoral que eu fizer e cada artigo que eu escrever. Ajuda-me a pregar como um homem que está morrendo para pessoas que estão morrendo. Ajuda-me a viver sempre à beira da eternidade — com pés calçados, costas cingidas e o cajado pronto — preparado para encontrar o Deus vivo a cada dia".

CONCLUSÃO: IMITE A ESPIRITUALIDADE PURITANA

Há muito mais para se aprender com os puritanos, Timóteo — como eles promoviam a autoridade das Escrituras, o evangelismo bíblico, a reforma da igreja, a espiritualidade da lei, a luta espiritual contra o pecado inato, o temor de filho que temos de ter por Deus, o terror do inferno e as glórias do céu — mas esta carta já está bastante longa. Em uma palavra, Timóteo, eu lhe aconselho, como aconselho a mim mesmo: Imite a espiritualidade puritana. Façamos a nós mesmos perguntas como estas: Somos nós, como os puritanos, sedentos para glorificar o Deus trino? Estamos motivados pela verdade bíblica e pelo fogo bíblico? Estamos compartilhando a visão puritana da necessidade de conversão e de ser revestido pela justiça de Cristo? Apenas ler os puritanos não é suficiente. Um impulso de interesse pelos puritanos não é a mesma coisa que um reavivamento do puritanismo. Nós precisamos, em nossos corações, vidas e igrejas da disposição interior dos puritanos — a piedade autêntica, bíblica, e inteligente que eles demonstraram.

Deixe-me desafiá-lo, Timóteo! Você viverá piedosamente em Cristo Jesus como os puritanos? Você irá além do estudo de seus escritos, da discussão de suas idéias, da lembrança de suas conquistas e repreensão de suas falhas? Você obedecerá a Palavra de Deus no mesmo nível pelo qual eles batalharam? Você irá servir a Deus como eles O serviram? Você viverá com um olho na eternidade assim como eles? "Assim diz o Senhor: Ponde-vos à margem no caminho e vede, perguntai pelas veredas antigas, qual é o bom caminho; andai por ele e achareis descanso para a vossa alma" (Jr 6.16).

Carinhosamente, nos laços do Mestre,
Joel R. Beeke

PS Se você está começando a ler os puritanos, Timóteo, comece com *Heaven Taken By Storm,* de Thomas Watson; *The Fear of God,* de John Bunyan; *Keeping the Heart,* de John Flavel; e *Precious Remedies Against Satan's Devices,* de Thomas Brooks; e então siga para as obras de John Owen, Thomas Goodwin, e Jonathan Edwards. Você pode encontrar o básico sobre os livros puritanos, lendo o livro *Meet the Puritans: A Guide to Modern Reprints*. Neste livro, Randall Pederson e eu damos um breve resumo de cada título puritano que tem sido reeditado desde o ressurgimento da literatura puritana na década de 1950, além de um resumo biográfico da vida de cada autor puritano. Você também deveria ler *A Guide to the Puritans,* de Robert P. Martin (Edimburgo: Banner of Truth Trust, 1997), no qual ele relaciona a maioria das reedições puritanas, de forma que você pode achar rapidamente o que os puritanos têm a dizer sobre qualquer assunto mais importante.

Para fontes secundárias que apresentem o estilo de vida e a teologia dos puritanos, comece com *Santos no Mundo: Os Puritanos como Eles Realmente Eram,* de Leland Ryken, Editora Fiel, São José dos Campos, SP; *The Genius of Puritanism,* de Peter Lewis (Morgan, PA: Soli Deo Gloria, 1997) e *Who are the Puritans? And what do they teach,* de Erroll Hulse (Darlington, Inglaterra: Evangelical Press, 2000). Então siga para *A Quest for Godliness: The Puritan Vision of the Christian Life,* de James I. Packer (Wheaton, IL; Crossway Books, 1990). Para uma bibliografia que contenha numerosas obras puritanas ainda não relançadas, veja o meu livro *The Quest for Full Assurance: The Legacy of Calvin and His Successors*

(Edimburgo: Banner of Truth Trust, 1999).

Uma boa fonte para a compra de livros puritanos com bons preços, incluindo todos os listados acima, é o *Reformation Heritage Books*. *Tolle leg!*

Capítulo 14

Aprenda com os Puritanos (II)

Joel Beeke

Amado Timóteo,

Espero que você tenha aproveitado minha última carta sobre o que podemos aprender dos puritanos. Escrevo agora a segunda carta neste mesmo assunto, focalizando em seu ministério de pregação e ensino. Que Deus possa abençoá-lo graciosamente e fazer de você um habilidoso expositor de sua preciosa Palavra.

PREGUE A PALAVRA

Aprenda com os puritanos a moldar o conteúdo e método de todas as suas pregações através das Escrituras. O "*The Westminster Directory of Public Worship*" (Diretório de Culto de Westminster) diz sobre os ministros: "De forma geral, o assunto de seus sermões deve ser algum texto das Escrituras, expondo um dos axiomas da religião, ou, então, apropriado a alguma ocasião especial, ou ainda acerca de um capítulo, salmo, ou livro das Sagradas Escrituras, que ele considere adequado no momento".[1] Edward Dering colocou isto de forma bem sucinta: "O ministro fiel, assim como Cristo, é aquele que prega nada além da Palavra de Deus".[2] John Owen concordou: "O primeiro e principal ofício de um pastor é alimentar o rebanho através da pregação diligente da Palavra".[3] Da mesma forma Miller Maclure observou que, "para os puritanos, o sermão não está apenas ligado às Escrituras; ele literalmente existe dentro da Palavra de Deus; o texto não está no sermão, mas o sermão está no texto... Resumindo, ouvir um sermão é estar na Bíblia".[4]

A pregação puritana permite que as Escrituras ditem a ênfase de cada mensagem. Os puritanos não pregavam sermões que fossem um tipo de busca por equilíbrio entre várias doutrinas. Pelo contrário, eles deixavam o texto bíblico determinar o conteúdo e ênfase de cada mensagem. Quando Jonathan Edwards pregou sobre o inferno, por exemplo, ele não fez uma única referência ao paraíso, e quando ele pregou sobre o céu, não falou do inferno.[5]

Os puritanos pregavam o texto bíblico por inteiro, qualquer que fosse o seu tema, assegurando-se de em tempo pregarem todos os principais temas das Escrituras e, portanto, as principais doutrinas da teologia reformada. Nada era deixado em desequilíbrio no conjunto total de seus muitos e longos sermões. Na teologia propriamente dita, eles proclamavam a transcendência de Deus, assim como a sua imanência. Na antropologia, eles pregavam sobre a imagem de Deus, desde seu sentido mais restrito até o mais amplo. Na cristologia, eles exibiam tanto o estado de humilhação quanto o de exaltação de Cristo. Na soteriologia, eles se focavam tanto na obra de Deus quanto na

---

1 *The Westminster Confession of Faith*, Inverness: The Publications Committee of the Free Presbyterian Church of Scotland, 1985, 379.

2 *M. Derings Workes*, 1597; reimpressão, New York: Da Capo Press, 1972, 456.

3 *The Works of John Owen*, ed. William H. Goold, 1853; Londres: Banner of Truth Trust, 1965, 16:74.

4 Miller Maclure, *The Paul's Cross Sermons*, 1534-1642, Toronto: University of Toronto Press, 1958, 165.

5 Cf. *The Wrath of Almighty God: Jonathan Edwards on God's Judgment Against Sinners*, ed. Don Kistler, Morgan, PA: Soli Deo Gloria, 1996; *The Works of Jonathan Edwards*, 2:617-41; *Jonathan Edwards on Heaven and Hell*, de John H. Gerstner, Grand Rapids, MI: Baker, 1980.

responsabilidade do homem, e sabiam exatamente quando destacar cada uma. Na eclesiologia, eles reconheciam o alto chamado dos ofícios especiais (ministros, presbíteros e diáconos), assim como os igualmente nobres chamados dos ofícios gerais de todos os crentes. Na escatologia, eles declaravam tanto as glórias do céu quanto os horrores do inferno.

Timóteo, aprenda com os puritanos, em seu estilo de vida e pregação, a mostrar lealdade sincera à toda a mensagem da Bíblia. Seja um homem do Livro vivo. Acredite na pregação. Nunca se esqueça que, quando você proclama as Escrituras como um pregador legitimamente ordenado, Cristo fala através de você, de forma que, por seu Espírito, a Palavra pregada é uma Palavra viva. Isto torna o seu chamado tão significativo, que Henry Smith pôde pregar para o seu rebanho: "Se vocês considerassem, meus amados, que não podem nutrir sua vida espiritual exceto pelo leite da palavra, seria preferível desejarem que seus corpos não tivessem almas, a que suas igrejas, não tivessem pregadores".[6]

CASE A DOUTRINA COM A PRÁTICA

Timóteo, deixe que os puritanos sejam seus mentores no casamento da doutrina com a prática em sua pregação. Siga o exemplo deles, nestas três formas:

- *Trate a sua mente com clareza.* A pregação dos puritanos considerava o homem uma criatura racional. Os puritanos amavam e adoravam a Deus com suas mentes. Eles se recusavam a colocar a mente e o coração um contra o outro, mas ensinavam que o conhecimento era o solo no qual o Espírito plantava a semente da regeneração. Eles enxergavam a mente como o palácio da fé. John Preston escreveu: "Na conversão, a razão é elevada". E Cotton Mather disse: "A ignorância é a mãe não da devoção, mas da heresia". Desta forma, os puritanos pregavam que nós precisamos *pensar,* a fim de sermos santos. Eles desafiavam a idéia de que santidade é apenas uma questão de emoção. Eles argumentavam

6 James Nichol, *The Works of Henry Smith,* ed. Thomas Smith, Edimburgo, 1866, 1:495.

com pecadores através daquilo que eles chamavam de "pregação simples", usando a lógica bíblica para persuadir cada ouvinte de que era tolice não procurar servir a Deus, em virtude do valor e propósito da vida e da certeza da morte e eternidade.

Deus nos deu mentes por uma razão, os puritanos ensinavam. É crucial que nós ministros nos tornemos como Cristo na forma como pensamos. Nossas mentes precisam ser iluminadas pela fé e disciplinadas pela Palavra, e, então, devem ser colocadas a serviço de Deus no mundo. Timóteo, seja desafiado pelos puritanos a usar o seu intelecto para fazer avançar o reino de Deus. Sem um pensamento claro, você nunca será capaz de alimentar o povo de Deus e nem de evangelizar e se opor à cultura na qual você vive, trabalha e ministra. Você se tornará vazio em si mesmo, não-produtivo e narcisista, necessitando de um desenvolvimento de sua vida interior. Os puritanos pregavam que uma mente débil não era um símbolo de honra. Eles compreendiam que um cristianismo sem cérebro promovia na verdade um cristianismo fraco. Um evangelho antiintelectualista gerará um evangelho irrelevante que não vai além das "necessidades sentidas". É exatamente isto o que está acontecendo em nossas igrejas nos dias de hoje. Perdemos nossa mente cristã, e durante a maior parte do tempo, não vemos a necessidade de reavê-la. Não entendemos que onde há uma diferença pequena entre os cristãos e não-cristãos naquilo que pensamos e acreditamos, logo não haverá nenhuma diferença na forma como vivemos.

- *Confronte a consciência diretamente.* Os puritanos trabalharam duro nas consciências dos pecadores como a "luz da natureza" neles. Uma pregação clara nomeava pecados específicos e fazia perguntas, a fim de inculcar a culpa daqueles pecados sobre as consciências de homens, mulheres e crianças. Como um puritano escreveu: "Nós temos de andar com o cajado da verdade divina e derrubar com ele todos os arbustos atrás dos quais um pecador esteja se escondendo, até que, assim como Adão, ele se coloque diante de Deus em sua nudez". Eles acreditavam que isto era necessário, porque enquanto o pecador não saísse detrás daquele arbusto, ele nunca poderia clamar a Deus para ser revestido com a justiça de Cristo. Os puritanos pregavam com senso de *urgência*, acreditando que muitos dos seus ouvintes estavam no caminho para o inferno. Eles pregavam *diretamente*, confrontando seus ouvintes com a lei e o evangelho, com morte em Adão e vida em Cristo. Eles pregavam *especificamente*, levando o mandamento de Cristo a sério "que em seu nome se pregasse arrependimento para remissão de pecados" (Lc 24.47).

Hoje, o evangelismo moderno está, em sua maior parte, com medo de confrontar a consciência dos homens. Aprenda com os puritanos, Timóteo, que estavam persuadidos de que o amigo que mais o ama irá dizer-lhe as verdades sobre você mesmo. Assim como Paulo e os puritanos, nós precisamos testemunhar, seriamente e com lágrimas, da necessidade de "arrependimento para com Deus e a fé em nosso Senhor Jesus Cristo" (At 20.21).

- *Almeje o coração apaixonadamente*. A pregação puritana era afetuosa, zelosa e otimista. É incomum hoje encontrar um ministério que tanto desenvolva a mente com matéria bíblica sólida ao mesmo tempo que toque os corações com afetuoso calor; porém, esta combinação era comum entre os puritanos. Eles não apenas raciocinavam com a mente e confrontavam a consciência; eles apelavam ao coração. Eles pregavam por amor à Palavra de Deus, amor pela glória de Deus e amor pela alma de cada ouvinte. Eles pregavam com uma calorosa gratidão pelo Cristo que os salvara e fizera de suas vidas um sacrifício de louvor. Eles mostravam Cristo em sua graça, esperando que os incrédulos invejassem aquilo que o crente tem em Cristo.

ENFATIZE A PRÁTICA DA PIEDADE

Assim como Agostinho e Calvino, os puritanos enfatizavam a prática da piedade (*praxis pietatis*), fluindo livremente da sã doutrina. O "*The Directory for Public Worship*" (Diretório de Culto Público), na

Confissão de Fé de Westminster, resume o compromisso puritano para a aplicação santificada:

> Ele (o pregador) não deve parar na doutrina geral, mesmo que não esteja muito clara ou confirmada, e sim trazê-la para casa para uso especial, através da aplicação aos seus ouvintes: ainda que fique provado que este trabalho seja grande dificuldade para ele mesmo, requerendo muita prudência, zelo e meditação, e que para o homem natural e corrupto será muito desagradável; contudo, ele ainda deve esforçar-se para fazê-lo de tal forma que os seus ouvintes possam sentir a palavra de Deus viva e poderosa, e um juiz dos pensamentos e intentos do coração; e, se qualquer incrédulo estiver presente, ele poderá ter os segredos de seu coração manifestos, e dar glória a Deus.[7]

Acreditando que o caminho de Deus ao coração e vida passa pela mente, os pregadores puritanos viam como as Escrituras e a teologia se relacionavam com os problemas cotidianos. Eles não separavam o sagrado do secular. É por isso que seus livros contêm tantos "usos", pelos quais eles demonstravam como aplicar o texto para o bem prático. O "Diretório do Culto Público" identifica seis tipos de aplicação: instruções na doutrina verdadeira, refutação das falsas doutrinas, exortações para o cumprimento dos deveres, admoestações ao arrependimento, consolo aos aflitos e auto-exame a todos os ouvintes.[8] Para falarmos de apenas uma destas aplicações, as exortações incluem algumas das virtudes primárias, tais como intensos exercícios pessoais e familiares na piedade, comprometimento sincero com a bondade e a verdade, diligência no trabalho, exercício do amor fraternal, uso responsável dos dons e tempo, rígida observância do Dia do Senhor, e, mais importante de tudo, relacionamentos experimentais com Deus. Os puritanos amavam a aplicação dos textos bíblicos a todas as áreas da vida, focalizando tanto nas promessas de Deus quanto nas obrigações do homem.

Deixe que os puritanos lhe ensinem como empregar alguns destes

7 *Westminster Confession of Faith*, 380.
8 Idem.

"usos", em cada sermão, para os mais diferentes tipos de ouvintes. William Perkins distinguiu sete tipos de ouvintes — quatro dos quais são incrédulos (o ignorante e indócil; o ignorante, porém educável; aqueles que têm o conhecimento, mas não se humilharam; e aqueles que já se humilharam, mas ainda não foram trazidos à liberdade em Cristo); e três que já foram salvos (aqueles que acreditam; aqueles que caíram; e os "mistos" — por exemplo, pais, jovens e crianças na graça). Ele nos mostra em menos de vinte páginas como aplicar nossos sermões para cada um destes tipos de ouvintes. Leia estas páginas freqüentemente e examine os seus próprios sermões através daqueles ensinos.[9]

Em resumo, pregação e teologia são meios para um fim — a santificação. Os puritanos enxergavam a teologia essencialmente como algo prático. William Perkins chamava a teologia de "a ciência de viver abençoadamente para sempre";[10] William Ames, "a doutrina ou ensino de viver para Deus".[11] Sinclair Ferguson escreveu: "Para eles, a teologia sistemática é para o pastor o mesmo que o conhecimento de anatomia é para o médico. Somente à luz de todo o corpo da divindade (como eles gostavam de chamá-la) o ministro pode prover um diagnóstico, uma prescrição e, finalmente, uma cura para a doença espiritual naqueles que foram contaminados pelo corpo de pecado e morte".[12]

Os puritanos, portanto, se regozijavam na pregação de todo o conselho de Deus. A sua cristandade era completamente integrada em sua vida diária. O seu estilo de vida era holístico, refletindo todo o evangelho em todos os aspectos de suas vidas, tanto pessoal quanto pública. A sua visão de mundo era bíblica — e incluía o trabalho e lazer, obrigações e diversões — almejava por "santidade para o Senhor" e um fazer "tudo para a glória de Deus" (1 Co 10.31). Vá e enfatize da mesma forma, Timóteo.

---

9 William Perkins, *The Art of Prophesying*, 1606; editado e reimpresso, Edimburgo: Banner of Truth Trust, 1996, 56-73.

10 John Legate, *The Works of William Perkins*, Londres, 1609, 1:10.

11 William Ames, *The Marrow of Theology*, ed. John D. Eusden, 1629; Boston, MA: Pilgrim Press, 1968, 77.

12 Sinclair Ferguson, "*Evangelical Ministry: The Puritan Contribution*" em *Compromised Church*, ed. Wheaton, IL: Crossway Books, 1998, 266.

PREGUE ATRAVÉS DA EXPERIÊNCIA

Os puritanos nos mostraram como promover a dimensão experimental da pregação reformada. A pregação puritana explicava como um cristão experimenta a verdade bíblica nesta vida. O termo *experimental* vem da palavra em latim *experimentum*, que é derivada de um verbo que significa "experimentar, testar, provar ou colocar sob teste". O mesmo verbo também pode significar "conhecer por experiência", que originou a palavra *experientia*, que significa "experimentação, prova" e "o conhecimento ganho pela experiência". Calvino usava ambas as palavras com o mesmo significado, visto que da perspectiva da pregação bíblica, ambas indicam a necessidade de examinar ou testar o conhecimento experimentado através do padrão das Escrituras (Is 8.20).[13]

A pregação experimental enfatiza a necessidade de conhecer as verdades da Palavra de Deus pela experiência. A pregação experimental busca explicar em termos de verdade bíblica, como os assuntos *devem se desenvolver* e como eles *se desenvolvem* na vida cristã e anela aplicar a verdade divina a todo o espectro da experiência cristã, ou seja, em sua caminhada com Deus, assim como em seu relacionamento com a família, a igreja e o mundo ao seu redor. Podemos aprender dos puritanos sobre este tipo de pregação. Paul Helm escreveu a este respeito:

> A situação requer a pregação que irá cobrir todo o âmbito da experiência cristã, e uma teologia experimental desenvolvida. A pregação precisa dar orientação e instrução aos cristãos em termos de suas experiências verdadeiras. Ela não deve lidar com coisas irreais ou tratar a congregação como se ela vivesse em um outro século ou em circunstâncias completamente diferentes. Isto envolve compreender completamente a nossa situação moderna e entrar com total afinidade nas experiências verdadeiras, as esperanças e medos do povo cristão.[14]

---

13 Willem Balke, "*The Word of God and Experientia according to Calvin*", em *Calvinus Ecclesiae Doctor*, ed. W. H. Neuser, Kampen: J. H. Kok, 1978, 20-21; cf. *Calvin's Commentary on Zechariah 2:9*.

14 Paul Helms, "*Christian Experience*", Banner of Truth, No. 139, Apr. 1975:6.

A pregação puritana era marcada por uma aplicação discriminatória da verdade para a experiência. A pregação discriminatória define a diferença entre os incrédulos e os cristãos. A pregação discriminatória declara a ira de Deus e a condenação eterna sobre os incrédulos e impenitentes. Da mesma forma, ela oferece o perdão dos pecados e a vida eterna para todos aqueles que aceitarem, através da fé verdadeira, a Jesus Cristo como Senhor e Salvador. Este tipo de pregação ensina que, se a nossa religião não é experimental, nós iremos perecer — não porque a experiência em si mesma salva, mas porque Cristo que salva os pecadores precisa ser experimentado pessoalmente como a Rocha sobre a qual nossa esperança eterna é construída (Mt 7.22-27; 1 Co 1.30, 2.2).

Os puritanos tinham plena consciência do engano presente no coração humano. Conseqüentemente, os evangelistas puritanos esforçavam-se grandemente para identificar as marcas da graça que distinguem entre a igreja e o mundo, entre os verdadeiros crentes e as pessoas que falsamente professam sua fé; e, entre a fé salvífica e a fé temporária.[15] Thomas Shepard em seu livro *The Ten Virgins* (As Dez Virgens), Matthew Mead em *The Almost Christian Discovered* (Descobertos os Quase Cristãos), Jonathan Edwards em *Religious Affections* (Afeições Religiosas), além de outros escritores puritanos, ocuparam-se em estabelecer as diferenças entre os impostores e os verdadeiros crentes.[16]

Os pregadores puritanos conheciam, nas palavras de Thomas Boston, "a arte de pescar homens". Entre seus ouvintes, eles almejavam tanto as conversões imediatas como as em andamento. Eles acreditavam que o sermão era um meio da graça e seria usado pelo Espírito para realizar a conversão e o crescimento na graça. Conseqüentemente, anelavam lidar significativamente com as lutas espirituais interiores. Sydney Ahlstrom escreveu: "Sem negar o objetivo, o puro caráter gracioso dos atos redentores de Deus, eles também desejavam

---

15 Thomas Watson, *The Godly Man's Picture*, 1666; reimpressão, Edimburgo: Banner of Truth Trust, 1992, 20-188, mostra as vinte e quatro marcas da graça para auto-exame.

16 Thomas Shepard, *The Parable of the Ten Virgins*, 1660; reimpressão, Ligonier, PA: Soli Deo Gloria, 1990; Matthew Mead, *The Almost Christian Discovered; Or the False Professor Tried and Cast*, 1662; reimpressão, Ligonier, PA: Soli Deo Gloria, 1988; Jonathan Edwards, *Religious Affections*, New Haven, CT: Yale University Press, 1959.

dar lugar aos atos dispostos, conhecedores, arrependidos, agradecidos e amorosos da pessoa humana... eles procuravam dar lugar na economia da salvação para a *subjetividade*, pelos atos da consciência humana".[17] Isto explica a impressão de que os sermões deles eram solidamente fundamentados na teologia calvinista e simultaneamente cheios dos imperativos do evangelho bíblico e seus chamados para o arrependimento e o crer.

Como isto difere da maioria das pregações contemporâneas! Nos dias de hoje, a Palavra de Deus geralmente é pregada de uma forma que jamais transformará qualquer pessoa, visto que nunca discrimina e nunca possui aplicações. A pregação foi reduzida a uma palestra, um banquete aos desejos e necessidades das pessoas, ou a uma forma de experimentalismo removido dos fundamentos das Escrituras. Tal tipo de pregação falha em explicar as Escrituras naquilo que os puritanos chamavam de religião vital: a maneira como um pecador é despido de toda a sua justiça própria, é levado somente a Cristo para a salvação, e achando alegria na obediência e confiança em Cristo, encontra a praga do pecado inato, luta contra a apostasia e recebe a vitória através de Cristo.[18]

Timóteo, quando a Palavra de Deus é pregada experimentalmente, o Espírito Santo a usa para transformar homens, mulheres e nações. Este tipo de pregação transforma, porque corresponde à experiência vital dos filhos de Deus (Rm 5.1-11), explica claramente as marcas da graça salvífica no crente (Mt 5.3-12; Gl 5.22-23), proclama o alto chamado dos crentes como servos de Deus no mundo (Mt 5.13-16) e nos mostra o destino eterno dos crentes e dos incrédulos (Ap 21.1-9).[19]

---

17 *"Theology in America", The Shaping of American Religion*, ed. James Ward Smith e A. Leland Jamison, Princeton, NJ: Princeton University Press, 1961, 240.

18 Joel R. Beeke, *Jehovah Shepherding His Sheep*, Grand Rapids, MI: Eerdmans, 1982, 164-203, e *Backsliding: Disease and Cure*, Grand Rapids, MI: Eerdmans, 1982, 17-32.

19 Veja o *Heidelberg Catechism* para uma declaração confessional reformada que facilite a pregação experimental. Isto é evidenciado pela (1) exposição do Catecismo em um esboço (miséria, livramento e gratidão) que é verdadeiro à experiência dos crentes, (2) sua aplicação da maioria das doutrinas diretamente à consciência e lucro espiritual dos crentes, e (3) o seu caráter pessoal e carinhoso, no qual o crente é regularmente endereçado na segunda pessoa.

FOCO EM CRISTO

A pregação experimental dos puritanos focalizava na pregação de Cristo. Como as Escrituras claramente mostram, o evangelismo precisa testemunhar o registro que Deus tem dado sobre seu Filho Unigênito (At 5.42, 8.35; Rm 16.25; 1 Co 2.2; Gl 3.1). Os puritanos, desta forma, ensinaram que qualquer pregação na qual Cristo não tem a preeminência não pode ser válida como pregação. William Perkins disse que o coração de toda pregação é "pregar a Cristo, através de Cristo, para a glória de Cristo".[20] De acordo com Thomas Adams, "Cristo é a soma de toda a Bíblia, profetizado, simbolizado, prognosticado, exibido, demonstrado, encontrado em todas as páginas, e quase todas as linhas, com as Escrituras sendo praticamente as faixas que envolviam o menino Jesus".[21] Pense em Cristo como sendo a própria substância, essência, alma e escopo de todas as Escrituras", disse Isaac Ambrose.[22]

Assim como Paulo, os puritanos pregavam o Cristo crucificado. Packer disse: "A pregação puritana orbitava em redor de 'Jesus Cristo e este crucificado' — pois tal é o centro de toda a Bíblia. A comissão dos pregadores é declarar todo o conselho de Deus; mas a cruz é o centro deste conselho, e os puritanos sabiam que, se alguém que viajava pelo cenário das Escrituras perdesse de vista o monte do Calvário, tal pessoa logo perderia o seu rumo".[23]

Os puritanos amavam a Cristo profundamente e escreveram muito sobre a sua beleza. Note o que disse Samuel Rutherford: "Coloque toda a beleza de dez milhões de mundos paradisíacos como o Jardim do Éden em apenas um; coloque todas as árvores, todas as flores, todos os cheiros, todas as cores, todos os sabores, todas as alegrias, todo o encanto, e toda a doçura em um. Oh, que lugar maravilhoso e excelente seria este! E ainda assim seria menos do que o maravilhoso e amado Cristo, como uma gota de chuva comparada a todos os mares, rios,

---

20 *Works of Perkins*, 2:762.

21 *The Works of Thomas Adams*, 1862; reimpressão Eureka, CA: Tanski, 1998, 3:224.

22 *Works of Isaac Ambrose*, Londres: for Thomas Tegg & Son, 1701, 201.

23 J.I. Packer, *A Quest for Godliness*, 286.

lagos, e fundações de dez mil terras".[24] Thomas Goodwin concluiu: "O céu seria inferno para mim, sem Cristo".[25]

MANTENHA O EQUILÍBRIO BÍBLICO

Os puritanos nos mostraram como manter um equilíbrio bíblico adequado em nossa pregação. Deixe-me apenas mencionar três formas importantes:

- *Mantendo as dimensões objetivas e subjetivas do cristianismo.* A dimensão objetiva é o alimento da subjetiva; desta forma, a parte subjetiva está sempre enraizada na objetiva. Por exemplo, os puritanos afirmavam que o solo principal da segurança está enraizado nas promessas de Deus; porém, estas promessas precisam tornar-se crescentemente reais ao cristão, através das evidências subjetivas da graça e do testemunho interior do Espírito Santo. Sem a aplicação do Espírito, as promessas de Deus nos levam ao auto-engano e presunção carnal. Por outro lado, sem as promessas de Deus e a iluminação do Espírito, o auto-exame tende a transformar-se em introspecção, escravidão e legalismo. O cristianismo objetivo e subjetivo não podem ser separados um do outro.

  Precisamos buscar viver de uma forma que revele a presença interior de Cristo, baseada em sua obra objetiva de obediência ativa e passiva. O evangelho de Cristo precisa ser proclamado como verdade objetiva, mas também deve ser aplicado pelo Espírito Santo e interiormente apropriado pela fé. Nós, portanto, rejeitamos dois tipos de religião: uma que separa a experiência subjetiva da Palavra objetiva, levando assim a um misticismo antropocêntrico; e uma outra que presume a salvação no falso fundamento da fé histórica ou temporária.[26]

---

24 Citado por Don Kistler, *Why Read the Puritans Today*, Morgan, PA: Soli Deo Gloria, 1999, 4.
25 Idem, 3.
26 Joel R. Beeke, *Quest for Full Assurance: The Legacy of Calvin and His Successors*, Edimburgo: Banner of Truth Trust, 1999, 125, 130, 146.

- *Mantendo a soberania de Deus e a responsabilidade do homem.* Quase todos os puritanos enfatizavam que Deus é completamente soberano e o homem, completamente responsável. Está além de nossas mentes limitadas discernir como isto pode ser resolvido logicamente. Quando Charles Spurgeon foi questionado sobre como estas duas grandes doutrinas bíblicas poderiam ser conciliadas, ele respondeu como um verdadeiro herdeiro dos puritanos: "Eu não sabia que amigos precisavam de reconciliação". Ele prosseguiu, comparando estas duas doutrinas aos trilhos de uma estrada de ferro sobre a qual o cristianismo corre. Assim como os trilhos de um trem, que correm paralelos um ao outro, parecem se juntar à grande distância, da mesma forma as doutrinas da soberania de Deus e da responsabilidade do homem, que parecem estar separadas uma da outra nesta vida, irão se juntar na eternidade. Os puritanos concordariam sinceramente com isto. Nossa tarefa, eles diziam, não é forçar a sua união nesta vida, mas sim mantê-las em equilíbrio e viver de acordo com isto. Precisamos, então, nos esforçar por um cristianismo experimental que faça justiça a ambas as doutrinas, à soberania de Deus e à nossa responsabilidade.

- *Rejeitando o arminianismo e o hiper-calvinismo.* Falsos convertidos se multiplicam nos dias de hoje através do arminianismo superficial e métodos baseados numa simples decisão, que tem dado surgimento à teoria do crente carnal, a fim de acomodar os "cristãos" infrutíferos. Os puritanos combatiam o arminianismo superficial através de sua soteriologia da graça soberana. Os livros *A Display of Arminianism* (Uma Exposição do Arminianismo) e *The Death of Death in the Death of Christ* (A Morte da Morte na Morte de Cristo), de John Owen, salienta poderosamente que a vontade caída do homem está sob o jugo da escravidão.

  Por outro lado, um número crescente de conservadores reformados nos dias de hoje, indo muito além de Calvino, estão aderindo à idéia de que Deus não oferece sinceramente a graça incondicional a todos os ouvintes do evangelho. O resultado é

> que a pregação do evangelho está sendo dificultada e a responsabilidade do homem posta de lado, se não negada. Felizmente, nós somos libertos destas conclusões racionalistas e hiper-calvinistas sobre as doutrinas da graça, quando lemos escritos puritanos como *Come and Welcome to Jesus Christ* (Venha e Seja Bem-Vindo a Jesus Cristo) de John Bunyan, *The Redeemer's Tears Shed Over Lost Souls* (As Lágrimas do Redentor Derramadas Pelas Almas Perdidas) de John Howe, e o sermão de William Greenhill, "*What Must and Can Persons Do Toward Their Own Conversion*" (O Que as Pessoas Precisam e Devem Fazer em Busca de sua Própria Conversão).[27]

Timóteo, se você pregar com um verdadeiro equilíbrio reformado, algumas de suas ovelhas poderão chamá-lo de hiper-calvinista, e outros podem chamá-lo de arminiano, mas a maioria irá enxergar que você está sendo solidamente bíblico e reformado.

PERSEVERE NA CATEQUIZAÇÃO

Os puritanos nos mostram a importância de perseverar na catequização do povo de sua própria igreja e também de seus vizinhos. Assim como os reformadores, os puritanos eram catequistas. Eles acreditavam que a mensagem do púlpito deveria ser reforçada pelo ministério pessoal chamado de *catequese* — a instrução nas doutrinas das Escrituras utilizando os catecismos. A catequização puritana era importante de várias formas:

- Um grande número de puritanos procurou atingir crianças e jovens elaborando catecismos, os quais explicavam as doutrinas cristãs fundamentais através de perguntas e respostas apoiadas pelas

---

27 John Bunyan, *Come and Welcome*, reimpressão, Choteau, MT: Gospel Mission, 1999; John Howe, *Redeemer's Tears*, Grand Rapids, MI: Baker, 1989; William Greenhill, *Puritan Sermons: 1659-1689: The Morning Exercises at Cripplegate*, Wheaton, IL: Richard Owen Roberts, 1981, 1:38-50.

Escrituras.[28] John Cotton, por exemplo, intitulou o seu catecismo como *Milk for Babes, drawn out of the Breasts of both Testaments* (Leite para Bebês, tirado dos Seios de ambos os Testamentos).[29] Outros puritanos incluíam no título de seus catecismos expressões como "os pontos principais e fundamentais", "a soma da religião cristã", "diversos assuntos" ou "primeiros princípios" da religião e "o ABC do cristianismo". Ian Green mostra o alto nível de continuidade que existe nos catecismos puritanos, em sua fórmula recorrente e tópicos como o Credo dos Apóstolos, os Dez Mandamentos, a Oração do Senhor e as ordenanças. Ele ainda sugere que não havia qualquer discrepância significativa até mesmo entre a simples mensagem de muitas obras elementares e o conteúdo mais exigente de catecismos mais sofisticados.[30] Em vários níveis na igreja, como também nos lares de suas ovelhas, os ministros puritanos catequizavam, a fim de explicar os ensinamentos fundamentais da Bíblia, e ajudar jovens a memorizarem a Bíblia, tornando os sermões e as ordenanças mais compreensíveis, além de preparar crianças para a confissão de fé, ensiná-las como defender a sua fé contra erros e a fim de ajudar os pais a ensinar os seus próprios filhos.[31]

- *Catequizar estava relacionado a ambas as ordenanças.* Quando o *Westminster Larger Catechism* (O Catecismo Maior de Westminster) fala de "aperfeiçoar" o batismo de alguém, ele se refere a uma tarefa de instrução por toda a vida, na qual os catecismos, como o *Shorter Catechism* (Catecismo Menor), possuem um papel muito

28 Ver George Edward Brown, *"Catechists and Catechisms of Early New England"*, D.R.E. dissertation, Boston University, 1934; R.M.E. Paterson, *"A Study in Catechisms of the Reformation and Post-Reformation Period"*, M.A. thesis, Durham University, 1981; P. Hutchinson, *"Religious Change: The Case of the English Catechism, 1560-1640"*, Ph.D. dissertation, Stanford University, 1984; Ian Green, *The Christian's ABC: Catechisms and Catechizing in England c. 1530-1740*, Oxford: Clarendon Press, 1996.

29 John Cotton, *Milk for Babes, drawn out of the Breasts of both Testaments*, Londres, 1646.

30 Ian Green, *The Christian's ABC*, Oxford: Claredon Press, 1996, 557-70.

31 Cf. W.G.T. Shedd, *Homiletics and Pastoral Theology*, 1867; reimpressão, Londres: Banner of Truth Trust, 1965, 356-75.

importante.[32] William Perkins disse que os que não tinham memorizado o seu catecismo *The Foundation of Christian Religion* (A Fundação da Religião Cristã), deveriam fazê-lo, a fim de que "se preparassem para receber a Ceia do Senhor com conforto". E William Hopkinson escreveu no prefácio de *A Preparation into the Waie of Life* (Uma Preparação para os Caminhos da Vida) que ele trabalhou para conduzir os seus catecúmenos "no uso correto da Ceia do Senhor, uma confirmação especial das promessas de Deus em Cristo".[33]

- *Catequizar aperfeiçoa o culto doméstico.* Quanto mais os seus esforços públicos para purificar a igreja eram subjugados, mais os puritanos se voltavam ao lar como a fortaleza para a instrução e influência religiosa. Eles escreviam livros sobre o culto doméstico e a "ordem divina da autoridade familiar". Robert Openshawe iniciou o seu catecismo com um apelo àqueles que estavam habituados a perguntar como se deveria passar as longas noites de inverno: "Voltem-se ao cântico de salmos e ao ensino de sua família e oração com ela".[34] Na época da realização da Assembléia de Westminster, por volta de 1640, os puritanos consideraram a falta do culto doméstico e da catequização como evidência de uma vida sem conversão.[35]

- *Catequizar era um prosseguimento para os sermões,* além de uma forma de alcançar os vizinhos com o evangelho. Segundo relatos, Joseph Alleine dava prosseguimento ao seu trabalho de domingo em outros cinco dias da semana, catequizando os membros da

32 A Assembléia de Westminster desejava estabelecer apenas um catecismo e uma única confissão de fé tanto para a Inglaterra quanto para a Escócia, mas uma verdadeira infinidade de catecismos continuou sendo escrita mesmo depois que os padrões de Westminster haviam sido estabelecidos. Veja J. Lewis Wilson, *"Catechisms, and Their Use Among the Puritans"*, em *One Steadfast High Intent*, Londres: Puritan and Reformed Studies Conference, 1966, 41-42.

33 William Hopkinson, *A Preparation into the Waie of Life, with a Direction into the righte use of Lordes Supper*, Londres, 1583, sig. A.3.

34 Robert Openshawe, *Short Questinons and Answeares*, Londres, 1580, A.4.

35 Wilson, *"Catechisms, and Their Use Among the Puritans"*, 38-39.

igreja, bem como alcançando com o evangelho aquelas pessoas que ele encontrava nas ruas.[36] Richard Baxter, cuja visão do catecismo é exposta no livro *O Pastor Aprovado*, afirmou ter chegado à dolorosa conclusão que "algumas pessoas, que tem sido por tanto tempo ouvintes infrutíferos, têm obtido mais conhecimento e remorso de consciência em meia hora de uma conversa privada que em dez anos de pregação pública".[37] Baxter, então, convidava as pessoas à sua casa, todas as noites de quinta-feira, para discutir e orar por bênçãos sobre os sermões do domingo anterior.

- *Catequizar era muito útil para o propósito de examinar a condição espiritual das pessoas e para encorajá-las e admoestá-las a correrem para Cristo.* Baxter e seus dois assistentes passavam dois dias inteiros por semana catequizando as pessoas em suas casas. Packer conclui: "Transformar a prática da catequização pessoal de uma disciplina preliminar para crianças a um ingrediente permanente no evangelismo e cuidado pastoral, para todas as idades, foi a maior contribuição de Baxter para o desenvolvimento dos ideais puritanos para o ministério".[38]

As igrejas e escolas puritanas consideravam o ensino do catecismo tão importante que algumas até mesmo ofereciam catequistas oficiais. Na *Cambridge University*, William Perkins serviu como catequista no *Christ's College* e John Preston no *Emanuel College*. O ideal puritano, de acordo com Thomas Gataker, era que a escola fosse uma "pequena igreja" e os seus professores "catequistas particulares".[39]

O ministério puritano, levado adiante pela pregação, admoestação pastoral e catequização, tomava tempo e habilidades.[40] Os puritanos

36 C. Stanford, *Joseph Alleine: His Companions and Times*, Londres, 1861.

37 Richard Baxter, *Gidlas Salvianus: The Reformed Pastor: Shewing the Nature of the Pastoral Work*, 1656; reimpressão New York: Robert Carter, 1860, 341-468.

38 J.I. Packer, *A Quest for Godliness*, 305.

39 Thomas Gataker, *David's Instructor*, Londres, 1620, 18; veja também B. Simon, *"Leicestershire Schools 1635-40", British Journal of Educational Studies*, Nov. 1954: 47-51.

40 Thomas Boston, *The Art of Manfishing: A Puritan's View of Evangelism*, introd. J. I. Packer, reimpressão Fearn, Ross-shire: Christian Focus, 1998, 14-15.

não estavam procurando por conversões fáceis e rápidas; eles estavam comprometidos na formação de crentes para a vida toda, cujos corações, mentes, vontades e afeições fossem ganhos para o serviço de Cristo.[41]

O trabalho árduo dos catequistas puritanos foi grandemente recompensado. Richard Greenham disse que o ensino do catecismo construiu a igreja reformada e provocou sérios danos ao catolicismo romano.[42] Quando Baxter se instalou em Kidderminster, em Worcestershire, era possível que uma família em cada rua honrasse a Deus com o culto doméstico; no fim de seu ministério naquele local, havia ruas nas quais todas as famílias realizavam o culto doméstico. Ele poderia dizer que dos seiscentos convertidos que foram trazidos à fé sob a sua pregação, nenhum havia apostatado aos caminhos do mundo.

Timóteo, eu creio que já lhe dei razões suficientes para perseverar na leitura dos puritanos. Ainda lhe aconselho a sempre ler ao menos um livro puritano em seu devocional ou em seu tempo livre. Deixe os puritanos lhe persuadirem pelo exemplo e prescrição para perseverar na piedade, na pregação e na catequização, até mesmo quando você não puder encontrar qualquer fruto. "Lança o teu pão sobre as águas, porque depois de muitos dias o acharás" (Ec 11.1).

Carinhosamente, nos laços do Senhor,
Joel R. Beeke

---

41 Thomas Hooker, *The Poor Doubting Christian Drawn to Christ*, 1635; reimpressão Worthington, PA: Maranatha, 1977.

42 Richard Greenham, *A Short Forme of Catechising*, Londres: Richard Bradocke, 1599

Capítulo 15

Pregue a Palavra

Roger Ellsworth

Amado Timóteo,

Creio que esteja tudo bem com você. Certamente você e Mary estão passando por dias empolgantes e desafiadores com um inquieto filho de dois anos e mais um outro por vir. Desfrute estes anos, enquanto seus filhos são ainda pequenos. Antes mesmo que você perceba, os anos já terão passado.

E, aí está você, nos primeiros meses de um novo pastorado! Isto também é tanto empolgante quanto desafiador. Olho para você agora com muita satisfação. Senti, desde a primeira vez que nos encontramos, quando você ainda era um adolescente, que Deus tinha sua mão sobre você e o usaria de uma forma maravilhosa. Eu continuo a acreditar nisto e certamente irei orar para que isto se concretize em sua vida.

Não tenho a pretensão de lhe oferecer palavras de sabedoria em todos os aspectos do pastorado. Há tanto sobre isto que não domino. Ainda estou aprendendo, após todos estes anos. No entanto, enfatizo a importância das palavras do apóstolo Paulo a Timóteo: "Prega a

Palavra". Nenhuma outra tarefa é mais importante. Falhe aqui, e você terá falhado em sua tarefa central.

Infelizmente, muitos têm falhado neste aspecto. Nos dias de hoje, há entre os pastores um desejo tão forte de ver suas igrejas crescerem, que eles estão dispostos até mesmo a abandonar a verdadeira pregação da Palavra de Deus. No lugar dela, há uma pregação focalizada na "administração da vida", que se preocupa em mostrar como enfrentar a vida e os desafios que ela tem a oferecer. Este tipo de pregação não confronta os ouvintes com o pecado, e não pode, portanto, trazê-los à fé no Deus que salva dos pecados.

Eu certamente não tenho nada contra o crescimento da igreja, mas é minha firme convicção de que a única coisa capaz de produzir o crescimento verdadeiro e duradouro é a Palavra de Deus. Espero que esta também seja a sua convicção.

Muitos asseguram a si mesmos de estarem pregando a Palavra de Deus. Mas estão, na verdade, escolhendo textos da Bíblia, lendo-os para o seu povo e construindo os seus sermões a partir deles. Mas a mera presença destes elementos não produz uma pregação bíblica.

Os sermões que pregamos não podem meramente usar a Bíblia como um trampolim. Nem mesmo extrair pontos do texto. Nossos sermões precisam colocar diante de nosso povo a mensagem que o próprio Deus pretendia nos passar, quando Ele inspirou os autores das Escrituras. Visto que Deus nos dá luz e habilidade para discernir a sua Palavra, é nossa responsabilidade extrair e expor a verdade do texto.

Diante do fato que a pregação da Palavra é algo tão vital, e por haver tal escassez dela hoje em dia, eu ouso oferecer-lhe alguns princípios que têm sido úteis para mim.

Em primeiro lugar, para pregar a Palavra de Deus, você precisa estar convencido de que ela é realmente a Palavra de Deus. O homem que duvida da divina inspiração das Escrituras jamais será capaz de pregar com autoridade. Não poderá haver na pregação deste homem a frase: "Assim diz o Senhor", pois ele não está certo de que o Senhor tenha dito alguma coisa.

Para pregar bem, você precisa ser um homem de muita fé. Você precisa ser um bom crente. O seu povo precisa ser capaz de enxergar em suas pregações que o ensino das Escrituras é um deleite para a sua alma. Charles Spurgeon costumava dizer: "Irmãos, sejam grandes crentes. Pouca fé lhes trará a alma ao céu, mas muita fé trará o céu às suas almas".[1]

Aprenda a deleitar-se na Palavra de Deus, de tal forma que seja visível a todos que você possui o céu em sua alma. Você logo descobrirá que muitos de seus ouvintes desejarão o mesmo para si.

Em segundo lugar, para pregar a Palavra de Deus você precisa ser implacável consigo mesmo permitindo que ela fale. Muitos pregadores estão prontos para defender a Palavra de Deus, até depararem-se a uma passagem que diz algo que eles próprios não querem ouvir. A esta altura, eles dizem a si mesmos que aquela passagem não pode significar aquilo que aparenta significar. Repentinamente, eles estão engajados em fazer com que o texto diga aquilo que acham que ele deveria dizer. Isto é especialmente verdade naqueles textos que afirmam a soberania de Deus, a santidade de Deus, a realidade do pecado, a certeza do julgamento e a exclusividade de Cristo como Senhor e Salvador.

Um exemplo disto é o texto que fala sobre o barro e o oleiro, em Jeremias 18.1-10. Como muitos não gostam do ensinamento de que Deus é soberano e pode dispor de nós conforme Lhe agrada, os pregadores têm até mesmo recorrido à idéia de que o barro está "desejoso" de ser moldado. O ponto daquela passagem é justamente o contrário. O barro está nas mãos do oleiro que dispõe dele como quer. O povo de Judá estava nas mãos de Deus exatamente da mesma forma.

Pregadores que se recusam a deixar a Bíblia falar a sua própria mensagem, geralmente o fazem porque temem ficar em descompasso com a opinião popular. Eles estão demasiadamente preocupados com os resultados da última pesquisa sobre a opinião do povo, e pouco preocupados em serem fiéis a Deus e à sua Palavra. Possuídos por um medo mortal de estarem fora de compasso com o pensamento contemporâneo, eles se achegam às suas Bíblias com uma visão pré-concebida, e se afastam delas com mensagens que são influenciadas por esta visão e por aquela que refletem os dogmas politicamente corretos dos dias atuais.

---

1 Ernest W. Bacon, *Spurgeon: Heir of the Puritans*, Grand Rapids, MI: William B. Eerdmans Publishing Co., 1968, 114.

Conquanto eu esteja dizendo que você deva ser implacável consigo mesmo, devo lhe prevenir contra a prática comum da aliteração. É possível que alguém se apaixone por ela de tal forma, que se torne mais focalizado nisto do que no lidar honestamente com o texto. Se não formos cuidadosos, podemos distorcer o que o texto na verdade diz, apenas para extrair dele algum ponto que se encaixe em nosso esquema aliterativo. Não me oponho ao uso da aliteração, se ela for natural e não tramada, mas nossa preocupação principal deve ser extrair exatamente o que o texto diz. A verdade possui seus próprios atrativos.

Em terceiro lugar, para pregar a Palavra de Deus você precisa manter em mente que o seu tema principal é a graça redentora de Deus aos pecadores, através da obra salvífica de seu Filho. Não pregaremos verdadeiramente, se não pregarmos Cristo. Quando nos preparamos para pregar, precisamos ter em mente que cada passagem das Escrituras possui tanto um contexto imediato quanto um contexto mais amplo. O contexto imediato pode ser qualquer um dentre uma grande variedade de coisas, mas o contexto mais amplo sempre diz respeito ao plano de Deus para a redenção. Portanto, mesmo quando pregamos sobre assuntos mais práticos como os dons do Espírito, a mordomia cristã ou a vida em família, devemos sempre fazê-lo da perspectiva da redenção. J. I. Packer disse corretamente que, "se o expositor se encontra fora da visão do Calvário, isto mostra que ele perdeu seu caminho".[2]

Recomendo para a sua cuidadosa consideração as palavras de Michael Horton:

> Defendo o método "histórico-remissor" de pregação, o qual trata a Bíblia como a revelação dos acontecimentos da redenção, ao invés de guia de princípios eternos... Ao invés de tentar tornar a Bíblia relevante para o "ocupado cristão contemporâneo", sugiro que deixemos que a Bíblia nos cative, condene, justifique e liberte. Precisamos de pregações mais focalizadas em Deus e naquilo que Ele fez, está fazendo e irá fazer na História, e

2 J. I. Packer, *Collected Shorter Writing of J. I. Packer, vol. 3*, United Kingdom: Paternoster Press, 1999, 274.

> menos em nós mesmos e em como nós podemos ser felizes com a ajuda de Deus.[3]

Aconselho também que você considere cuidadosamente estas palavras de J. I. Packer:

> A chave que abre o panorama bíblico é a percepção de que o verdadeiro assunto das Sagradas Escrituras não é o homem e sua religião, mas sim Deus e sua glória; e disto infere-se que Deus é o verdadeiro assunto de todos os textos, e precisa, portanto, ser o verdadeiro assunto de todo sermão expositivo...[4]

Estas palavras sábias de homens igualmente sábios nos ajudarão a lembrar que não somos chamados para sermos "tecnocratas da vida", os quais procuram aprimorar a vida por meio de técnicas e métodos de viver bem no mundo. Fomos chamados pelo Deus eterno para pregarmos aos eleitos o evangelho infindo de Jesus Cristo. Muitos daqueles que freqüentam igrejas nos dias de hoje podem ouvir sermões, semana após semana, sem, no entanto, ouvir qualquer coisa sobre a cruz de Cristo e as glórias da redenção. Certifique-se de que seus ouvintes jamais possam dizer isto a seu respeito.

Aconselho-o também a pregar o Cristo que é poderoso para salvar o seu povo de seus pecados. Rejeite o Cristo moderno que foi à cruz simplesmente para demonstrar o seu amor pelos pecadores e pregue o Cristo que verdadeiramente fez a expiação pelos pecados, recebendo sobre si mesmo a punição pelos nossos pecados.

Ainda devo adicionar uma coisa. Não é o bastante manter o tema da redenção sempre em vista. Precisamos falar sobre ela de tal forma que transmitamos ao nosso povo a glória e a grandeza da redenção. Jamais devemos falar da redenção como se estivéssemos lendo nossa lista de compras. Packer escreveu sobre Martyn Lloyd-Jones: "... seu senso de realidade espiritual lhe informava que grandes coisas precisavam ser

---

3 *"An Interview with Michael Horton,"* no. 8, em *The Discerning Reader*, ed. David Barrett, et al., Grand Rapids, MI: Baker Book House, 1995, 4.

4 J.I. Packer, *Shorter Writing*, 3:274-5.

ditas de uma maneira que projetasse a grandeza delas".[5]

Em quarto lugar, para pregar a Palavra de Deus, você precisa estudar diligentemente. O ministério pastoral moderno é tal que você logo descobrirá ser necessário lutar por tempo para estudar. Você perceberá que as demandas sobre o seu tempo são numerosas. Será esperado que você pregue dois sermões muito interessantes todas as semanas e que, também, providencie um estudo bíblico igualmente interessante, no culto durante a semana. Você terá de ministrar funerais e casamentos. Você terá de fazer freqüentes visitas em hospitais e asilos, assim como visitar aqueles que demonstraram algum interesse na mensagem do evangelho, os membros afastados da igreja e todos que estão enfrentando algum tipo de crise.

Além de todas estas coisas, será esperado que você participe das atividades denominacionais e dos eventos comunitários. E, sem importar o quanto você se esforce para cumprir todas estas obrigações, pode ter certeza que alguém em seu rebanho expressará a opinião de que você deveria estar em algum lugar onde você não estava.

E, naqueles momentos em que você sentir que não pode mais desperdiçar nenhum segundo, alguma alma bem-intencionada colocará a cabeça para dentro da porta e dirá calmamente: "Você está ocupado? Só vai levar um minuto".

Você não pode permitir que a multidão de responsabilidades que repousam sobre você o impeça de exercer aquela que é sua maior responsabilidade, ou seja, alimentar o rebanho de Deus com a Palavra de Deus. Isto requer tempo e você precisa encontrá-lo. Você pode achar necessário, como muitos pastores, reservar determinadas horas para estudar durante a semana, nas quais você não estará disponível para ninguém, exceto em caso de emergência. Você pode achar necessário estudar bem cedo, de manhã, a fim de preparar seus sermões.

A tentação de tomar atalhos estará sempre diante de você. Muitos pastores rendem-se a esta tentação e regularmente oferecem ao seu povo sermões da "Internet" ou sermões de algum pregador mais

---

5 Idem, 3:282.

conhecido, que eles ouviram numa fita. Insto que você resista a esta tentação, com todas as suas forças. Deus não o colocou diante de sua congregação para pregar o sermão que John MacArthur pregou para a congregação dele.

Quando o seu sermão é produto de seu próprio e diligente estudo, ele traz consigo um selo de autenticidade, ou seja, a satisfação a você e a seus ouvintes, algo que os sermões de "atalho" nunca poderão trazer.

Você não deve, no entanto, usar a séria responsabilidade de preparação do sermão como desculpa para se trancar em sua sala de estudos. Você precisa estudar a Palavra, mas também precisa estudar o seu povo. Este tipo de estudo só pode ser feito, se você estiver entre eles e ministrando para eles.

Em quinto lugar, para pregar bem você precisa ter um tema claro que seja apoiado por argumentos igualmente claros. Um sermão não é apenas um comentário fluente em uma passagem das Escrituras. É, na verdade, a descoberta do tema principal de uma determinada passagem, e a demonstração de como aquela passagem desenvolve o tema. Eu sempre tento me fazer duas perguntas sobre a passagem das Escrituras com a qual eu estou lidando: "Sobre o que a passagem está falando?" e "O que ela diz sobre o assunto?" Minha resposta para a primeira pergunta é o meu tema, e minhas respostas para a segunda pergunta são os meus pontos e sub-pontos.

J. I. Packer chegou ao âmago desta questão com as seguintes palavras:

> Um sermão é uma declaração única; portanto ele deve ter um único tema, suas divisões (devem ser claramente marcadas, para ajudar o ouvinte a segui-las e lembrar-se delas) precisam trabalhar como as partes de um telescópio: "cada divisão sucessiva... deve ser uma lente adicional para trazer o assunto de seu texto mais próximo, e torná-lo mais distinto".[6]

Uma de minhas alegrias é o grupo de adolescentes, que lota as duas ou três primeiras fileiras de bancos, com papel e caneta, esperando

6 Idem, 3:271.

ansiosamente que eu anuncie os pontos do sermão. Espero que o Senhor se agrade em lhe dar a mesma alegria.

Esta alegria, no entanto, me coloca sob a pressão de assegurar que esses pontos realmente estejam lá, que eles verdadeiramente desenvolvam o tema e que sejam compreensíveis e fáceis de memorizar. Eu sempre posso dizer, observando os rostos dos adolescentes, se o tema está sendo interessante e se eles estão ansiosos pelos próximos pontos da pregação.

Em sexto lugar, para pregar bem a Palavra de Deus você precisa utilizar uma linguagem que o seu povo seja capaz de compreender. Podemos impressionar nossa congregação, quando nos referimos a algo *a priori* ou, então, a um argumento *ad hominem*, mas a maioria deles não terá a menor idéia do que nós estamos falando.

Geoffrey Thomas observou:

> A Palavra de Deus não é uma espada nas mãos de um artista de circo, para ser jogada para cima e depois pega, vez após vez, numa esplendorosa demonstração de habilidade, de forma que após vinte minutos o espetáculo acaba e a platéia vai para casa elogiando a qualidade do *show*. Esta espada se assemelha mais ao bisturi do cirurgião, e os médicos da Palavra precisam cortar profundamente.[7]

Só poderemos atingir profundamente o coração do ouvinte, se formos compreendidos. Ser compreendido é melhor do que ser impressionante.

Em sétimo lugar, para pregar a Palavra de Deus, você precisa empregar os elementos da persuasão. Os pregadores reformados em sua doutrina parecem ser inclinados a pregar de uma forma que mais se assemelha a um mero compartilhamento de informações. Alguns pregadores dão a impressão de que pregação expositiva nada mais é que tratar dos menores detalhes de cada nuance das palavras do texto. Isto transforma a pregação num exercício acadêmico. A verdadeira pregação

7 Samuel T. Logan, Jr., ed., *The Preacher and Preaching*, Phillipsburg, NJ: Presbyterian and Reformed Publishing Co., 1986, 377.

não apenas coloca a verdade diante do povo, mas também procura mostrar-lhe a glória daquela verdade e levá-lo a aceitá-la.

Os maiores pregadores na história eram verdadeiros persuasores e litigantes. Eles não tratavam de simplesmente jogar a verdade diante de seus ouvintes e dizer: "Aí está". Mas eles mostravam o quão vital ela era e instavam-lhes a aceitá-la. Eu sugiro uma leitura dos sermões de Charles Spurgeon e Martyn Lloyd-Jones para aprender a arte da persuasão.

Em sua biografia de Martyn Lloyd-Jones, Iain Murray compartilha estas úteis palavras:

> Expor não é simplesmente mostrar o sentido gramaticalmente correto de um versículo ou passagem, e sim demonstrar os princípios ou doutrinas que as palavras pretendem transmitir. A verdadeira pregação expositiva é, portanto, pregação doutrinária; é uma pregação que transmite verdades específicas de Deus para o homem. O pregador expositivo não é alguém que "compartilha os seus estudos" com outros, e sim um embaixador e um mensageiro, transmitindo com autoridade a Palavra de Deus aos homens. Este tipo de pregação apresenta um texto, e então, utilizando aquele texto durante todo o discurso, há dedução, argumentação e persuasão, constituindo a mensagem que carrega a autoridade da própria Escritura.[8]

Em oitavo lugar, para pregar a Palavra de Deus, você precisa confiar que Deus usa a sua Palavra para realizar a sua obra. Deus prometeu que a sua Palavra não retornará vazia, mas fará aquilo que Lhe apraz (Is 55.10,11). Ele nos diz que a sua Palavra é "a espada do Espírito" (Ef 6.17). Ela é, na verdade, "viva, e eficaz, e mais cortante do que qualquer espada de dois gumes, e penetra até ao ponto de dividir alma e espírito, juntas e medulas" (Hb 4.12). Além disso, ela é "apta para discernir os pensamentos e propósitos do coração" (Hb 4.12).

Que ensinamentos maravilhosos são estes! Como seria penoso pregar sem eles! Mas com eles, podemos pregar com confiança. Pode

8 Iain Murray, *D. M. Lloyd-Jones, vol.* 2, Edimburgo: The Banner of Truth Trust, 1990, 261.

até parecer que muitas vezes nossas pregações não estão atingindo qualquer objetivo — isto é, estão caindo em ouvidos surdos — mas estes versos nos asseguram de que este não é nosso caso. Deus realiza a sua vontade através da pregação bíblica. Ele a utiliza para colocar uma canção nos corações aflitos, coragem nos corações inconstantes, fé nos corações incrédulos e renovar a fé nos corações perdidos. Não podemos ver tudo isto acontecendo, mas acontece mesmo assim, e quando, finalmente, chegarmos à sua presença, o Senhor se agradará em nos mostrar tudo o quanto Lhe aprouve fazer através de nossa pregação.

Em nono lugar, para pregar bem, você precisa orar bem. Meus anos no ministério me convenceram de que, conquanto a verdadeira pregação seja algo difícil de alcançar, a oração genuína é mais difícil ainda. Creio que Satanás, conhecendo muito melhor do que nós o valor da oração, se opõem a nós neste ponto muito mais que em qualquer outro. Porém, precisamos orar. A oração nos enche do poder de Deus contra Satanás. Ela nos leva além de nossas preocupações com nossa própria pessoa e nos dirige para Deus, o único capaz de nos dar suficiência para pregar. A oração é o canal que Deus estabeleceu entre a sua suficiência e nossa deplorável inadequação.

Em décimo lugar, para pregar bem a Palavra de Deus você precisa pensar naquilo que está fazendo. Depois de estarmos no ministério por algum tempo, o perigo do profissionalismo se infiltra. E, com isto, apenas quero dizer que podemos chegar ao estágio de produzir sermões em série com muita facilidade. Podemos pregar estes sermões sem nos dar conta da grandeza daquilo que estamos fazendo. O pregador precisa, portanto, estar constantemente se lembrando de que ele está, nas famosas palavras de Richard Baxter, "pregando como um moribundo para outros moribundos, sem a certeza de pregar novamente".[9]

Se este lembrete não nos libertar de sermos "produtores profissionais" de sermões e nos levar a um senso crítico de urgência, provavelmente estaremos além de qualquer tipo de ajuda.

Lloyd-Jones costumava dizer que a pior coisa que pode acontecer a um pregador é pregar simplesmente porque foi anunciado que ele vai

---

9 Citado em Martyn Lloyd-Jones, *Pregação e Pregadores*, Editora Fiel, São José dos Campos, SP.

pregar.[10] Que Deus nos livre desta armadilha!

Muito mais poderia ser dito, mas vou parar aqui. Não quero que você seja desencorajado pela magnitude da tarefa, para a qual ninguém é suficiente. Mas o Senhor é suficiente para nós, e Ele tem prazer em nos abençoar e nos usar, ainda que sejamos nada além de frágeis vasos de barro.

Quando preparo meus sermões, tento manter em mente um momento em particular, o qual ocorre todas as vezes que me coloco diante de minha congregação. Toda vez que assumo o meu lugar no púlpito, percebo aquele momento maravilhoso e ao mesmo tempo terrível (que costumo chamar "momento do rosto erguido"), quando o povo olha para cima em minha direção, com expectativa. É maravilhoso, porque eles estão me dizendo que estão prontos para ouvir a mensagem de Deus durante a próxima hora. Mas também é terrível, porque me faz perceber minha imensa responsabilidade.

Lá no fundo, vejo o rosto daquele que geralmente freqüenta os cultos, mas que ainda não conhece a Cristo e, imediatamente à sua frente, o rosto daquele que está sofrendo terrivelmente a perda de um ente amado. Lá adiante, vejo o rosto daquele adolescente que está tentando definir o que realmente importa em sua vida. À minha direita, no meio, vejo o rosto daquela pessoa que nunca esteve numa igreja antes, mas que decidiu vir para ver do que se tratam os cultos. E, bem na frente, vejo aquele membro fiel que tenta encontrar forças para prosseguir.

Durante toda a semana estas pessoas ouvem o que as milhares de vozes da sociedade têm a dizer. Porém, agora, elas vieram à igreja para descobrir o que Deus tem a dizer. Eu fico lá, de pé, com seus olhos fitos em mim, e tremo ao me dar conta de que estou posicionado entre o céu e a terra. Sussurro uma oração para que Deus me ajude e, então, começo. Com a ajuda de Deus, o sermão toma vida e aqueles rostos continuam erguidos. Alguns concordam com a cabeça, e alguns olhos começam a brilhar. Quando deixo o púlpito, tenho certeza de que aquela era a mensagem de Deus e o momento dEle. Eu sei que aquelas pessoas ouviram do céu, e agradeço a Deus por Ele me ter feito um pregador.

---

10 Idem.

Minha oração é que você tenha muitas experiências como esta. Que Deus o invista com poder durante a pregação, de forma que seu povo possa até ficar sem alimento para seus corpos, mas jamais sem o alimento para suas almas.

Carinhosamente,
Roger Ellsworth

PS Eu creio que os seguintes títulos poderão ser muito úteis no preparo de sua pregação:

1. *Pregação e Pregadores*, Martyn Lloyd-Jones (Editora Fiel, São José dos Campos, SP).
2. *Between Two Worlds*, John R. W. Stott (Grand Rapids, MI: William B. Eerdmans Publishing Co., 1982).
3. *The Preacher and Preaching*, Samuel T. Logan, ed. (Phillipsburg, NJ: Presbyterian and Reformed Publishing Co., 1986).
4. *The Supremacy of God in Preaching*, John Piper (Grand Rapids, MI: Baker Book House, 1990).

Capítulo 16

Adore em Espírito e em Verdade

Terry Johnson

Amado Timóteo,

Conduzir a igreja em sua adoração é a responsabilidade mais importante que você terá como um ministro do evangelho. Mantenha isto em mente durante todo o seu tempo de preparação e ainda pelos muitos anos de ministério que o Senhor lhe dará. Você é um "ministro da Palavra e das ordenanças", como já disseram muitas gerações passadas de evangélicos. Sua principal tarefa é conduzir o povo de Deus quando eles se reúnem publicamente, a fim de ouvir a Palavra de Deus, lida, pregada, cantada e orada, e a "palavra visível" (nomeação de Agostinho) — as ordenanças — sendo administradas.

Você descobrirá que o pastorado é uma área em que há muito por fazer. A demanda do seu tempo será intensa. Lute contra a tentação de se tornar completamente envolvido em outros trabalhos, até mesmo outros trabalhos importantes. A adoração vem em primeiro lugar, não apenas porque Deus vem em primeiro lugar, mas também porque quase tudo o mais, incluindo a percepção pública de sua eficácia, repousa sobre a sua habilidade de conduzir os cultos de adoração. Não jogue esta responsabilidade nos ombros de outras pessoas. "Grupos" de adoração e "líderes" de adoração jamais farão pelo povo de Deus aquilo que só pode ser feito através da pregação e oração de alguém que foi chamado, treinado, examinado e ordenado para fazê-lo. Sua leitura e pregação das Escrituras irão alimentar o rebanho. Suas orações serão exemplos de piedade, ensinarão ao seu povo como se dirigir a Deus e se relacionar com Ele. Sua seleção de cânticos irá expor o seu povo às palavras e frases com as quais se oferecerá louvores a Deus e se responderá às provações da vida.

Estou indo à frente de mim mesmo. Estamos, hoje, no meio de "guerras de adoração". Igrejas, denominações, agências missionárias e até mesmo famílias estão sendo divididas pela questão de *como* se deve adorar a Deus. As tendências são claras o suficiente — as novidades são permitidas, a tradição está fora de cogitação. Expressões contemporâneas de adoração reúnem multidões afora, enquanto as formas mais clássicas ficam às traças, ou pelo menos é assim que os campeões da inovação querem que nós pensemos.

Estimulo você a pensar sobre as implicações de todo testemunho bíblico a respeito de Deus e sua adoração, e particularmente João 4.7-24. Jesus provê a comunidade cristã com aquelas coisas básicas que devem fazer parte de sua adoração: "Deus é espírito; e importa que os seus adoradores o adorem em espírito e em verdade" (Jo 4.24).

Por conta de quem Deus é, somos obrigados a adorá-Lo ("importa que os seus adoradores o adorem") de forma consistente com dois princípios fundamentais ("espírito e verdade"). Nós não estamos em *liberdade* para adorar a Deus de qualquer outra forma, exceto a que Ele próprio ordenou. Deus determina a adoração que Lhe agrada e tem *liberdade* para requerer de nós qual forma *deve* ser usada e qual forma *não* deve ser usada. Às vezes, tenho a impressão de que as decisões tomadas na adoração nos dias de hoje são baseadas muito mais na percepção de alguém sobre o que poderia ser mais "legal" ou "especial" ou, então, o mais barulhento possível, ou ainda evocador de maior quantidade de lágrimas. Estes não devem ser assuntos que ocupem sua atenção. Como um ministro da

Palavra e das ordenanças, você deveria estar fazendo duas perguntas fundamentais — o que é adorar a Deus em espírito? E o que é adorar a Deus em verdade? Elas fornecem a estrutura da adoração que agrada a Deus.

ADORE EM ESPÍRITO

O sentido da primeira afirmação, adore "em espírito" é claro o suficiente. A mulher samaritana está discutindo sobre geografia, não é? (Jo 4.20). O debate entre os judeus e os samaritanos era sobre o *lugar* — qual montanha, qual prédio, qual altar? "Espírito" faz um contraste com um lugar físico. O lugar certamente *era* importante no Antigo Testamento. Jerusalém era *o lugar* porque ali estava *o templo* e *o altar* e *os sacerdotes* que ofereciam *os sacrifícios,* tudo pelo comando e instituição divinos. É por isso que as palavras de Jesus no versículo 21 são provavelmente as palavras mais revolucionárias de toda a Bíblia. "Disse-lhe Jesus: Mulher, podes crer-me que a hora vem, quando nem neste monte, nem em Jerusalém adorareis o Pai."

Jesus indica aqui uma descontinuidade radical com o Antigo Testamento. Todos os fatores externos mencionados anteriormente eram importantes *até então,* em aspectos que não são mais *agora,* na era do Novo Testamento. Isto tem implicações importantes para os cultos de adoração.

Conduza uma adoração que seja espiritual. Deus sempre esteve primeiramente preocupado com o espírito ou coração da adoração. "Tudo o que há em mim bendiga ao seu santo nome" (Sl 103.1). "Limpo de mãos e puro de coração" e "coração compungido e contrito" são posturas que fazem parte da norma para adoração, tanto do Antigo quanto do Novo Testamento (Sl 24.4, 51.17). A ênfase da fala de Jesus precisa ser observada nessa passagem. Esta ênfase é *especialmente* vista no caso do Novo Testamento. Tanto a cidade, quanto o templo, os altares, os sacrifícios, os sacerdotes, e até mesmo o incenso tinham sua importância simbólica. Eles eram todos modelos de Cristo, cuja utilidade cessaria com a chegada do antítipo para o qual todos eles apontavam, o Senhor Jesus Cristo (Hb 7-10). Não reintroduza símbolos na adoração. Não tente avivar seus cultos com acessórios externos como velas, incenso, figuras, imagens e ainda cruzes ou quaisquer outros objetos santos que os liturgistas possam requerer. Toda a história do Antigo Testamento mostra a propensão que uma adoração altamente simbólica tem tanto para a mecanização da adoração ("formalismo") quanto para a idolatria (a adoração dos símbolos). Cada elemento da adoração deve ser espiritual, visando o coração através da consciência.

Mantenha-o simples. Você já percebeu que não existe um outro livro de Levítico no Novo Testamento? Não há um ritual pelo qual nos aproximemos de Deus (por exemplo, voltar-se para o oriente, reverenciar, repetir a Oração do Senhor, ajoelhar-se, etc.). Não há cerimônias, com exceção da Ceia do Senhor e do Batismo. O seu culto deve ser simples, empregando aquilo que os puritanos chamavam de "estilo singelo". A leitura, a pregação, a oração e os cânticos devem ser muito simples. O apóstolo Paulo dá alguma ênfase para isto em seus escritos. Por exemplo, ele fala aos coríntios:

> Eu, irmãos, quando fui ter convosco, anunciando-vos o testemunho de Deus, não o fiz com ostentação de linguagem ou de sabedoria. Porque decidi nada saber entre vós, senão a Jesus Cristo e este crucificado. E foi em fraqueza, temor e grande tremor que eu estive entre vós. A minha palavra e a minha pregação não consistiram em linguagem persuasiva de sabedoria, mas em demonstração do Espírito e de poder, para que a vossa fé não se apoiasse em sabedoria humana, e sim no poder de Deus (1 Co 2.1-5).

Um estilo singelo, livre da ornamentação retórica ou excessiva, era importante para o apóstolo Paulo. "Sabedoria de palavra" iria contradizer a mensagem, e a cruz de Cristo "seria anulada" (1 Co 1.17). A forma de apresentação precisa ser honesta e simples, autêntica em sua "fraqueza, temor e grande tremor", e livre de "linguagem persuasiva de sabedoria". Seriedade, sinceridade e pureza — "parentes próximos" da simplicidade — são cruciais na liderança do culto de adoração. O apóstolo Paulo disse ainda: "Porque nós não estamos, como tantos outros, mercadejando a palavra de Deus; antes, em Cristo é que falamos na presença de Deus, com sinceridade e da parte do próprio Deus" (2 Co 2.17). Uma apresentação da verdade franca e sem ornamentos é o único "estilo" (se devemos falar de estilos) que é compatível com a simplicidade do evangelho. "Pelo que, tendo este ministério, segundo a misericórdia que nos foi feita, não desfalecemos; pelo contrário, rejeitamos as coisas que, por vergonhosas, se ocultam, não andando com astúcia, nem adulterando a palavra de Deus; antes, nos recomendamos à consciência de todo homem, na presença de Deus, pela manifestação da verdade" (2 Co 4.1-2). Aí está! Simplesmente "manifeste" a verdade e, por meio disso, apele "à consciência de todo homem".

Em outras palavras, Jesus está preocupado com o espírito interno de adoração, e não com a forma externa, com exceção de que esta forma precisa ser simples, visto que a simplicidade reforça a espiritualidade. Ele insiste que o *coração*, ou espírito, de adoração, e não o lugar, o ritual, a cerimônia, o drama teatral, a tecnologia ou o profissionalismo, é crucial. Nossa adoração deve ser espiritual, simples, honesta, sem adornos, sincera e pura. Não a tumultue com símbolos, rituais, cerimônias, complexidade ou sofisticação desautorizada pela Palavra de Deus.

Esta espiritualidade e simplicidade também é a base da *universalidade* da adoração. Por ela ser tão simples, consistindo apenas das Escrituras, oração, cânticos e das ordenanças, pode ser conduzida em qualquer lugar, seja no Alasca ou na Amazônia. Esta também é a base da *comunhão dos santos* na adoração. Nossa comunhão é construída sobre aquilo que temos em comum. Em qualquer lugar que formos, deveríamos saber essencialmente aquilo que encontraremos quando entrarmos na assembléia dos santos. Afaste-se das novidades, dos individualismos, das particularidades, do inaudito, e foque-se naquilo que já foi testado e confirmado como verdadeiro, universal e transcendente.

Mantenha-o reverente. O espírito de adoração, seu tom, seu humor, seu clima, deve ser de reverência. Deus deve ser adorado com "reverência e santo temor" (Hb 12.28). Conduza o culto com um ânimo adequado ao austero assunto da adoração ao Deus Todo-Poderoso. Até mesmo quando você se alegrar, que seja "com tremor" (Sl 2.11).

ADORE EM VERDADE

Você seguiu meu raciocínio até aqui? Então deixe-me seguir

adiante. Em segundo lugar, Jesus diz que temos que de adorar em "verdade". Parece-me que isto significa duas coisas.

Adore a Deus como Ele ordenou. Nós devemos adorar de acordo com a verdade de Deus. Muitas pessoas estão fazendo tudo o quanto *elas* mesmas querem na adoração. Deveríamos estar fazendo aquilo que *Deus* quer. O livro fonte para descobrir a vontade de Deus é a Bíblia. A mulher samaritana achava que era aceitável adorar a Deus nas montanhas de Samaria, de acordo com os costumes dos samaritanos. Mas ela estava errada a este respeito. Jesus diz para os samaritanos: "Vós adorais o que não conheceis" ao passo que "nós [judeus] adoramos o que conhecemos" (Jo 4.22). A passagem inteira assume que Deus não só pode como também nos diz o que "importa" que façamos na adoração (Jo 4.24). Talvez eu já tenha dito o bastante sobre isto.

A adoração precisa ser cheia com a verdade. A adoração não somente é *ordenada* pela verdade de Deus, mas também é *cheia* com a verdade de Deus. O conteúdo de cada elemento é a Bíblia. Nós devemos seguir a fórmula simples mencionada acima — leia a Palavra, pregue a Palavra, cante a Palavra, ore a Palavra e administre a Palavra visível. Esta é a forma de honrar a Deus, salvar pecadores, santificar os santos e adorar em verdade.

Aqui está o que eu gostaria de perguntar a todos os ministros do evangelho:

- Você acredita que o evangelho é o poder de Deus para a salvação? (Rm 1.16)
- Você acredita que nós nascemos de novo pela Palavra? (1 Pe 1.23-25)
- Você acredita que a fé vem pelo ouvir a Palavra de Deus? (Rm 10.17)
- Você acredita que nós somos santificados pela verdade? (Jo 17.17)
- Você acredita que a Escritura é viva e eficaz e mais afiada que qualquer espada de dois gumes? (Hb 4.12)

Se você acredita nisso (e eu sei que você acredita), então deve estar alarmado com as tendências dos últimos cem anos e especialmente dos últimos trinta anos. Nós temos visto as Escrituras gradualmente, e agora mais rapidamente, tomarem um papel reduzido na adoração cristã. Lê-se menos (alguns versículos ao invés de alguns capítulos). Prega-se menos (presenciamos a mudança de uma pregação expositiva para mensagens tópicas). Canta-se menos (salmos métricos e hinários teologicamente ricos são trocados por canções gospel e corais). Ora-se menos (com pouquíssima oração durante os cultos em geral).

Sem sombra de dúvida, estas são as trajetórias do culto modernizado. Elas representam um desastre absoluto no evangelicalismo, se aceitarmos a suposição de que a Palavra possui o papel principal na conversão dos pecadores e na santificação dos santos. Resista a estes modismos passageiros, Timóteo. "Importa" que Deus seja adorado "em verdade", disse Jesus. Confie que Ele irá abençoar a sua Palavra quando for lida, pregada, cantada e orada. Ela não retornará vazia; Ele prometeu (Is 55.11).

PROCEDIMENTOS

Espero que você não tenha se incomodado com os densos comentários bíblicos e teológicos que fiz nesta carta. Mas, creio que eles foram preliminares necessárias para o conselho prático que eu gostaria de lhe dar agora.

Em primeiro lugar, permaneça centralizado em Deus todo o tempo. Você está lá para ajudar a conduzir o povo à presença de Deus. Não os desvie. Não permita que a sua ambição de ser apreciado, amado e admirado se interponha no caminho. Não tente ser atraente, ou engraçado, ou inteligente. Em poucas palavras, os cultos que você conduz não são sobre você. Estou dizendo o óbvio? Como gostaria que sim! Mas apenas alguns minutos assistindo a um canal cristão na TV, ou uma rápida visita a uma típica mega-igreja já é o suficiente para confirmar que o evangelicalismo não está acima do culto das personalidades. Fuja disto. Você afastará o povo de Deus, se atraí-los para si mesmo. Deixe que tudo quanto você fizer seja centralizado em Deus — a abertura do culto, o fim do culto, sua seleção de cânticos, suas orações, sua pregação.

Em segundo lugar, seja cristocêntrico em sua adoração. Isto significa que os grandes temas do pecado e redenção precisam ser proeminentes em seus cultos, e até mesmo servir amplamente como estrutura deles.

• Comece com louvores pelo Deus da Bíblia, Pai, Filho e Espírito Santo, Criador, Sustentador e Redentor. "Entrai por suas portas com ações de graças e nos seus átrios, com hinos de louvor" (Sl 100.4). Este louvor pode ser expresso também através de um chamado para a adoração, um hino propriamente dito, uma oração de invocação e louvor e uma afirmação confessional.

• Mude aquela visão da glória de Deus expressa em seu louvor para um tempo de confissão dos pecados (ver Is 6.1-6). Esta é uma ordem lógica e dirigida pelo evangelho para a adoração.[1] Na medida em que percebemos que Deus é absolutamente digno de ser louvado naturalmente tomamos consciência de nosso pecado e da necessidade de perdão. Avistar Aquele que é eterno nos faz lembrar que somos finitos. Avistar Aquele que é Santo nos faz lembrar que somos corruptos. Você pode usar os Dez Mandamentos como preparação para confissão. Em suas orações leve o povo do completo reconhecimento de seus pecados para a cruz e para Cristo, que morreu "o justo pelos injustos" (1 Pe 3.18), que "carregando ele mesmo em seu corpo, sobre o madeiro, os nossos pecados" (1 Pe 2.24), "fazendo-se ele próprio maldição em nosso lugar" (Gl 3.13), deu "a sua vida em resgate por muitos" (Mt 20.28), "no qual temos a redenção, a remissão dos pecados" (Cl 1.14).

• Humildemente conduza os adoradores da confissão de seus pecados para os meios da graça que Deus providenciou unicamente para seus discípulos perdoados, desesperadamente necessitados de perdão.

---

1 Para saber mais sobre uma ordem de culto orientada pelo evangelho, aconselho a leitura dos meus livros *Leading in Worship*, Oak Ridge, TN: Covenant Foundation, 1996, 15; e *The Pastor's Public Ministry*, Greenville, SC: Reformed Academic Press, 2001, 10-15.

- Leia a Palavra
- Pregue a Palavra
- Administre a Palavra viva, as ordenanças
- Ore a Palavra

- Conclua com ações de graças e uma bênção, dando graças em nome de Jesus por tudo o que é nosso em Cristo, visto que habitamos nEle (Jo 15.1ss.). Nossa aproximação de Deus em adoração é como a nossa aproximação de Deus na conversão. Ao vermos quem é Deus em toda a sua majestade, somos levados ao arrependimento e fé em Cristo e ansiosamente suplicamos pela graça sustentadora, mediada pela Palavra e pelo Espírito.

Em terceiro lugar, seja centralizado na Bíblia. Isto implica em algumas coisas com relação às suas escolhas. Você tem uma quantidade limitada de tempo em adoração, geralmente de uma hora a uma hora e meia. Pense na quantidade de tempo que deve ser dada a cada elemento — anúncios e preliminares, oração, leitura bíblica, pregação, cânticos, e administração das ordenanças. E não menos importante, dado os cinco ou dez minutos para cantar, o quê você irá cantar? Dado os trinta ou quarenta e cinco minutos para pregar, o que você irá pregar? Já tendo lembrado que nós somos santificados pela verdade da Palavra de Deus (Jo 17.17), que a fé vem pelo ouvir da Palavra de Deus (Rm 10.17), deixe-me explicar detalhadamente o que apenas sugeri até aqui.

- Ore com palavras da Bíblia — estude *A Method for Prayer*[2] (Um Método para Oração), de Matthew Henry; *A Guide to Prayer*[3] (Guia para Oração), de Isaac Watts; e *Thoughts on Public Prayer*[4] (Pensamentos sobre a Oração Pública), de Samuel Miller, e veja como as gerações anteriores de ministros oravam. Suas orações eram

2 Matthew Henry, *A Method For Prayer*, 1716; reimpressão, Greenville, SC: Reformed Academic Press, 1994.

3 Isaac Watts, *A Guide to Prayer*, 1715, reimpressão, Edimburgo: The Banner of Truth Trust, 2001.

4 Samuel Miller, *Thoughts on Public Prayer*, 1844, reimpressão, Harrisonburg, VA: Sprinkle Publications, 1985.

ricas em linguagem bíblica e símbolos bíblicos. Eles aprenderam a língua da confissão, através das orações bíblicas de confissão; a linguagem de louvor, das expressões bíblicas de louvor, e assim por diante. Nada irá tocar tão profundamente o seu povo quanto ouvir o eco das Escrituras no louvor, na confissão e nas petições de seu pastor. "De sorte que a fé é pelo ouvir, e o ouvir pela palavra de Deus" (Rm 10.17 VRC).

- Leia a Bíblia. Eu recomendo que você leia um capítulo de um livro da Bíblia diferente daquele cujo texto é a base de sua pregação naquele dia. Se você for pregar no Antigo Testamento, leia um trecho do Novo Testamento. Se você for pregar no Novo Testamento, leia um trecho do Antigo Testamento. "Até à minha chegada, aplica-te à leitura, à exortação, ao ensino" (1 Tm 4.13). "De sorte que a fé é pelo ouvir, e o ouvir pela palavra de Deus" (Rm 10.17 VRC).

- Pregue a Bíblia. E, com isto, estou dizendo que você deve pregar sermões expositivos seqüenciais. Pregue palavra por palavra, versículo por versículo, livro por livro, e, assim, toda a Bíblia. Não leia apenas o texto, ao pregar topicamente através dele. Pregue a própria passagem, encontrando sua mensagem e aplicação no texto. Seu melhor modelo nos dias de hoje provavelmente seja John MacArthur, da Igreja Comunidade da Graça, no Sul da Califórnia, e o finado James Montgomery Boice, da Igreja Presbiteriana na Filadélfia. Seus escritos e gravações de áudio estão disponíveis. Esta decisão de pregar expositivamente pode ser a decisão mais importante que você terá de tomar. Você pregará a Escritura de maneira temática ou se disciplinará para expô-la seqüencialmente? Estou convicto de que uma vez que Cristo pode ser encontrado em "toda a Escritura", nós não conheceremos a Cristo plenamente a não ser que preguemos por toda a Bíblia (Lc 24.27). Além do mais o *lectio continua* nos mantém honestos. Assim, a pregação expositiva seqüencial força o ministro a pregar o próximo texto, seja ele qual for. Desta forma, é mais provável que preguemos "todo o desígnio de Deus" através de um método expositivo sistemático do que se escolhêssemos tópicos de acordo com nossa própria percepção e desejos (At 20.27).

- Cante a Bíblia. Cante poeticamente músicas apropriadas que sejam ricas em conteúdo bíblico. Novamente, você tem uma quantidade limitada de tempo. A decisão de cantar certa música é ao mesmo tempo a decisão de não cantar uma outra. Faça a melhor seleção possível para preencher o tempo disponível. Eu insto que você reintroduza o hábito de cantar salmos métricos com a sua congregação. Não há muito que discutir sobre isso em minha opinião. Os salmos são o hinário de Deus. Eles foram escritos para serem cantados. Nós temos de cantá-los. O que poderia ser mais óbvio? Nossos ancestrais protestantes cantaram exclusivamente os salmos por mais de 200 anos e predominantemente pelos 100 anos subseqüentes. Apenas nos últimos 125 anos é que os salmos foram sendo deixados de lado no louvor das igrejas, para detrimento dela mesma. É tempo de trazê-los de volta. O *Trinity Psalter*[5] (Saltério da Trindade) e também o *Trinity Psalter Music Edition*[6] (Saltério da Trindade Edição de Música) são fontes de valor inestimável, combinando as palavras de todos os salmos com melodias conhecidas. Os CDs *Psalms of the Trinity Psalter*[7] (Salmos do Saltério da Trindade) e *Psalms of the Trinity Psalter II*[8] (Salmos do Saltério da Trindade II) oferecem gravações maravilhosamente produzidas de cerca de sessenta dos 150 salmos do *Trinity Psalter* (Saltério da Trindade).

  No que diz respeito aos hinos, o século dezoito foi algo semelhante a uma "era de ouro" da composição de hinos, apresentando gigantes como Isaac Watts, Charles Wesley, John Newton, Augustus Toplady, William Cowper e Philip Doddridge. Eles ditaram o ritmo para as gerações seguintes. Faça amplo

5 *Trinity Psalter*, Pittsburgh, PA: Crown and Covenant, 1994.

6 *Trinity Psalter Music Edition*, Pittsburgh, PA: Crown and Covenant, 2000.

7 *Psalms of the Trinity Psalter CD*, Savannah, GA: IPC Press, 1999.

8 *Psalms of the Trinity Psalter II CD*, Savannah, GA: IPC Press, 2002.

uso de seus hinos. Afaste-se do superficial, repetitivo e banal. Lembre-se que não importa quando uma canção foi escrita, mas sim a força de seu conteúdo e a adequação de sua música. Nem todo gênero musical é apropriado para a adoração. Pergunte a si mesmo sobre as letras das músicas — elas são bíblicas e teologicamente sãs e maduras (1 Co 3.1; Hb 5.11-6.2)? E sobre a música, ela é cantável? Ela é emocionalmente equilibrada? Ela é apropriada para a adoração do Deus da Bíblia?

Em quarto lugar, em sua adoração, seja centralizado na igreja. A igreja consiste em todo o povo de Deus, tanto jovens quanto idosos, ricos e pobres, judeus e gentios. A verdadeira igreja transcende todas as divisões deste mundo baseadas na cultura, raça, classificação étnica e faixa etária (Gl 3.28). Da mesma forma deve ser a adoração. Eu sei que a tendência natural das coisas é ir contra este pensamento. A teoria de hoje é de que cada sub-cultura precisa de sua própria adoração expressa em seu próprio estilo de forma, música e discurso. Pense comigo para onde isto nos levará. Inevitavelmente, a igreja se dividirá em milhares de grupos de afinidades, cada um demandando sua própria adoração, em seu próprio estilo cultural — cultos presumivelmente para negros, brancos, mulatos, amarelos e vermelhos; para adolescentes, solteiros, e, claro, para a "melhor de todas as idades"; para aqueles que preferem *jazz, rock, swing*, música clássica, *country, rap*, etc., etc., etc. Aquele que deveria ser o tempo quando todos se tornassem um em Cristo, será o dia da semana em que nós estaremos o mais divididos possível. Esta é uma rua sem saída. Não entre nela.

Ao invés disso, considere que a igreja tem a sua própria cultura. Tem o seu próprio tesouro de música que inclui contribuições de Bach, Handel, Beethoven, Haydn e Mendelssohn. Ela possui um tesouro de letras que inclui contribuições de Watts, Wesley, Newton, Havergal, Lutero, Calvino, e muitos outros. Gradualmente adições são feitas a este tesouro através do tempo. Algumas canções que encantaram toda uma geração ainda estão em nosso meio, mesmo cem anos depois. Estas canções que perduram são adicionadas ao tesouro. O tesouro consiste essencialmente em músicas e letras que encantaram pessoas, independentemente de sua classe social, raça, cultura e geração. Elas surgiram entre os galeses, franceses, alemães, espanhóis, gregos, latinos e hebreus. Elas transcenderam o gosto local e se tornaram universais. Foram aprovadas pelo teste do tempo. Quem não ama "Graça Eterna"? Quem não se deleita ao cantar "Cantai que o Salvador chegou"? O que estou dizendo é que você não deve selecionar um formato, estilo de linguagem ou de música que agrade aos gostos de um grupo em particular, excluindo desta forma todos os outros. Ao invés disso, prenda-se à própria cultura transcendental da igreja, que embora não pertença a nenhum grupo em particular, possui uma estética de apelo universal, e, portanto, pertence a todos.[9] Não se desvie pelo pretexto de que o assunto aqui é comunicação, como se o evangelho não possa ser compreendido, a menos que seja envolvido pelas preferências culturais de cada um. Isto não é verdade.

CONCLUINDO O ASSUNTO

Conduza a adoração da forma que eu a esbocei, e você talvez seja criticado. "Você é só um apologista da adoração tradicional", dirão os opositores. "Você não se preocupa com aqueles que estão fora da igreja, com os interessados, com os perdidos. Eles ficarão entediados e indiferentes com o que você descreve." Este é um desafio sério. Mas antes que você e eu nos rendamos, vamos ver se entendemos corretamente as reclamações. Nós dissemos que nossa adoração deve ser centralizada em Deus, em Cristo, na Palavra e na igreja. É isto que eles estão dizendo ser evangelisticamente insuficiente? O que nós descrevemos está impregnado com o evangelho dos pés à cabeça, do início ao fim. Francamente, apenas aqueles que perderam a confiança de que o próprio evangelho é o "poder de Deus para a salvação" (Rm 1.16), de que "a fé é pelo ouvir, e o ouvir pela palavra de Deus" (Rm 10.17 VRC), de que nós somos "santificados na verdade" (Jo 17.17), poderiam chegar a uma conclusão destas. Eu não sei o que pensar daqueles que sentem a necessidade de substituir a pregação bíblica, o cântico e a oração por

9 Veja o meu livro *Reformed Worship: Worship That is According to Scripture*, Greenville, SC: Reformed Academic Press, 2000, 9-13.

teatro e danças, shows e "entrevistas". Isto nos sugere incredulidade, bem como idolatria.

Quando o povo de Deus reverentemente adora a Deus, esperamos que o resultado seja uma reunião significativamente diferente de qualquer coisa que os incrédulos já tenham experimentado. Contudo, isto não deveria nos preocupar, quando o culto é conduzido numa língua conhecida. Caso seja, o apóstolo Paulo tem certeza de que o incrédulo, na presença de um culto reverente, centralizado em Deus e Cristo, e cheio da Palavra, é por "todos convencido e por todos julgado; tornam-se-lhe manifestos os segredos do coração, e, assim, prostrando-se com a face em terra, adorará a Deus, testemunhando que Deus está, de fato, no meio de vós" (1 Co 14.24-25).

Existem poucas igrejas que combinam a pregação bíblica com um culto reverente. Algumas igrejas possuem a pregação, mas sua adoração sofre. Algumas outras possuem a adoração, mas a sua pregação não apenas sofre, é sofrível. Há uma demanda crescendo lentamente por igrejas que combinem ambas, pregação e adoração. Combine-as e você não somente irá adorar como Jesus diz que "importa" que adoremos, mas estará pronto para cuidar dos necessitados que surgirem nos dias que se seguem.

Carinhosamente,
Terry

PS Aqui estão alguns livros, além daqueles aos quais já me referi, que sinceramente recomendo que você leia:

1. *With Reverence and Awe*, D. G. Hart e John R. Muether (Phillipsburg, NJ: P&R Publishing, 2002).
2. *Leading in Prayer*, Hughes Oliphant Old (Grand Rapids, MI: Eerdmans, 1995).

3. *Worship That Is Reformed According to Scriptures Guides to the Reformed Tradition*, Hughes Oliphant Old (Atlanta, GA: John Knox Press, 1984).
4. *O' Come Let Us Worship*, Robert Rayburn (Grand Rapids, MI: Baker Book House, 1980).

Capítulo 17

Instrua outros homens

Steve Martin

Amado Timóteo,

Saudações de Atlanta! Já faz algum tempo desde a última vez em que lhe escrevi. Espero que você esteja bem e próximo de Cristo. Aqui faz um belo dia de fim de inverno que alegraria qualquer um por, em janeiro, estar em Atlanta e não em Mineápolis! Mas onde quer que estejamos, se estamos com Cristo é o melhor lugar. Se você está caminhando com Cristo, então ocupa o melhor lugar possível para você.

Estava refletindo sobre nossas interações durante os últimos meses, e meus pensamentos se voltaram para uma área na qual acredito que você ainda possa crescer e se desenvolver como pastor. Você tem se esforçado para ser um obreiro fiel, lidando corretamente com a Palavra da Verdade. Você parece zelar diligentemente pelo seu próprio coração e doutrina. Que o Senhor seja louvado por sustentá-lo e fortalecê-lo neste sentido. Mas para ser um pastor fiel, você precisa adicionar à sua visão não apenas o cuidado e alimentação de sua própria alma, de sua família e da família da igreja em geral; você também precisa se focar em outros homens da igreja para nutrir e instruí-los nas coisas de Deus.

Por que instruir outros homens? Em primeiro lugar, algumas necessidades das igrejas cristãs só podem ser supridas quando instruímos outros homens. A necessidade urgente, em todas as gerações, é que sejam levantados homens piedosos para servirem em suas casas, na igreja local e no amplo trabalho do reino de Deus.

Precisamos de homens que conduzam nossas famílias cristãs. De Gênesis até Apocalipse, a Palavra de Deus reforça inúmeras vezes a importância do marido e do pai no lar. Homens que não são bons maridos e pais deixam um legado de mediocridade espiritual e desastres atrás deles. Pastor após pastor com quem conversei reclamaram da falta de homens piedosos, homens em crescimento, homens que pudessem liderar em suas casas e também fora delas. Você mesmo pode já ter clamado a Deus: "Onde estão os homens de Deus?" A necessidade urgente em família após família, igreja após igreja, é por homens piedosos que conduzam amorosamente suas esposas e filhos nas coisas de Deus. Se o marido se importa mais em ganhar dinheiro e progredir profissionalmente do que com o destino eterno de sua esposa e filhos, então a família logo irá mostrar os efeitos da idolatria do trabalho, sucesso e da chamada "boa vida".

A cultura secular ao nosso redor tem estado sob o julgamento de Deus, de acordo com Romanos 1.18-32, por algum tempo. Temos sido levados para uma condição ímpia de estupidez e cegueira moral e espiritual. Não podemos deixar de ver, muito menos resolver nossos verdadeiros problemas nacionais. Qualquer leitor mais sensível ficaria biblicamente deprimido ao ver a reportagem de capa de uma revista nacional atestar: "Homens e Mulheres — São Diferentes?" Contudo, esta é apenas uma pequena batalha na longa guerra de três décadas para obscurecer ou esclarecer a masculinidade, a feminilidade e a família. A guerra tem produzido milhões de fracassos nos casamentos e famílias, e tem causado quase que uma revolta cultural e degeneração global.

Conforme a cultura americana tem estado bem no meio de uma batalha pelo casamento e pela família, as igrejas não se silenciaram. Pastores e teólogos têm identificado os inimigos e alertado as igrejas. Mas a necessidade ainda se encontra em instruir homens para serem solteiros bíblicos, maridos bíblicos, pais bíblicos e idosos bíblicos. Nós não podemos ter por certo que a conversão supre o homem de tudo quanto ele precisa saber sobre a masculinidade, casamento, criação dos filhos e liderança. Pode ter havido um tempo, algumas décadas atrás, quando uma família começava a freqüentar a sua igreja, era convertida e já começava com o pé direito. Havia muito mais graça comum na cultura americana naqueles dias do que há hoje. Nós não podemos mais esperar que muito, ou algum, conhecimento da posição bíblica sobre a masculinidade, casamento, criação cristã dos filhos e envelhecimento entre nossas famílias, venha até nós do mundo. Infelizmente, muitas igrejas têm permitido que a cultura dite os seus pontos de vista sobre questões de gênero sexual, casamento e família. Não podemos ser passivos, mas precisamos nos tornar pró-ativos no ensino destas coisas ao nosso povo. Precisamos instruir os homens da igreja nestas áreas.

Em segundo lugar, precisamos de homens de Deus para liderar nossas igrejas. Esta sempre tem sido a forma de Deus em usar os homens. A. W. Tozer diretamente disse: "Deus o Espírito Santo não enche os duvidosos". O clamor das igrejas ao redor do mundo é por homens, homens piedosos, homens que exerçam sua liderança tanto em suas casas quanto na igreja. Muitas igrejas são funcionalmente lideradas por mulheres. Certa vez, quando perguntado porque existiam tão poucos homens nas igrejas britânicas, o pastor londrino Martyn Lloyd-Jones respondeu: "É porque há muitas mulheres nos púlpitos". Se os próprios pastores não forem homens verdadeiramente bíblicos, homens de Deus, eles não irão atrair outros homens. Um famoso evangelista desafiou os homens de uma grande igreja batista aqui em Atlanta quando disse: "Vocês trabalham, sonham e suam para colocar a Coca-Cola no mapa de todo o mundo. Mas têm uma visão muito míope e quase nenhuma energia por Jesus Cristo, a fim de espalhar a sua fama por todo o mundo!" E este evangelista estava certo. Freqüentemente jovens executivos e homens de outras profissões estão muito mais preocupados em dedicar suas vidas a seus trabalhos e carreiras do que desejosos de ter, dentro da igreja, semelhança com Cristo. Michael Cassidy, um missionário na África do Sul, falou de homens que "abandonavam suas pequenas ambições". Há muito mais na vida para homens cristãos do que dinheiro, fama e poder. Nossas famílias e nossa igreja precisam de uma liderança masculina à semelhança de Cristo. Elas não precisam de homens de sexualidade confusa e prioridades desprezíveis, que dão a Cristo, sua família e sua igreja apenas os restos de suas vidas. A esterilidade de tantas vidas atarefadas nos dias de hoje silenciosamente prega que os homens precisam mudar.

E não seja muito precipitado para ouvir àqueles que dizem que a vida é muito difícil em nossos dias e que o tempo é muito precioso para os homens abdicarem de sua perseguição desvairada pela segurança financeira e sucesso pessoal para servir a Cristo em suas igrejas. A vida sempre foi difícil desde a Queda. Pelo suor de seu rosto, o homem deve trabalhar entre cardos e abrolhos no campo, negócios, indústria e tecnologia. Quando é que foi fácil e prazeroso para o homem prover as necessidades de sua família?

Mas Deus dá os homens às igrejas como presentes que têm graça o suficiente para satisfazer, através dos mananciais da Salvação, a sede de sua própria alma, de sua família e também de outros em sua igreja local. Nosso Senhor prometeu a seus ouvintes que ir a Cristo engrandece um homem, magnifica suas habilidades e multiplica sua vida. O Cabeça da igreja exclamou às multidões sedentas no dia do banquete, registrado em João 7.37-38: "Se alguém tem sede, venha a mim e beba. Quem crer em mim, como diz a Escritura, do seu interior fluirão rios de água viva". O verso 39 diz ao leitor que Jesus estava se referindo ao Espírito Santo, que ainda seria dado em sua plenitude no Pentecoste. Nosso Senhor estava dando uma ilustração mental da vida expansiva que o Espírito Santo iria criar dentro de cada coração regenerado. Ele não estava prometendo uma gota, copo ou balde da água viva do Espírito. Ele prometeu um rio! Certamente um coração tão extenso tem uma inundação para outros. Mais tarde, em João 10.10b, quando comparava o seu ministério — como o Bom Pastor de suas ovelhas — com o ministério dos mercenários, os fariseus e os saduceus, nosso Senhor disse: "Eu vim para que tenham vida e a tenham em abundância". A palavra abundância significa "mais que o necessário". Significa que você tem mais do que precisa. Homens que nasceram de novo têm a capacidade de olhar além de si próprios e dar aos outros. Homens que nasceram de novo e foram instruídos para serem bíblicos, canalizam suas vidas abundantes no leito designado pela Palavra de Deus. A regeneração produz vida e energia. A Bíblia provê as diretrizes para aquilo que a pessoa regenerada deve ser e fazer. Homens que foram salvos e instruídos são uma poderosa fonte para o bem em sua igreja local.

E em terceiro lugar, nós precisamos de homens para levar o reino de Deus além da igreja local. Em Mateus 9.35-38 nosso Senhor exortou seus discípulos (e nós também) a orar ao "Senhor da Seara", a fim de que mande trabalhadores aos campos. A seara é grande, mas os trabalhadores são poucos. Para que um homem deixe sua igreja, sua cultura e os confortos do "conhecido", algo maior que a persuasão humana e motivação é necessário. A autoridade divina precisa chamar o homem e compeli-lo a ir. É por isto que nós precisamos orar por estes homens divinamente chamados, a fim de que eles reconheçam o chamado de Deus sobre suas vidas e para que respondam fielmente a este chamado com obediência ativa. Infelizmente poucos bons homens estão se tornando pastores para pregarem o evangelho em suas casas. Infelizmente poucos bons homens estão se tornando missionários plantadores de igrejas em outros países. Mulheres estão preenchendo o vácuo deixado nos seminários e no campo missionário. Onde estão os homens? Nós pastores temos de orar pelos homens da igreja para que o Senhor da seara chame-os, em cada igreja, à prontidão em abandonar suas ambições mesquinhas e egoístas, e tornarem-se zelosos por Cristo, pela unção do Espírito na pregação do evangelho, zelosos pela colheita dos seus eleitos e pela expansão da glória de Deus por toda a terra.

Instruir homens não é opcional para um pastor. Em Mateus 28.19-20, nosso Senhor ordenou que seus apóstolos (e através deles as igrejas de todas as gerações vindouras) fossem por todo o mundo e fizessem discípulos. O imperativo foi "fazei discípulos". Os outros verbos no período eram explicativos. É apenas indo, batizando no nome da Trindade e ensinando todas as coisas que Jesus ensinou, que o fazer discípulos é executado. Tomar a iniciativa e ir em busca dos perdidos com o evangelho, batizando aqueles que respondem com arrependimento e fé, e, então, ensinar-lhes "todas as coisas que vos tenho ordenado", preenchem a descrição do ofício do discipulado. O Senhor não estava interessado em borrifar o evangelho sobre as massas antes que o "arrebatamento secreto" ocorresse, e sim em criar cristãos duradouros — discípulos bíblicos.

Jesus quer decididos que se tornem discípulos. Timóteo, muito do evangelismo dos últimos cem anos tem sido do tipo raso, superficial, que busca induzir a uma decisão visível, mas não toma tempo para fazer discípulos. Tristes estudos têm mostrado que as estratégias de evangelismo na América, as quais chegam às pessoas com abordagem minimalista, contam com apenas nove décimos de um por cento dos supostos convertidos em igrejas locais após um ano. Se seguíssemos a ordem de nosso Senhor e não almejássemos decisões, e sim a formação de discípulos, quão diferentes nossas igrejas seriam, e quão diferente a cristandade também seria.

Paulo mandou que seu jovem assistente fizesse discípulos. Em sua última carta, com todos os assuntos importantes que ele queria deixar muito claros na mente de Timóteo, Paulo enfatizou a instrução de discípulos. Em 2 Timóteo 2.2, Paulo escreveu: "E o que de minha parte ouviste através de muitas testemunhas, isso mesmo transmite a homens fiéis e também idôneos para instruir a outros". Nesta frase está contido o caráter de um ministério fiel: Homens discipulando homens que, em troca, discipulam outros homens. A tocha da verdade precisa ser passada adiante de geração em geração de cristãos, através dos homens pela instrução fiel de discípulos. Nosso Senhor salvou Paulo e de maneira única fez a mensagem clara para ele. Este, em troca, discipulou o jovem Timóteo, como seu filho espiritual. Timóteo, em seguida, devia despejar a verdade em vasos fiéis, homens que encontrariam outros homens fiéis a quem confiar a verdade. Quatro gerações de homens fiéis — Paulo, Timóteo, "homens fiéis" e "outros".

Nós não precisamos animar ou de alguma forma melhorar um fraco evangelho. Nós precisamos ensinar e pregar fielmente o evangelho bíblico e nos assegurar de que determinados homens fiéis transmitirão o evangelho inalterado à próxima geração. Esta é a forma de desenvolver uma igreja biblicamente. Terminar os seus dias como um homem fiel não é pouca coisa. As epístolas pastorais, e, até mesmo todo o Novo Testamento, expõem a "fidelidade" como modelo. "Fidelidade" não é brandura nem o menor denominador comum cristão, é, sim, lealdade com o evangelho bíblico. O apóstolo Paulo não encheu sua última carta para o seu escolhido e amado assistente com palavras superficiais e bajuladoras. Umas das coisas fundamentais e mais importantes para um pastor que deseja ouvir o Senhor dizer, "Muito bem, servo bom e fiel", é discipular homens fiéis que por sua vez estarão ensinando a outros a verdade bíblica, sem qualquer adulteração, poluição ou diminuição.

Tanto a última ordem do Senhor à sua igreja, quanto a última ordem do grande apóstolo de Cristo a seu assistente, nos dizem para fazermos discípulos em nossos ministérios. E as Escrituras também nos dão muitos exemplos sobre a instrução de homens.

O método de Deus, o Filho, para estabelecer seu reino sobre a terra era derramar sua vida e ensinamentos sobre doze homens. Ele sabia que seu ministério terreno era temporário. Ele falou repetidas vezes de sua partida iminente. A cruz e a ressurreição, os quarenta dias de aparições e, então, a ascensão o retiraria de cena. O que seria deixado com a igreja para compensar a perda de seu Líder? Por causa de seus esforços em discipular homens, a igreja foi deixada com doze líderes cheios do Espírito, os quais logo se espalhariam e expandiriam o alcance do ministério de Cristo, realizando coisas ainda maiores do que aquelas que o próprio Senhor Jesus realizara em seu ministério na terra.

Em Lucas 6.40, Jesus ensinou um princípio importante sobre seu ministério entre os homens: "O discípulo não está acima do seu mestre; todo aquele, porém, que for bem instruído será como o seu mestre". Cristo sabia que Ele havia escolhido e instruído pessoalmente aqueles doze homens, ainda que um deles fosse cair e se tornar o filho da perdição. Muitas pessoas seguiram nosso Senhor como discípulos, em um sentido mais amplo deste termo. Dentre este grande grupo, Jesus escolheu doze para um ensinamento mais especializado e comissionado; estes se tornariam apóstolos. Dentre os doze, havia um círculo de três apóstolos vistos mais freqüentemente com Jesus — Pedro, Tiago e João. Conforme você lê os relatos dos evangelhos, tome nota do tempo especial que o Senhor passou com estes três. E mesmo entre os três, Ele era especialmente próximo de João, o discípulo que Jesus amava. Mas perceba também que nos evangelhos, nosso Senhor comissionou outros setenta discípulos para expandir o evangelho, pregando e comprovando que o reino de Deus estava sobre eles. Se você ler os evangelhos, marcando as vezes que nosso Senhor esteve com os doze, os três ou até mesmo os setenta, é revelador o quão comprometido Ele estava em instruir aqueles homens como forma de continuar a expandir o seu ministério.

Mas o exemplo do nosso Senhor não é o único no Novo Testamento. Considere Barnabé. Um verdadeiro "filho do encorajamento", como significa o seu nome, ele parecia ter um dom especial ao reconhecer homens em desenvolvimento e transformá-los em ferramentas úteis nas mãos do Salvador. Quando inicialmente as igrejas desconfiavam de Saulo de Tarso e de sua recente conversão, foi Barnabé quem o tomou sob sua proteção e concedeu-lhe credibilidade (cf. At 4.36-37; 8.1-3; 9.1-30, e 13.1-13). Não demora muito no relato de Atos para que "Barnabé e Saulo" se tornem "Saulo e Barnabé" (cf. 13.2 e 13.13). Também é possível que você observe um dos homens instruídos por você, lhe exceder em utilidade ao Mestre. Lembre-se que isto não é uma ameaça, e sim um sinal das bênçãos divinas em seu ministério.

O ministério discipulador de homens, exercido por Barnabé, não foi limitado a Paulo. Veja como ele ajudou João Marcos. Depois que Marcos desertou a primeira viagem missionária, Barnabé lhe deu outra oportunidade, ainda que isto significasse sua separação de Paulo. João Marcos foi salvo e mais tarde ajudou seu tio, Pedro, em seu ministério. Muitos estudiosos, como você sabe, acreditam que o evangelho de Marcos é na verdade o evangelho de Simão Pedro revisado por João Marcos, como seu secretário. Mais tarde, o próprio Paulo pediu ajuda a Marcos, aplaudindo a sua utilidade. Então, as treze cartas de Paulo e o evangelho de Pedro foram escritos por homens que, em determinado momento, foram vistos com desconfiança para o trabalho no ministério, mas que vieram a ser de valor inestimável após o discipulado com Barnabé. Em outras palavras, o Espírito Santo inspirou mais da metade do Novo Testamento de forma a ser escrito por homens que Barnabé havia discipulado!

Paulo também exemplifica o treinamento de outros homens. Os registros do Novo Testamento revelam que Paulo alistava homens onde quer que ele fosse, e a implicação disso deixa muito claro que ele os estava discipulando: Silas (At 15.40), Timóteo (At 16.1,3), Áquila e Priscila (At 18.18), Erasto (At 19.22; Rm 16.23), Sópatro de Beréia (At 20.4), Aristarco e Secundo, de Tessalônica (At 20.4), Gaio, de Derbe (At 20.4), Tíquico e Trófimo, da Ásia (At 20.4) e Lucas, o médico (note as porções do livro, Atos dos Apóstolos, escrito por Lucas, em que ele usa "nós"). Paulo era um grande pregador do evangelho e professor das Escrituras, mas também era um grande discipulador de homens.

Então, quando Paulo admoesta Timóteo para que este discipule homens, em 2 Timóteo 2.2, está apenas defendendo aquilo que ele próprio praticou. E perceba também o conteúdo de seu discipulado: "O que de minha parte ouviste através de muitas testemunhas". Ele está se referindo ao evangelho. É isto que ele deve transmitir a outros. Independentemente de qualquer outra coisa que o discípulo possa saber, ele precisa ter um claro conhecimento do conteúdo do evangelho.

Tendo ele mesmo provado ser um servo fiel, Timóteo também foi incumbido de transmitir estas verdades do evangelho para "homens fiéis". É preciso ser alguém fiel. É preciso instruir homens fiéis. Timóteo deveria se assegurar de que a próxima geração de líderes na igreja seria composta de homens fiéis, que também permaneceriam dentro de padrões estabelecidos nas Escrituras. "Homens fiéis" eram homens que mantinham o padrão intacto, que não aparavam as pontas do padrão das palavras sãs. É fundamental que cada geração de pregadores receba o verdadeiro evangelho.

Manter o evangelho inalterado e sem qualquer modificação nem diluição é muito difícil. Conquanto a palavra *fiel* possa parecer fora de moda e fraca, assim como a palavra bíblica *submisso*, isto não é verdade. É necessário que os homens a quem foi incumbida a comissão sagrada se mostrem fiéis (1 Co 4.1-2). Pastores cristãos querem que a palavra "fiel" esteja escrita em suas lápides, e não as palavras "inovador", "criativo", ou ainda "ele superou seus limites". Estes termos são deixados para as biografias dos liberais, dos hereges e dos heterodoxos. Os pastores bíblicos querem ouvir o nosso Senhor dizer, no Dia do Julgamento: "Muito bem, servo bom e fiel!"

Alguns grupos da cristandade se orgulham de sua "sucessão apostólica". Bem, a verdadeira "sucessão apostólica" é a transmissão fiel do evangelho de um homem para outra geração de homens fiéis. A fidelidade destes homens é vista em sua fiel aderência à verdade do evangelho, assim como na sua fiel transmissão da verdade para uma outra geração de "homens fiéis e também idôneos para instruir a outros".

As habilidades de ensino reportadas aqui não se referem necessariamente àqueles com aprendizado formal em métodos educacionais. Um claro entendimento da verdade e um desejo pessoal de pregar e ensinar a outros é o que está em vista. Um homem não precisa necessariamente ir a um seminário para receber estas verdades e tê-las firmemente escondidas em seu coração e mente. A "sucessão apostólica" de Deus é um homem fiel discipulando outro homem fiel no evangelho inalterado. Multiplicar homens fiéis é o método que Deus tem honrado através dos séculos. Antes do Novo Testamento ter sido completo, era especialmente crucial que a verdade do evangelho e os detalhes das Escrituras não se perdessem. A Palavra de Deus precisava se manter livre de qualquer erro. Ainda hoje, há validade neste processo. O evangelho ainda está sendo perdido pela infidelidade do homem. Impostores e charlatões ainda são uma praga na igreja, com seu evangelho "*light*" e sua jornada pelos caminhos da heresia. O preço por manter a verdade e manter a igreja na verdade é a vigilância perpétua em guardar o evangelho e confiá-lo a homens fiéis.

Seu principal objetivo deve ser instruir pessoas para serem homens de Deus à semelhança de Cristo. Se ele é casado, então, ser um homem de Deus envolve ser um marido à semelhança de Cristo. Se ele é pai, então, isto também inclui criar seus filhos com amor e fidelidade.

A masculinidade bíblica não deve ser entendida como algo intrínseco ao homem. Paulo disse ao jovem Tito que instruísse aqueles sob sua liderança com a sã doutrina a este respeito — homens cristãos, idosos e jovens, devem agir desta forma (Tt 2.1-2, 6-8, 11-14). Paulo diz ao jovem Timóteo que ensine aqueles sob sua liderança, a forma como os homens cristãos devem se portar na igreja local (1 Tm 2.8-15). Após vinte e cinco anos de movimento feminista em nossa sociedade, na ímpia e insensata deturpação dos desígnios de Deus para o homem e a mulher, as igrejas têm incorporado pessoas que não compreendem nem se empenham em ser exemplos de homens e mulheres bíblicos. A Palavra de Deus ensina que os maridos e pais cheios do Espírito exibem características muito claras de acordo com Efésios 5.16 6.4. A Palavra de Deus ensina que os maridos e pais cheios do Espírito exibem características facilmente identificáveis, de acordo com Colossenses 3.16-21. Note que as mesmas características são ensinadas em ambas as passagens, revelando dois lados de uma mesma moeda. A Palavra de Deus ensina que os homens cristãos que são solteiros precisam aprender a canalizar sua energia em objetivos santos e edificantes, de acordo com 1 Coríntios 7.6-9. Uma igreja ortodoxa com uma confissão de fé ortodoxa e um púlpito ortodoxo que não possui homens fiéis personificando estas verdades ortodoxas e, por sua vez, ministrando a partir da sua vida para suas esposas e filhos, não é uma igreja saudável. É uma igreja fraca e doente que apenas possui o nome de ortodoxa.

Se você não instruir homens para serem realmente homens, e homens de Deus, você terá falhado em confiar os tesouros da Palavra a homens fiéis. Se os homens de sua igreja e os seus casamentos são bíblicos (não perfeitos, mas fiéis às normas das Escrituras), então você terá uma fundação segura sobre a qual formar homens fiéis. Mas homens que abandonam suas casas à própria sorte não podem ser incumbidos da liderança da igreja. A Escritura proíbe homens que não são fiéis em casa de multiplicar a sua mediocridade na igreja. Instrua os homens a conhecerem a Cristo e O amarem, e que amem suas esposas e filhos por causa de Cristo. Seu sucesso em casa é a sua credibilidade com os outros. Se um homem não é capaz de lidar com quatro pessoas, por que confiar que lidará bem com quarenta? A sabedoria bíblica diz: "Não! Deixe-o aprender a lidar bem com quatro, para depois lhe dar os quarenta".

Alguns dos homens que você treinar para serem homens de Deus, maridos e pais fiéis, podem acabar se tornando presbíteros da igreja local. Homens fiéis são a espinha dorsal espiritual de qualquer congregação. Paulo dá instruções bem simples sobre aqueles que são qualificados para serem presbíteros e sobre as funções do presbítero. As instruções de Paulo sob a inspiração do Espírito quanto aos qualificados para serem presbíteros/supervisores/pastores são muito claras quando comparamos 1 Timóteo 3.1-7, Tito 1.5-9 e Atos 20.17-35. Presbíteros devem ser homens de Deus aprovados pelo teste do tempo, que possam cuidar do bem-estar do rebanho de Deus, como homens que prestarão contas a Deus por esta confiança sagrada (Hb 13.17). Você está buscando a formação de homens que irão alimentar, guardar e guiar o rebanho com a Palavra de Deus, sob a autoridade de Jesus Cristo, o Supremo Pastor.

Alguns dos homens que você treinar podem vir a se tornarem diáconos. Os diáconos são vistos no Novo Testamento como assistentes dos presbíteros na ministração ao rebanho de Deus. Suas qualificações foram listadas por Paulo em 1 Timóteo 3.8-13. Paulo não acredita que devemos adivinhar ou ficar na escuridão no que diz respeito às qualificações necessárias para a liderança na igreja local. Ele cita cada qualificação para nós. Lucas registrou a forma como as necessidades do ministério cresceram na igreja primitiva, de tal modo que uma ordem de sacerdotes foi criada na igreja local para atender às necessidades físicas. Estes "protodiáconos" em Atos 6.1-6 liberaram os apóstolos e presbíteros da igreja em Jerusalém para o ensino e oração. É isto o que diáconos fiéis e piedosos fazem nos dias de hoje. Desta forma, você estará buscando a formação de homens que irão ajudar os presbíteros no servir ao rebanho.

A igreja de Jesus Cristo sempre precisa de piedosos pastores e missionários plantadores de igrejas. Apenas Deus, soberanamente, os equipa e chama. Mas Ele não faz isto a partir de um vácuo. Ele geralmente pratica sua obra soberana em congregações locais, onde homens jovens receberam o conhecimento de Cristo e a glória de pregar o seu evangelho. Como mencionei anteriormente, a comissão de nosso Senhor como registrada em Mateus 28.19-20, jamais foi rescindida. Da mesma forma, quando o Mestre disse aos apóstolos em Atos 1.8 para esperarem pelo Espírito Santo, Ele prometeu-lhes que o Espírito os capacitaria a serem suas testemunhas "até aos confins da terra". O mundo ainda precisa do evangelho. Nem todos os eleitos de Cristo já foram recolhidos ao aprisco. Nós ainda temos muitas obras sacrificiais a realizar "para que também eles obtenham a salvação que está em Cristo Jesus, com eterna glória" (2 Tm 2.10). Deus o Espírito Santo ainda capacita homens sobrenaturalmente, transformando-os em testemunhas da verdade de Cristo e do evangelho da "ruína pela queda, salvação pelo Filho e regeneração pelo Espírito Santo". Ele ainda está compelindo homens a deixarem o lar e a família para irem até a última floresta, a última favela, a última cidade, o último vale, o último ermo congelado e o último vizinho do lado de sua casa. Alguns dos homens em nossas igrejas podem ser chamados para levar o evangelho ao exterior e plantar igrejas, onde nenhuma existia até então. Vamos fazer a nossa parte para nos assegurarmos de que bons homens estão sendo treinados e disponibilizados para o chamado do Senhor.

REUNINDO HOMENS PARA O DISCIPULADO

Reunir homens precede o instruí-los. Parece óbvio, mas nós precisamos manter isto em mente. E para reunirmos corretamente estes homens, precisamos tomar uma série de medidas. Em primeiro lugar, temos de orar. Eu disse anteriormente que o Senhor Jesus falou especificamente ao seu povo, em Mateus 9.35-38, para orar sinceramente ao Senhor da seara, a fim de que Ele envie trabalhadores à sua seara. Deus levanta homens. Podemos trabalhar até não agüentarmos mais, mas sem oração isto não redunda em fidelidade, é apenas uma atividade carnal. Deus pode trazer homens do meio do nada e também de debaixo do seu nariz. Bem no início do meu ministério, eu precisava aprender duas lições. A primeira era orar sem cessar. A segunda era trabalhar arduamente. Ambas encerram o ministério cristão. Eu passei meses, de setembro até março, trabalhando do amanhecer ao anoitecer. Eu trabalhava para estar em contato e conhecer muitos jovens homens. Mas conquanto as perspectivas fossem muitas, não via onde "meus homens" estavam. Então, comecei a orar com determinação. João 15.16 é a primeira coisa que me vem à mente: "Não fostes vós que me escolhestes a mim; pelo contrário, eu vos escolhi a vós outros e vos designei para que vades e deis fruto, e o vosso fruto permaneça; a fim de que tudo quanto pedirdes ao Pai em meu nome, ele vo-lo conceda". Então, pude ver muito claramente que o soberano chamado de Deus aos homens tinha ligação com minha oração por eles. Conforme comecei a orar seriamente, naquela mesma semana Deus levantou os homens que se tornariam a coluna de sustentação do meu primeiro ministério. Apenas Deus pode dar frutos duradouros. Apenas o Senhor da seara soberanamente escolhe e chama os homens. E em resposta às orações, Ele capacita suas igrejas a reconhecerem os futuros líderes que Ele mesmo chamou.

Em segundo lugar, você precisa plantar amplamente. Jesus pregou para imensas multidões e convidou aqueles que sabiam estar cansados e sobrecarregados com seus pecados a chegarem a Ele (Mt 11.28-30). E aqueles eficazmente chamados, compareceram. É um erro plantar limitadamente e esperar uma mega-colheita em um pequeno pedaço de terra. Quanto mais você plantar, mais homens o Senhor levantará. Além de pregar no Dia do Senhor, aproveite oportunidades para pregar em organizações comunitárias, formaturas, prisões, asilos, bases militares e onde quer que a oportunidade surja. Também promova ocasionalmente na igreja ou na casa de alguém reuniões de homens para, por exemplo, assistir a um filme e analisar suas implicações bíblicas.

Você também pode oferecer coisas que requeiram um pouco mais de compromisso. Por trinta anos, eu também tenho liderado reuniões de homens. Marque-as bem cedo de manhã, durante a semana (por exemplo, das 6h às 7h) ou aos sábados de manhã. Deixe-as abertas a todos os homens da igreja. Faça convites de forma pública e clara. Então, ore e veja quem o Senhor traz. Pedir que saiam da zona de conforto natural do domingo de manhã, domingo à noite, e quarta-feira à noite, mostra se o crescimento espiritual e utilidade na obra de Deus é importante para eles. Exorto também particularmente alguns homens, os quais acredito estarem pouco desenvolvidos, a virem nas reuniões. Eles já ouviram o convite público. Então, eu os convido em particular. O Senhor separará aqueles que forem infiéis nas pequenas coisas ou que não demonstrarem fome e sede de justiça.

Em terceiro lugar, identifique claramente aqueles com os quais você usará mais do seu tempo para treiná-los. Você precisa tomar todo o cuidado possível aqui. Nosso Senhor passou uma noite inteira em oração antes de escolher os doze. Se você tiver uma única chance de derramar sua vida em alguns homens, quais você irá escolher? Escolher sem cuidado e erroneamente significa desperdiçar o seu precioso tempo. Cometa este erro algumas vezes e você corre o risco de desperdiçar a sua vida. Mantenha os marcos bíblicos da fidelidade diante de você, enquanto ora pelos seus homens. Quem parece estar verdadeiramente faminto e sedento pela justiça? Quem está regularmente pobre de espírito e buscando em primeiro lugar o reino de Deus e a sua justiça? Quem é fiel no pouco (Lc 16.10)? Quem tem um coração voltado para Deus e vontade de aprender? Quais homens perseguem a santidade? Quais homens cuidam da glória de Cristo? Quais homens são zelosos por Cristo em seu testemunho? Quais homens andam tão próximos de Cristo que sua vida transborda primeiramente sobre seus familiares, e depois, sobre os outros?

Em quarto lugar, teste-os. Dê-lhes tarefas para realizarem, que requeiram fidelidade e humildade. Peça-lhes que façam coisas detestáveis à carne. Os egos carnais querem fazer coisas carnais "importantes", e não coisas do dia-a-dia, coisas que requerem fidelidade. Aqueles que não aparecerem para os treinos também não jogam quando for pra valer! Os homens não deveriam pensar que podem ser infiéis nas pequenas coisas e ainda assim serem chamados para as "grandes coisas". Também dê aos homens algumas tarefas que testem seu caráter. Leve-os para testemunhar. Leve-os com você quando for pregar em algum lugar e peça-lhes para darem um testemunho. Faça com que eles se identifiquem publicamente com Cristo e sua causa. Isto irá ajudá-los a construir algumas pontes psicológicas e também a fixar o evangelho em suas mentes. Verifique se eles podem dar aula, confiando-lhes um pequeno grupo para liderar e ensinar durante um período limitado de tempo. Quando este tempo acabar, peça relatório sobre a experiência e dê suas opiniões. Se ninguém aprendeu ouvindo-os, eles provavelmente não têm o dom do ensino. Isto não significa, no entanto, que eles estão perdidos para o reino, mas sim que você precisará aprender mais sobre suas forças e fraquezas.

Em quinto lugar, desafie-os pessoalmente. Nosso Senhor desafiou homens a segui-Lo com a promessa de que Ele os ensinaria a se tornarem "pescadores de homens" (Mt 4.19). Nós não deveríamos fazer menos que isso. Paulo podia desafiar homens e igrejas a segui-lo, assim como ele imitava Cristo (1 Co 4.6, 11.1). Fazendo isto, deixamos claro a cadeia de comandos e o alvo que é o reino de Cristo e nós, como pastores, sob sua autoridade. Jamais deveríamos ser autoritários, e sim deveríamos exercer autoridade bíblica, pedindo claramente aos homens que nos sigam, assim como nós seguimos a Cristo. Nunca seja vago ou nebuloso, antes seja claro e correto. "É por aqui que estou indo. Eu acredito que Deus tem trabalhado em seu coração para seguir esta estrada ao meu lado, ministrando aos outros. Quero que você me siga, assim como eu sigo a Cristo. Você virá comigo?" Ofereça-lhes uma visão de onde você deseja ir e ore para que o Senhor trabalhe em seus corações.

Em sexto e último lugar, identifique-os publicamente. No contexto de sua igreja local, explique publicamente que foi pedido ao João que ensine na Escola Dominical e ao Zé que conduza um pequeno grupo de estudo. Toda autoridade é delegada, vindo, da parte do Pai, de cima para baixo. Seu povo precisa saber que aqueles homens estão ocupando suas novas posições, porque lhes foi delegada autoridade pelos presbíteros. As pessoas não deveriam ter de tentar adivinhar "quem nomeou fulano para ser nosso professor". A resposta deve vir muito diretamente — você nomeou!

INSTRUINDO OS HOMENS QUE VOCÊ REUNIU

Uma vez que Deus tenha dado os homens em quem você deve investir a sua vida, você precisa ser fiel para liderá-los e instruí-los. Em primeiro lugar, instrua-os através do exemplo. A encarnação do Senhor Jesus Cristo é uma grande razão para um exemplo piedoso como a base da instrução dos homens. Nosso Senhor não jogou sermões lá dos céus e nem um manual de amor sacrificial por Deus e pelos homens. Ele se tornou a ilustração viva, capaz de falar mais que dez mil palavras. Nosso Senhor conscientemente agiu de tal forma a deixar para seus discípulos, e a nós hoje, exemplos para seguir. João 13.1-5 é o grande exemplo do "maior amor". Pedro jamais poderia se esquecer do exemplo do nosso Senhor naquela noite, e ainda em outras vezes, de forma que ele exorta seus leitores a seguirem o exemplo específico de Cristo de sofrer com mansidão (1 Pe 2.21-23) e de servir aos outros ao invés de dominar sobre eles (1 Pe 5.1-5). O apóstolo Paulo ensinou muito em sua pedagogia sobre o papel de ser um exemplo. Ele usou a palavra traduzida como "exemplo", (modelo, padrão) para ilustrar verdades espirituais. Ele exortou Timóteo, mesmo sendo este bastante jovem, a ser um "exemplo" ao povo, na palavra, no procedimento, no amor, na fé e na pureza (1 Tm 4.12). Admoestou os coríntios a lembrarem-se do tipo de exemplo que ele havia lhes dado e os desafiou a imitar seu padrão de fidelidade de vida (1 Co 4.14-17, 10.31-11.1). Ele elogiou a igreja em Tessalônica por ser um exemplo às outras igrejas (1 Ts 1.7) e mais tarde usou a si mesmo como um exemplo do princípio de que, se um homem não quer trabalhar por sua comida, ele também não deve ser ajudado pela igreja (2 Ts 3.9-10). Alertou os filipenses a manterem o seu olhar fixo sobre aqueles que "andam segundo o modelo que tendes em nós" (Fp 3.17). Instruiu o jovem pastor Tito a ser um exemplo para os crentes em Creta (Tt 2.7). Usou uma forma argumentada da palavra *exemplo,* quando escreveu para Timóteo, dizendo-lhe que Jesus era o protótipo ou supremo exemplo que nós devemos seguir (1 Tm 1.16).

O poder de um exemplo não pode ser exagerado. O antigo provérbio: "Eu não consigo ouvir o que você diz, porque as suas ações falam alto demais", ainda é verdadeiro nos dias de hoje. Se a sua vida e conduta repelem os outros, se sua vida fala uma mensagem diferente daquela proferida em seus sermões, se você não está de alguma forma personificando aquilo que professa e prega, não pode ensinar aos outros — com exceção da hipocrisia. Este tipo de pessoa é o que chamamos de alguém que não pratica o que fala. A Bíblia não ensina nem espera perfeição deste lado do céu, mas ela exalta a fidelidade. A fidelidade é o cumprimento da mordomia, bem como a conformidade com um código ou padrão. Se eu sou um pastor que não confia em Deus, se sou conhecido por estar sempre envolvido com muitas tarefas, se eu reclamo o tempo todo sobre as dificuldades da vida e do ministério, se não conduzo e amo minha família, então, eu sou um péssimo exemplo e preciso me arrepender.

Martyn Lloyd-Jones estava certo, quando disse que era pecado um pastor deixar de expressar sua confiança em Deus. Homens que obviamente conhecem a Deus e que estão seguindo avidamente a seu Filho e conscientemente dependem de seu Espírito e sua Palavra, serão atrativos aos outros e causarão impacto neles. Anelo produz mais anelo. Se você está com o coração pesado pelos perdidos e testemunha como estilo de vida, seus homens seguirão seu modelo. Se você colocar toda a sua vida diante da providência de Deus, no mesmo padrão de Romanos 8.28, seus homens seguirão seu modelo. Se você se arrependeu completamente de todos os seus pecados, seus homens seguirão seu modelo. Você não pode levar seus homens por caminhos que você mesmo não trilhou. E, se o Senhor o está ensinando, você precisa repassar estas lições aos seus homens.

Em segundo lugar, você deve instruir outros homens com a sã doutrina. Ensine a Bíblia aos seus homens. A cristandade no ocidente é fraca, porque não possui mais uma estrutura de suporte, um esqueleto. É, na verdade, um evangelho totalmente sem estrutura. Ela não ensina mais as doutrinas centrais da Palavra de Deus. E antes que comecemos a balançar nossas cabeças em desaprovação aos outros, precisamos ser cuidadosos para não cairmos no mesmo erro de alguns de nossos antepassados, que pensavam ser suficiente prender-se a apenas alguns princípios. O grande campeão da Bíblia e da fé protestante histórica no início do século vinte, J. Gresham Machen, disse certa vez algo no sentido de que não usava o termo "fundamentalista" para descrever a si mesmo, porque o "fundamentalismo" era uma rocha muito pequena para ele se segurar, enquanto as grandes ondas de incredulidade se lançavam contra a igreja. Ele era um genuíno confessionalista de sangue puro. Apresente seus homens às confissões históricas das igrejas protestantes.

Lembre-se que você está ensinando a verdade para santificá-los, não para torná-los espertos. Nada é mais repugnante que um calvinista professo, cuja vida é consumida pela busca de "semi-pelagianistas" reais ou imaginários com quem duelar. A verdade é dada para nos tornarmos como Cristo, e não para nos posicionarmos no topo do Monte da Vanglória, para derramar escárnio nos nossos irmãos com menos conhecimento da teologia bíblica. Paulo alertou a congregação coríntia, muito talentosa e instruída, porém pecaminosa, de que "o saber ensoberbece, mas o amor edifica" (1 Co 8.1). Se mantivermos claro em nossa mente que estamos "ensinando-os a guardar todas as coisas que vos tenho ordenado" (Mt 28.20), poderemos evitar os perigos da "religião quimérica" e ser verdadeiramente "calvinistas empíricos".

Não negligencie uma arma fundamental no seu arsenal — bons

livros. Os protestantes sempre foram os campeões na arte de ler e escrever (um espírito bereano), exatamente em razão da primazia da Palavra de Deus e do sacerdócio de todos os crentes. Ter a Bíblia e o grande legado dos escritos teológicos e devocionais dos protestantes e não usá-los é um verdadeiro pecado! Assegure-se de que seus homens leiam os melhores livros dos melhores autores. Depois da Bíblia, seus homens deveriam se tornar amantes dos melhores livros.

Inicie introduzindo-os aos bons autores, os quais colocam "o pote de biscoitos onde qualquer criança possa alcançá-lo". Até os que não são bons leitores podem se tornar grandes leitores, quando são espiritualmente motivados e expostos a um bom material. Comece com Peter Jeffrey, Jerry Bridges, Martyn Lloyd-Jones, James Boice, R. C. Sproul, Don Whitney, Richard Belcher, John Blanchard, Sinclair Ferguson, James Packer, John MacArthur e outros autores contemporâneos similares a estes, que avivam a verdade e que são bíblica e historicamente fiéis. Você não concordará com tudo que cada um destes autores diz, mas sem ser excessivamente crítico, diga a seus homens onde você discorda e por quê. Isto irá ajudá-los a aprender mais sobre o discernimento, e a saber que nenhum homem, nem mesmo você, é perfeito.

Devolva-lhes sua maravilhosa herança protestante, apresentando-lhes à riqueza da proveitosa literatura que nos foi entregue. Encoraje-os a ler as obras mais acessíveis dos reformadores (Martinho Lutero, João Calvino), dos puritanos (Thomas Watson, Thomas Brooks, John Bunyan e Richard Sibbes), Jonathan Edwards, Charles Spurgeon, dos escritores da antiga *Princeton* (Alexander, os Hodges e Warfield) e dos fundadores da Convenção Batista do Sul (Dagg, Boyce, Mell, Broadus, Manly, entre outros). Encoraje-os a ler sobre a História da Igreja e ainda biografias (os escritos de Iain Murray são particularmente úteis aqui).

Em terceiro lugar, instrua-os falando a verdade em amor. Com isto, quero dizer que você deveria se tornar o encorajador deles quando precisarem de um, e seu exortador (ambos de forma gentil, porém firme), se houver necessidade de exortação. A admoestação de Paulo, em Efésios 4.15, "seguindo a verdade em amor", significa literalmente "verdadeando em amor". Nossos homens precisam viver a verdade irredutível e a sensibilidade delicada do amor. Você também precisa ser um homem que recebe bem a exortação e a admoestação, sem rebelar-se ou tornar-se defensivo. Você precisa ser um homem que recebe encorajamento e não age como se sempre estivesse no controle de tudo.

Em quarto lugar, instrua seus homens tanto no fazer (com eles) quanto no delegar (para eles). Anteriormente, eu já disse que você precisa testar seus homens, dando-lhes algumas tarefas. Você deveria sempre ser o exemplo, aquele que está fazendo o que deve ser feito. Leve-os com você para olharem e aprenderem. De preferência, nunca faça algo sozinho, mas sempre leve um de seus homens com você. Jesus fez isto. Paulo fez isto.

Quando estiverem juntos, no carro, a caminho do lugar onde você for falar, ore sobre este compromisso, explique de que forma você toma decisões a respeito do que pregar ou como você discerne as coisas e, então, discuta toda a mensagem e acontecimentos, e se regozije (ou lamente) no caminho de volta para casa. Pense no modo como o nosso Senhor falava às multidões ou a uma pessoa no meio do caminho, e, também como, discutia os eventos passados com seus homens. Ou, quando você tiver uma oportunidade espontânea de aconselhar alguém com um problema muito complicado, permita que seu companheiro finja ser uma "mosquinha na parede", e, em silêncio, aprenda.

Jesus não era o tipo de teólogo que se protegia dentro de uma redoma. Ele não era o tipo de general que lidera todo o seu exército da retaguarda. Pastores bíblicos conduzem suas ovelhas aos pastos verdejantes e águas calmas andando à sua frente e liderando-as. Da mesma forma devemos agir. Precisamos levá-los aonde queremos que eles cheguem. Não os mande testemunhar, mas leve-os para testemunhar. Não delegue simplesmente, leve-os junto de você. Não diga apenas para seus homens orarem, ore junto deles.

Em quinto lugar, instrua seus homens em diferentes estilos. As igrejas possuem muitos lugares onde os homens podem servir. Deixe que eles experimentem várias coisas diferentes, ainda se falharem, contudo, não permita que um homem constantemente falho permaneça sempre na mesma responsabilidade. Encontre-se com ele, converse sobre os motivos do fracasso. Dê-lhe outras coisas para fazer. Um homem pode não ter dons que o tornem um líder público; e este é o tipo de homem que fica mais nos bastidores. Mas se alguma vez ele tiver de conduzir uma reunião pública, irá admirar mais aquele homem que possui este dom de liderança. Da mesma forma, o homem com dons públicos deveria aprender a sentar-se nas últimas cadeiras e ministrar na quietude da obscuridade por algum tempo. Ele irá estimar muito mais aquele irmão cujos dons não são públicos, mas que são igualmente necessários para que todo o corpo funcione bem.

Bem, irmão, já me alonguei por demais e testei sua paciência. Ainda poderia dizer outras coisas, mas já lhe dei o bastante para ruminar (e espero, não para lhe sufocar). Que o Senhor lhe dê sabedoria para utilizar seu tempo com as melhores coisas, e não apenas com as boas coisas. Olhe para o seu Senhor e Ele guiará os seus passos.

Seu irmão, cooperador e companheiro de peregrinação
na estrada para a Cidade Celestial,
Steve Martin

PS Tomei a liberdade de sugerir onde você pode conseguir mais ajuda. Estes homens escreveram mais coisas do que eu serei capaz de aprender sobre a instrução de homens.

1. *The Training of the Twelve*, A. B. Bruce (Grand Rapids, MI: Kregel, 1971).
2. *The Master Plan of Evangelism*, Robert Coleman (Grand Rapids, MI: Fleming H. Revell Co., 1994).
3. *Christ's Call to Discipleship*, James Montgomery Boice (reimpressão, Grand Rapids, MI: Kregel, 1998).
4. *Following the Master: A Biblical Theology of Discipleship*, Michael J. Wilkins (Grand Rapids, MI: Zondervan, 1992).
5. *The Lost Art of Disciple Making*, Leroy Eims (Grand Rapids, MI: Zondervan, 1978).

Capítulo 18

Tenha interesse pelas nações

PHIL NEWTON

Amado Timóteo,

Saudações no nome maravilhoso do Senhor Jesus Cristo! Sou muito grato pela nova porta de ministério que o Senhor abriu para você. Pastorear uma congregação de crentes se mostrará desafiador e também gratificante. O Senhor o tem preparado para esta situação e sei que você será fiel ao chamado de Deus em sua vida, para "pastorear o rebanho de Deus que há entre vós".

Você provavelmente já está começando a sentir que servir como um pastor irá demandar o seu tempo e a sua energia. Estou plenamente certo de que você tem surpresas todos os dias! Como sempre, quero que saiba da minha prontidão para lhe ajudar de toda forma que eu puder.

Você ficará atarefado com muitas coisas, na medida em que for conhecendo melhor a sua congregação — ministrando-lhe em tempos de necessidade e crises, preparando semanalmente sermões e estudos bíblicos, organizando os ministérios da igreja, reunindo-se com comitês e líderes, e, ocasionalmente, "apagando pequenos incêndios". Mas como pastor e amigo, quero lembrar-lhe de uma área que pode ser facilmente deixada fora do caminho agitado da vida pastoral — a saber, *missões*. Eu sei que você irá observar diligentemente a ênfase de nossa denominação em missões, mas isto pode ser feito quase que inconscientemente. Pastores tendem a relegar o trabalho de missões às agências missionárias das denominações ou às organizações para-eclesiásticas, mas você deve enxergar este trabalho como *seu* trabalho, levando o seu rebanho a ter paixão pelo mundo. A igreja local precisa ser a plataforma de lançamento para as missões globais. Como pastor de uma igreja local, você é a chave para o lançamento de missões na sua congregação.

Sem dúvida, você está lidando com pessoas ocupadas e preocupadas. Elas enfrentam uma rotina diária, lutam com o trânsito, vão e voltam do trabalho, levam as crianças da escola para os esportes e para a aula de música e quase não encontram tempo para os cultos na igreja! E neste processo elas provavelmente acabam não prestando muito atenção aos eventos mundiais, a não ser no caso de sentirem que estes eventos causarão algum tipo de efeito em suas vidas diárias. Assim, enquanto elas estão correndo agitadamente, o mundo ao seu redor definha na escuridão do pecado. Centenas de cristãos são massacrados na Somália e na Nigéria. Um culto é selvagemente atacado no Paquistão. O trabalho missionário é reprimido em todos os continentes. Muitos países islâmicos proíbem qualquer tipo de evangelismo, sob a pena de prisão e até morte. Terremotos, enchentes, furacões, fome e doenças assoladoras dizimam centenas de milhares. Enquanto isso, os membros da sua congregação correm o dia todo, desatentos e indiferentes a tudo, exceto à previsão do tempo, às competições e às notícias políticas. Você leva a eles o desafio das missões globais e, então, vozes se levantam: "Por que nós precisamos ir a algum outro lugar? Nós temos um monte de almas perdidas bem aqui em nossa cidade. Por que desperdiçar tanto tempo e dinheiro para ir até pessoas que não estão interessadas?" Outros podem ainda contestar que as missões pertencem aos profissionais, e não aos despreparados membros da igreja; então, deixa para lá.

A sua convicção deve ser baseada na Palavra de Deus, a fim de que você conduza seu povo no campo das missões globais. É interessante notar que a igreja do primeiro século pode ter tido preocupações semelhantes. O primeiro grande trabalho missionário registrado no livro de Atos não foi cuidadosamente planejado, mas sim resultado da perseguição contra a igreja. Uma vez que a perseguição atingiu a igreja após o apedrejamento de Estevão, ela começou a se dispersar, e por toda parte em que iam pregavam a Palavra. O termo que Lucas usa para "*pregando a palavra*" (At 8.4) vem da mesma raiz que a palavra "evangelho". Eu gosto de pensar nisto como: "eles estavam anunciando as boas novas" ou, então, que "eles estavam *evangelizando*". A perseguição levou a proclamação espontânea do evangelho para fora da vida familiar de Jerusalém. "O sofrimento da igreja é usado por Deus para reposicionar as tropas missionárias em lugares que elas não teriam ido de outra forma", como John Piper expressou em *Let the Nations Be Glad!* (Deixe as Nações Serem Felizes).[1] Nosso grande Soberano trouxe a perseguição para levar a igreja além de suas fronteiras, e por todo o mundo. Mais importante ainda, é que *não* foram missionários profissionais que se dispersaram por todo o mundo, mas a igreja como um todo. Eles logo abraçaram o desafio missionário como sua própria causa.

Para a nossa própria vergonha, os cristãos das áreas mais escuras do mundo ainda parecem ser os mais animados em contar aos outros as boas novas. A perseguição traz à tona o melhor que podemos fazer, enquanto nossa liberdade parece ser o criadouro ideal para a complacência. Não podemos permitir que isto nos desencoraje ou nos afaste das missões globais. Que possamos aprender de nossos irmãos e irmãs que vivem em terras onde existem muitas dificuldades.

O desafio que todos nós como pastores temos de enfrentar continua: "Como podemos ajudar nossa igreja a desenvolver um coração que ama o mundo perdido?" Isto começa com *você*! Pense nos missionários que já passaram por sua igreja, os quais você já ouviu falando do trabalho que realizam. Você consegue esquecer da visão apaixonada de Daniel pelas missões globais, particularmente entre os grupos de pessoas que ainda não foram alcançadas? Você consegue esquecer aquela noite em que Paul

1 John Piper, *Let the Nations Be Glad! The Supremacy of God in Missions*, Grand Rapids, MI: Baker Books, 1993, 96.

Ndungu respondeu suas perguntas sobre o trabalho dele com a tribo dos Maasai, no Quênia? Você lembra do testemunho de nosso amado amigo Philippe sobre a evangelização dos universitários pós-modernos, na França? Ou que tal aquele domingo, quando tivemos pastores de uma dezena de países em nosso culto e, depois, em nossas casas para o jantar? Você consegue esquecer de suas feições e de suas histórias? Você consegue esquecer dos muitos que têm sofrido imensamente pelo evangelho?

Eu sou quase levado às lágrimas, e, certamente, à oração, quando me recordo da conversa que tive com David, o plantador de igrejas liberiano que está tentando alcançar os refugiados da Libéria, Serra Leoa e Burkina Faso. Fico perplexo com minha própria complacência quando considero pastores como N. N. e Moses, em Gana, e Raymond, na Nigéria e a forma como eles levaram o evangelho às vilas muçulmanas, arriscando suas vidas por amor das preciosas almas que vivem na escuridão.

Lembro-me de sua primeira e curta viagem missionária — você era apenas um adolescente. Eu observava, enquanto você trabalhava com um tradutor para comunicar a existência de Deus a um estudante universitário ateu. Você suportou o seu escárnio e pacientemente respondeu suas perguntas. Embora ele nunca tenha acreditado em qualquer uma das coisas que você lhe disse, você continuou orando por ele durante meses, após nosso retorno.

Este entusiasmo precisa ser comunicado a sua congregação. Eles precisam enxergar em você um homem com o mundo no coração. Assim como John Wesley, que disse: "O mundo é a minha paróquia", você precisa sentir o peso das nações sobre os ombros. Enquanto você constrói sua própria congregação na mais santa fé, precisa do mesmo modo olhar para o trabalho mais amplo do reino de Deus até os confins da terra.

Tudo começa ao vermos que nosso Deus é um Deus missionário. Sua promessa para Abraão, "em ti serão benditas todas as famílias da terra", demonstra que a preocupação divina não era por uma única família ou nação, e sim pelo mundo (Gn 12.3). John Stott disse que esta expressão mais do que qualquer outra mostra que o Deus vivo da Bíblia é um Deus missionário.[2] As Escrituras demonstram os feitos de Deus

2 Ralph Winter e Steven Hawthorne, eds., *Perspective on the World Christian Movement 3rd edition*, Pasadena, CA: William Carey Library, 1999, 9.

através de Cristo, para redimir os homens "de toda tribo, língua, povo e nação" (Ap 5.9).

Você pode fazer crescer o amor de sua congregação pelas nações, através de uma exposição fiel da Palavra de Deus. Conforme você seguir o seu ensino, indo de uma passagem para a outra, irá justamente confrontar o mandamento missionário para o povo de Deus. Explique isto e aplique com paixão. Siga por passagens como Gênesis 12, 17 e 22. Pregue nos Salmos, especialmente os Salmos messiânicos 2 e 110, assim como os Salmos reais do 93 ao 99. Interprete os inúmeros textos missionários em Isaías, nos capítulos 40 a 66. Estude o pequeno livro missionário de Jonas, e siga para a promessa da terra ser cheia com o conhecimento de Deus, em Habacuque 2.14. Os evangelhos demonstram a paixão de Cristo por todos os povos. Lucas dá numerosos exemplos de Jesus lidando com os gentios (ou os povos). Os prólogos de João e Romanos provêem motivação missionária. Pregue no livro de Atos, e, ao fazê-lo, ensine sua congregação a pensar missionariamente. As epístolas dão exemplos claros da mensagem do evangelho sendo aplicada em ambientes missionários. Apocalipse é um extraordinário livro missionário, especialmente nos capítulos 4 e 5.

Deixe-me lhe dar algumas idéias que têm me ajudado a pregar a mensagem missionária da Bíblia. Em primeiro lugar, conforme você expõe o texto, estará mostrando o mandamento missionário dentro de um contexto bíblico. Desta forma, você jamais irá chegar ao ponto de manipular o povo de Deus ou de realizar truques para motivar-lhes a promover missões. Você estará anunciando a Palavra eterna que se torna a nossa maior motivação. Mostre à igreja que o ministério de missões é chamar as nações para adorar a Deus de forma que sua glória seja manifestada por toda a terra. John Piper explica que a adoração "é o combustível e o objetivo em missões. É o objetivo porque em missões nós simplesmente almejamos trazer as nações ao gozo ardente da glória de Deus. O objetivo das missões é a alegria dos povos na grandeza de Deus".[3]

Em segundo lugar, prove através das Escrituras que missões são

3 John Piper, *Let the Nations Be Glad!*, 11.

fundamentais para uma verdadeira igreja Neo-Testamentária. João Calvino descreveu uma igreja Neo-Testamentária como aquela que possui a exposição fiel das Escrituras, o uso correto das ordenanças e a disciplina de seus membros. No entanto, penso que precisamos adicionar que uma igreja Neo-Testamentária precisa ter um coração missionário. Isto faz parte da paixão que jorra através da leitura de todo o livro de Atos; as missões estão lá do início ao fim. Mais que qualquer outro, o livro de Atos ilustra as dinâmicas das missões como uma parte natural do ministério da igreja.

Em terceiro lugar, exorte a congregação para um envolvimento total em missões. Nem todos serão capazes de viajar em missões de curta duração ou de estar envolvidos em missões vocacionais. Mas todos podem orar, encorajar e ofertar. No famoso livro de William Carey, *An Enquiry into the Obligations of Christians, to Use Means for the Conversion of the Heathen* (Um Estudo nas Obrigações dos Cristãos, Referente ao Uso dos Recursos para a Conversão de Pagãos), ele chama atenção para aquilo que as igrejas podem fazer no trabalho com missões: "Uma das primeiras e mais importantes daquelas tarefas que são incumbidas a nós é a oração unida e fervorosa". Ele explica: "Não podemos, no entanto, nos contentar apenas com a oração, sem nos empenharmos no uso dos recursos para a obtenção daquilo pelo que oramos".[4] Em outras palavras, oração conduzirá à ação. Ele, então, propõe que seja formada uma associação para avaliar o caráter daqueles que *"iriam"*, em resposta à oração pelas nações. Finalmente, ele exorta todas as igrejas a estarem envolvidas no sustento da obra missionária conforme a graça que Deus derramar sobre elas. Carey escreveu: "Se as congregações abrissem a oportunidade para a arrecadação de recursos, à partir de um centavo ou mais por semana, de acordo com as suas circunstâncias, e utilizassem esses recursos para a propagação do evangelho, muito poderia ser arrecadado".[5]

Nós seguimos este padrão em nosso programa "Dois por Oferta", pedindo que nossa congregação dê dois dólares por pessoa cada semana,

---

4 Citado em Timothy George, *Faithful Witness: The Life and Mission of William Carey*, Birmingham, AL: New Hope Publishers, 1991, E.52, E.54.

5 Idem, E.56-57.

a fim de sustentar missões de curta duração através de nossa igreja, além da contribuição regular. Conforme você pregar suas mensagens missionárias na igreja, dê-lhes responsabilidades particulares à luz da Palavra de Deus: oração, oferta, encorajamento de outros no trabalho, e assim por diante. Isto não significa que cada um vai achar seu próprio nicho em cada área, mas sim que todos podem e devem fazer alguma coisa pelo trabalho de missões, pois este é o espírito da igreja Neo-Testamentária.

Orações regulares por missionários e pelos povos do mundo precisam ser parte tanto de sua disciplina pessoal quanto da igreja. Encorajo-o a desenvolver uma ampla lista de contatos internacionais, tanto de missionários quanto de crentes nacionais. Providencie nomes, endereços e e-mails, para os membros da congregação estabelecerem contato e orarem (por motivo de segurança, forneça apenas o primeiro nome daqueles em países fechados ou com dificuldades). Ore por aqueles missionários e crentes nacionais durante seus cultos e encontros de oração. Leia suas cartas para a congregação, a fim de ajudá-los a perceber o senso de batalha que eles enfrentam e as vitórias que estão sendo ganhas pelo evangelho.

Descobrimos importante uso do livro de Patrick Johnstone, *Operation World* (Operação Mundo)[6] como uma fonte para a publicação de um resumo regular do trabalho missionário e necessidades globais, em nosso jornalzinho semanal. Durante minhas orações pastorais, conduzo a igreja em oração pelo país que foi identificado naquele determinado domingo. Geralmente conheço algum missionário ou crente nacional daquele país, de forma que minha oração acaba tomando um caráter mais pessoal. Isto permite que sua igreja se familiarize com os povos e países (de Andorra à Zâmbia), compreenda as complexidades religiosas das nações, e se solidarizem com os problemas políticos, econômicos e espirituais que eles enfrentam. Isto os fará ver que o nosso Deus é como um Deus missionário, que se preocupa com os povos do mundo. Além disso, quando os diferentes grupos de povos são identificados facilita a focalização da sua oração e seu possível envolvimento. Você precisa

---

6 Patrick Johnstone e Jason Mandryk, *Operation World, 21st century edition*, United Kingdom: Paternoster Lifestyle, 2001.

também conduzir sua igreja a adotar um determinado grupo étnico ainda não alcançado. Você pode descobrir mais sobre eles através da *International Mission Board's* (Comitê de Missões Internacionais).

Como você já sabe, eu amo ler biografias de missionários. Tantas vezes fui encorajado e inspirado, enquanto via como o Senhor trabalhava em suas vidas, mesmo nas situações mais difíceis. Isto tem me ajudado a enxergar as coisas por uma perspectiva melhor! Descobri que tais biografias fornecem amplo material ilustrativo, não apenas quando nos referimos a questões missionárias, mas também em outros contextos expositivos. Isto ajuda a sua congregação a se familiarizar com nomes como William Carey, Adoniram Judson, Hudson Taylor, Jim Elliot e Nate Saint. Recomende estes livros à sua igreja. Talvez você até consiga disponibilizar algumas cópias para empréstimo ou compra. Você inclusive poderia pedir ajuda a alguns membros para escrever resumos das biografias missionárias para a publicação no jornalzinho da igreja.

Algum tempo atrás, eu presumia que a maior parte dos membros de uma igreja conheciam os nomes de Carey, Judson e Taylor, mas descobri, quando lecionava um curso introdutório sobre missões numa faculdade local, que estes missionários pioneiros eram estranhos para muitos estudantes cristãos. Eu inclusive ouso dizer que você provavelmente encontrará a mesma compreensão empobrecida em sua própria congregação. Fiz com que a biografia de William Carey escrita por Timothy George, *Faithful Witness: The Life and Mission of William Carey,* (Testemunha Fiel: A Vida e Missão de William Carey), fosse leitura obrigatória para meus alunos, e poderia ser uma boa idéia pelo menos fornecer algumas cópias deste excelente livro para a liderança de sua congregação. É claro que você não pode obrigá-los a ler, assim como eu posso em sala de aula, mas você certamente pode exortar estes líderes a crescerem em seu entendimento da história das missões através da leitura deste livro. Talvez você pudesse iniciar a sua reunião de diáconos ou a reunião do comitê de missões com uma discussão de quinze minutos no livro *Faithful Witness* (Testemunha Fiel), ou *John Paton: An Autobiography* (John Paton: Uma Autobiografia)[7], ou, ainda, *Through*

7 James Paton, ed., *John G. Paton Autobiography*, reimpressão, Edimburgo: The Banner of Truth Trust, 1994.

Gates of Splendor (Pelas Portas do Esplendor).[8] Desta forma, você estará ajudando a liderança de sua congregação a pensar missionariamente, usando um material histórico para fazer surgirem idéias, visando o desenvolvimento de uma igreja com o coração voltado para missões. Como um de nossos presbíteros expressou: "Uma educação missionária leva a uma consciência missionária".

Quero desafiá-lo a fazer de missões uma área de estudo por toda a vida. Nos últimos duzentos anos, as fronteiras missionárias têm se estendido para quase todos os cantos do mundo. Desde os primeiros anos da "*Baptist Missionary Society*" (Sociedade Batista Missionária) e da "*The Society for the Propagation of Christian Knowledge*" (Sociedade para a Propagação do Conhecimento Cristão), centenas de organizações missionárias têm surgido. Muitas delas poderão ser suas boas parceiras, enquanto você prepara sua congregação a se mobilizar pelas missões. Mas você precisa se lembrar sempre que nenhuma organização pode substituir a igreja local como a plataforma de lançamento de missões. As igrejas produzem o pessoal que irá finalmente trabalhar em uma missão. Você precisa apreciar o papel de ser alguém que equipa missionários para o campo. Eu nunca me esquecerei de um veterano líder de missões, que contou à nossa congregação o quanto ele valorizava o treinamento feito pelas igrejas, até mais do que o treinamento feito pelos seminários, a fim de prepararem seus missionários. Ele fez o apelo de que treinemos nosso povo teologicamente e os ensinemos a serem "homens de igreja" que saberão como desenvolver congregações biblicamente sãs. Os seminários jamais foram planejados para substituir a igreja local na preparação de homens e mulheres no ministério; eles existem para suplementar a igreja. Se você pretende ser eficaz tanto no treinamento de missionários de carreira quanto no preparo obreiros em missões de curta duração, em sua congregação, então você precisa perseguir uma vida de estudos missionários.

Você iniciará este papel compreendendo a base teológica para o trabalho missionário. Foi isto que impeliu William Carey, Andrew Fuller, John Sutcliff e John Ryland Jr. à frente do movimento missionário

8 Elisabeth Elliot, *Through Gates of Splendor*, reimpressão, Wheaton, IL: Tyndale House Publishers, Inc., 1981.

moderno: o primeiro como "o missionário" e os outros três como a base de suporte. Todos estes pastores do século dezoito eram teólogos pastorais que lutavam com sua compreensão da Palavra de Deus e suas implicações na vida congregacional. Suas convicções teológicas os capacitavam a enfrentar corajosamente a passividade missionária entre os batistas ingleses. Estas mesmas convicções da Palavra de Deus os sustentaram durante os dias de trevas da fraca sociedade missionária. Timothy George explica a base teológica para o livro de William Carey, *Enquiry* (Indagação), que se tornou o esboço principal para o movimento missionário moderno: "Conquanto o seu plano fosse um chamado para a ação, baseado na compaixão genuína pelos perdidos, ele era fundamentado em algo ainda mais profundo; a saber, o caráter do próprio Deus — eterno, santo, justo, amoroso, e compassivo".[9] Para Carey e seus amigos, a teologia os motivava para a ação missionária.

Conquanto eu esteja recomendando a leitura de livros que tratem de estratégias missionárias, sua fundação precisa sempre estar numa base teológica claramente articulada para missões. Uma vez que a fundação é posta sobre as Escrituras, você pode analisar uma a uma das muitas questões referentes às estratégias que confrontam os missionários. Você será capaz de discernir aquelas estratégias que são apenas superficiais e manipuladoras, e que não deixam resultados duradouros.

Em termos de estudo de estratégias missionárias, ainda estou maravilhado sobre o quão atualizados são para os nossos tempos os livros de Carey, *Enquiry* (Estudo) e depois *Serampore Compact of 1805* (Tratado de Serampore de 1805). Carey expôs uma visão clara para o envolvimento da igreja local em missões. *O Tratado* esboça os "grandes princípios" que dirigiram o próprio Carey, além de Joshua Marshman e William Ward (O Trio de Serampore) e outros envolvidos em seu trabalho missionário. Ele trata primeiramente de sua base teológica nas "gloriosas doutrinas da graça soberana" como a motivação para "persuadir o homem a se reconciliar com Deus". Eles avaliavam o valor da alma humana, a importância de pesquisar sobre uma determinada cultura para entender a melhor forma de se comunicar com eles,

9 George, *Faithful Witness*, 58.

abstendo-se de coisas que possam impedir culturalmente o evangelho de ser testemunhado, viver com o povo ao invés de isolado dele, manter a centralidade do Cristo crucificado em sua pregação e exercer paciência com a população local. Sua seção sobre o trabalho diligente com os novos convertidos mantém-se em aguçado contraste com a presunção tão comumente caracterizadora das missões modernas. Eles procuravam fomentar o desenvolvimento de lideranças locais, salientar a tradução das Escrituras nos diferentes dialetos, e educar habitantes locais, a fim de que eles pudessem ler a Palavra de Deus. A vida devocional pessoal do missionário deve ser cultivada regularmente. "Finalmente, deixe-nos entregarmo-nos completamente à esta causa gloriosa", eles concluíram, com uma dedicação tamanha a ponto de sacrificarem suas vidas pelo evangelho em terras estrangeiras.

Descobri ser muito útil inserir estratégias missionárias onde quer que fosse apropriado em meus sermões. A igreja precisa aprender a pensar missionariamente, se quer possuir uma paixão ardente por missões globais. As estratégias são na verdade aplicações de seu entendimento teológico de missões. Então, é correto que você ajude sua igreja a compreender a natureza prática da doutrina bíblica, até mesmo na obra missionária.

Mas além de estudar missões, você também precisa acompanhar as notícias ao redor do mundo. Isto realmente o ajudará a sintetizar seus estudos missionários e teológicos em situações da vida real. Você precisa conhecer o mundo. Tenha um mapa mundi ou um globo sempre à vista, de forma que fique familiarizado com os cantos mais distantes do mundo. Leia sobre nações, populações, conflitos civis, religiões do mundo, mudanças políticas globais, questões econômicas, desastres naturais, tendências sociais e sofrimento humano. De certa forma, você precisa se tornar um "demógrafo-teológico" — estudando os povos do mundo, compreendendo as suas culturas, sentindo o sofrimento de seus lamentos, e, ainda assim, comprometido sempre com a sua necessidade pelo evangelho. Ore tão freqüentemente quanto lê. Uma vez que você comece a pesquisar sobre o mundo, descobrirá que tendemos a possuir uma visão míope com relação ao resto do mundo. Somos terríveis em geografia e sempre tendemos a saber ainda menos sobre os diferentes povos, culturas, sofrimentos ao redor do mundo e as necessidades espirituais. Conforme você investiga o mundo, precisará interceder por nações e populações em particular. Inclua este tipo de oração em suas orações pastorais diante da igreja, de forma que a congregação comece a pensar e orar além das paredes do templo.

Você pode começar sua pesquisa do mundo pela leitura de um bom jornal diário, focando nas notícias mundiais. Adicione a este outras publicações, como *WORLD, National Geographic, U.S. News & World Report, Comission*; e também faça uma assinatura do *Compass Direct* para informações atualizadas nas dificuldades dos cristãos ao redor do globo. Pesquisas pela Internet irão render mais informações do que você possa assimilar, de forma que você jamais ficará sem material para estudar o mundo a partir de um ponto de vista cristão / missionário.

Finalmente, não há nada como visitar uma localidade no exterior para ajudá-lo a fomentar o seu entendimento de missões e intensificar a sua paixão por missões. Recomendo que você estabeleça uma visita com um amigo missionário ou um pastor local. Planeje a sua viagem com bastante antecedência. Pesquise sobre o país, os grupos de populações, pano de fundo religioso e trabalhos missionários em preparação. Descubra de que forma você pode ser útil àqueles que irá visitar. Entenda que você não poderá substituí-los durante a sua breve estada, mas pode ser um ajudante para eles. Você estará indo lado a lado, de mãos e coração unidos com eles, em seu trabalho. Tão logo você chegue, tome um tempo para ouvi-los e aprender deles. Faça muitas perguntas, não apenas aos seus anfitriões, mas também aos moradores locais que encontrar. Faça um trabalho de imersão em sua cultura. Entre na pele deles, ainda que por apenas uma semana. Sinta o fardo que eles carregam pelos perdidos em sua comunidade. Conheça as pessoas a quem os missionários ou lideranças cristãs locais ministram. Compreenda a dinâmica de exercitar um ministério de evangelização naquela cultura em particular. Então, traga tudo isto de volta para casa.

Lembro-me um casal idoso em Sommiere, França, que visitei muitas vezes, durante minhas viagens de ensinamento missionário naquela região. O missionário me pediu para ir visitá-los com um outro casal. Seguimos por aquela cidade tão antiga, que não tem nenhum trabalho evangélico, dirigindo pelas ruas estreitas até que chegamos a uma pequena casa em construção. Os sorrisos eram abundantes, enquanto andávamos até a porta! Uma vez que eles não falavam inglês e eu não falava francês, dependíamos de nossos tradutores para nos ajudarem. As traduções foram feitas em inglês precário, mas os nossos corações se comunicavam. Fizemos perguntas sobre a sua saúde, conversamos sobre seus filhos e netos. Eles também nos perguntaram sobre nossas famílias e igreja. Conversamos sobre Cristo, o evangelho e a igreja do Senhor Jesus Cristo. Então, cantamos juntos — em inglês e francês. Eu abri as Escrituras, expus brevemente um Salmo e conduzi o pequeno grupo em oração, enquanto meu amigo traduzia para a edificação daquele casal idoso. Nossos anfitriões trouxeram suco e brioches para apreciarmos. Despedimo-nos com os tradicionais beijinhos no rosto e uma satisfação de haver entrado em suas vidas — e eles, nas nossas. Retornei à sua casa em outras ocasiões. Tem sido muito bom levar jovens de nossa igreja comigo para visitação. Eles agora são parte da lembrança que me vem à mente, quando eu penso na França.

Lembranças parecidas vêm à tona também quando penso na Rússia — comendo uma sopa de galinha muito suspeita, juntamente com três alunos, enquanto conversávamos sobre a importância da sã doutrina e da fidelidade no ministério; Albânia — onde gravei em minha mente os olhares inexpressivos de um povo que sofreu privações de todo o tipo, durante quarenta anos; Brasil — onde preguei o evangelho numa plataforma ao ar livre, enquanto milhares de pessoas passavam apressadamente e poucas paravam a fim de ouvir; e Itália — onde um homem de meia idade, que tinha indagações sobre o evangelho, ouviu minha pregação sobre a suficiência de Cristo e comentou: "Você disse aquilo para mim".

Nada tem sido mais compensador do que levar outras pessoas comigo nestas viagens missionárias de curta duração. Tão logo os membros da igreja enxergam pessoalmente uma outra cultura, e sentem o impacto da comunicação intercultural do evangelho, eles têm uma atitude completamente diferente com relação às missões globais. Não tenho de convencê-los de que a igreja precisa exercitar o seu cuidado pelas nações. Tenho apenas de equipá-los e mobilizá-los à ação. Eles entendem o poder do evangelho de Cristo, que destrói toda barreira para transformar vidas em todas as culturas e uni-las no corpo de Cristo.

Sim, Timóteo, o seu desafio é enorme; mas o Senhor da igreja é maior ainda. Seja fiel na jornada como um bom mordomo do evangelho, através da multiforme graça de Deus.

Calorosamente,
Pastor Phil

PS A propósito, além dos livros *Let the Nations Be Glad!* e *The Supremacy of God in Missions*, de Piper; *Operation World* , de Johnstone; e *Faithful Witness : The Life and Mission of William Carey*, de George; deixe-me recomendar mais alguns títulos que serão valiosos recursos para você:

1. No início do século vinte, o missionário anglicano Roland Allen escreveu o livro *Missionary Methods: St. Paul's or Ours?* (reimpressão, Grand Rapids, MI: William B. Eerdmans Publishing Co., 2002). Ele demonstra que nossa estratégia missionária precisa ter uma clara base bíblica.
2. *Perspectives on the World Christian Movement*, editado por Ralph Winter e Steve Hawthorne, 3ª edição (Pasadena, CA: William Carey Library, 1999), contém 124 ensaios no vasto campo das missões globais. Você pode não concordar com todo o conteúdo, mas certamente encontrará um material útil para estimular o seu pensamento em missões.
3. *Hudson Taylor: God's Man in China*, Dr. e Sra. Howard Taylor (Chicago, IL: Moody Press, 1965); *Through Gates of Splendor*, Elisabeth Elliot (reimpressão, Wheaton, IL: Tyndale House Publishers, Inc., 1981) e *Autobiography* (Autobiografia), John Patton (reimpressão, Edimburgo: The Banner of Truth Trust, 1994), são livros que irão influenciar sua mentalidade missionária e, provavelmente, mantê-lo encantado com suas histórias fascinantes.

Capítulo 19

Não negligencie o avivamento

Ray Ortlund, Jr.

Amado Timóteo,

Vibro ao acompanhar o seu progresso no ministério. Deus tem colocado a mão sobre você, meu amigo. Espero que, pela fé, você esteja desfrutando de um senso do favor de Deus através da obra consumada de Cristo na cruz. Deixe o sorriso de Deus encorajá-lo, incentivá-lo e energizá-lo para o seu serviço. Radie esta graça aos outros — eles também precisam dela. Nós somos todos tão fracos e precisamos de forte encorajamento.

Agora, conforme você caminha por estes primeiros anos formativos do seu ministério, você sem dúvida está consciente de que há basicamente duas formas de procedimento no pastorado. Por um lado, você pode trabalhar por um pagamento mensal. Pode organizar uma rotina previsível na igreja, mantendo os vários grupos da igreja satisfeitos, traçando sempre um caminho intermediário seguro em toda controvérsia, protegendo cuidadosamente o seu emprego, e assim em diante. Por outro lado, você pode servir o glorioso Senhor. Seguindo a sua Palavra, você poderá alcançar muito *mais* pela fé. Pode ser um homem de convicções. Pode moldar o seu ministério através da Bíblia. Pode trabalhar pelo favor eterno das almas de seu povo e pela destemida expansão do evangelho, no seu campo de trabalho. Basicamente, há estas duas formas de se realizar o ministério pastoral. Eu sei que você continuará a esforçar-se para obter um ministério moldado à semelhança de Deus, qualquer que seja o custo.

Se o objetivo fosse ser condescendente a fim de, meramente, se fazer agradável aos homens, o seu ministério seria mais fácil. Seus padrões incorretos seriam sempre a popularidade, tranqüilidade, controle, paz a todo custo, seguindo sempre o caminho de menor resistência. Você então aspiraria o respaldado lugar de um "cara realmente legal", como disse um autor contemporâneo.

Porém, uma vez que você tenha determinado agradar a Deus em primeiro lugar e acima de todas as coisas, o seu caminho será mais difícil. Naturalmente, você quer ganhar o afeto das pessoas. Você ama pessoas e aprecia sua companhia, como realmente deveria. Você quer que elas o amem, por causa de Jesus. Paulo disse: "Assim como também eu procuro, em tudo, ser agradável a todos" (1 Co 10.33). Que declaração arrebatadora de seu generoso desejo de ouvir, ajustar, ceder e adaptar-se! Paulo tentou fortemente não afastar as pessoas. Ele queria ganhar um ouvinte, por amor ao Senhor. Então, moldou suas estratégias de forma a voar sob os seus radares, desarmar os seus preconceitos e ser *agradável* a elas. "Assim como também eu procuro, em tudo, ser agradável a todos." Você também seja assim, Timóteo, e isto está certo. Jamais se torne um homem mesquinho, irritável e egoísta. Paulo não era. Seu ministério era tão aprazível que deliciava as pessoas, porque ele vivia como um servo à semelhança de Cristo, por amor ao evangelho.

Também é verdade que caso você, assim como Paulo, mire bem alto, a sua visão desafiará as pessoas. Você as motivará. Poderá fazê-las sentirem-se desconfortáveis. Elas podem até mesmo se sentir ameaçadas em determinados momentos. Você irá inevitavelmente (algumas vezes você nem perceberá que está fazendo isto) desafiar aspectos de sua igreja, os quais algumas pessoas prefeririam não tratar. Então, em sua caminhada com Deus, você assumirá riscos. Irá desconsiderar os seus próprios interesses em prol do avanço do evangelho. E em nenhuma outra área isto é mais verdadeiro que no avivamento.

Mencionei anteriormente as palestras de J. I. Packer, as quais ouvi quando ainda era um seminarista. E uma de suas frases simplesmente não me permitia relaxar: "Não negligencie a dimensão de um avivamento em seu ministério". Você sabe, Timóteo, alguns homens negligenciam. Eles nem sequer pensam em termos de avivamento. Isto jamais lhes passa pela cabeça. Estão focados no sermão do próximo domingo e nas conferências missionárias do ano seguinte. O seu pensamento é limitado aos programas de sua igreja. Jamais lhes ocorre que o momento máximo de qualquer igreja é quando Deus manifesta sua presença como uma erupção. Seu poder e santidade, cancela eventos no calendário da igreja e estabelece *Ele próprio* como o centro da fascinação reverente de uma igreja. Deus é maravilhosamente capaz de visitar o seu povo.

Eu me lembro quando era um menino, Timóteo, no início da década de 1960 (talvez eu tivesse onze ou doze anos, não me lembro exatamente), sentado na igreja, em um domingo de manhã, enquanto meu pai pregava. Ele estava apenas proclamando uma mensagem bíblica com seu típico jeito tão cativante. Não estava tentando incitar qualquer resposta incomum nas pessoas. Ele nunca o fez. Conforme me lembro, eu rabiscava com um lápis em um jornalzinho, sem prestar muita atenção, quando algo aconteceu. Percebi que um dos homens no coral, Ed Fisher, levantou-se de sua cadeira na galeria do coral atrás do púlpito, e, silenciosamente, sem tentar chamar atenção para si mesmo, desceu à mesa da Ceia, na frente, e ajoelhou-se reverentemente em oração. Ed era um homem de Deus, não um excêntrico. Ele tinha credibilidade. Mas Deus estava falando com ele de uma forma muito poderosa através do sermão de meu pai, e ele foi compelido pelo Espírito Santo a responder de alguma maneira. Então Leta, sua esposa — a fiel e zelosa Leta! — também no coral, levantou-se de seu lugar e se juntou a Ed em oração, lá na frente. Agora, imagine você, Timóteo, que nós não costumávamos fazer este tipo de coisa em nossa igreja. Nós éramos uma igreja tranqüila, de classe média alta, formada por arquitetos, cientistas, médicos e outros. Esta era a histórica Lake Avenue Congregational Church of Pasadena (Igreja Congregacional da Avenida Lake, em Pasadena). Timóteo, nós éramos muito respeitáveis! Mas Deus veio até nós naquele dia com uma visita memorável de sua presença salvífica. E para o meu espanto, por toda parte da igreja, cada vez mais e mais pessoas começavam a ir silenciosamente em frente à mesa da Ceia, ajoelhando-se em oração e tratando com Deus. Meu pai não estava pedindo para elas fazerem aquilo. Ele estava tão surpreendido como qualquer outro ali. Na verdade, conforme ele foi se dando conta de que Deus estava se manifestando de uma forma especial, ficou sem saber o que fazer. Inicialmente ele apenas continuou pregando. Mas quando se tornou claro que Deus estava direcionando o culto, meu pai se afastou do púlpito e permaneceu calado, em oração. O organista teve o discernimento de começar a tocar de uma forma apropriada e não intrusiva. Todos estavam calados. Mas Deus veio até nós, trazendo ao ministério normal tamanha demonstração de seu poder que nós, simplesmente, não poderíamos prosseguir da forma costumeira. E, de fato, Timóteo, isto aconteceu novamente em outras ocasiões, e nunca foi orquestrado por homens. Isto me fez pensar em 1 Reis 8.10-11, quando os sacerdotes não podiam continuar sua ministração "porque a glória do SENHOR enchera a Casa do SENHOR".

Esta foi a experiência de apenas uma igreja. Mas isto não foi a salvação da lavoura — não resolveu todos os nossos problemas. Não estabeleceu uma nova tradição de "chamados ao altar", e nem distraiu a igreja dos esforços tradicionais da pregação semanal, aconselhamento, ensino, encorajamento e assim por diante. A liderança da igreja continuou levando o navio num curso reto, simples e bíblico. Mas o avivamento também é bíblico. E estas experiências da presença avivadora de Deus, através e de acordo com sua Palavra, nos marcou como igreja. Nós sabíamos que havíamos entrado numa inovação irreversível. Sabíamos que havia mais para nós em Cristo do que havíamos compreendido, e nossos corações se abriram para este "mais" que Ele queria nos dar. Aqueles foram anos de abundante frutificação para a Igreja da Avenida Lake; a até os dias de hoje, fico comovido quando penso no que Deus realizou naqueles dias. Enquanto eu viver, jamais ficarei satisfeito em simplesmente "participar da igreja". Eu quero ver o Senhor visitar o seu povo com nada menos que misericórdias avivadoras.

Sei que o seu coração também anseia por avivamentos. Juntos, estamos orando por um grande avanço do evangelho em nossa geração. Não estamos satisfeitos com a mediocridade atual da igreja evangélica. Não podemos suportar a existência, se o nome de Jesus não for honrado, amado, desejado e obedecido mais e mais, além de onde podemos enxergar. Anelamos por um espírito de arrependimento para quebrantar nossas igrejas superficiais e narcisistas, juntamente a um espírito de fé para enchê-las com o Espírito Santo. Oramos pelo privilégio de reviver o livro de Atos em nossos tempos — um derramamento maciço do Espírito, de forma que a Palavra atravesse como um raio, da igreja para o mundo, mudando a face de nossa geração, de acordo com as promessas da Palavra profética de Deus.

Mas nem todos se sentem desta forma. Alguns cristãos simplesmente não sentem aquele fogo intenso queimando em seus corações. E quando eles o encontram em outros, alguns não compreendem e talvez nem gostem. Você ficará surpreso, Timóteo, em como cristãos de bom coração, sinceros, podem resistir a um avivamento. Você irá ouvir suas defensivas: "O que você quer dizer quando fala que nós precisamos de um avivamento? Pastor, você está dizendo que nós não temos orado o bastante? Está dizendo que há alguma coisa errada conosco? Está dizendo que Deus não nos tem abençoado durante todos estes anos? Está invalidando tudo o que nós temos sido e feito? Isto implica que nós não temos o coração voltado para o evangelismo? O que você quer dizer, quando fala que nós precisamos de um avivamento? Nós já estávamos servindo ao Senhor muito antes de *você* aparecer aqui! E se você está pensando que vai *mudar* a nossa igreja, saiba que nós gostamos dela exatamente do jeito que está, e muito obrigado".

Timóteo, esta é a igreja — a igreja como ela é, com todos os seus medos, seu orgulho e relutância. Estas são as pessoas necessitadas que Deus ama e quer acordar para uma nova percepção de quem Ele é, um novo desejo por sua glória, uma nova abertura para a sua vontade governadora. E Ele quer fazer isto *através da sua influência*. Você não pode fazer um avivamento acontecer. Somente Deus pode. Mas Ele pode usá-lo para os seus propósitos de despertamento. Então, de que forma você pode se apresentar útil a Ele para um ministério que Ele pode realizar com o seu santo poder?

Muito poderia, e deveria, ser dito neste momento. Mas, me contentarei com o curto espaço desta carta para propor três coisas que você deveria ter muito claro em mente.

Em primeiro lugar, conduza o seu povo *espiritualmente*. Você não está lá apenas para dirigir os programas da igreja. Sabiamente organizados, tais artifícios institucionais têm o seu uso. Mas alguns pastores parecem não compreender que uma igreja não é o equivalente religioso para a Associação Cristã de Moços. Nem está lá apenas para encher a cabeça das pessoas com mais e mais informação bíblica. Algum tempo atrás, depois de um culto, uma irmã sábia, porém frustrada, se aproximou de seu pastor-professor — e eu enfatizo aqui o *professor* — com o seguinte pedido: "Pastor, leve-nos até Jesus!" Agora, Timóteo, *este* é o seu grande privilégio e responsabilidade. Domingo após domingo, leve o seu povo pela mão, por assim dizer; traga-os à presença do seu Senhor e os deixe lá. Use os cultos semanais para um envolvimento de mente e coração com o Deus vivo. Use a sua pregação para conduzir o povo através da Palavra ao Senhor revelado nela. Use a sua oração para demonstrar o quão real Deus é, através de Cristo, para nós pecadores. Não é seu trabalho proteger o povo do Deus vivo, mas sim trazê-lo à sua presença. Nossa tendência constante é de cair numa rotina religiosa apressada, correndo de uma atividade à outra, sem orar ou pensar naquilo que estamos fazendo. Então, se o Senhor realmente se manifesta, nós mesmos podemos ser pegos tão de surpresa que estragamos o momento com alguma observação estúpida. Então eu insto que você, Timóteo, lute e ore, a fim de que possa permanecer espiritualmente acordado. Onde quer que você esteja, esconda-se em Cristo, e conduza o povo a viver lá também. Coisas maravilhosas e surpreendentes podem acontecer quando nossas Bíblias e nossos corações estão completamente abertos diante de Deus.

Em segundo lugar, pregue o evangelho *esperançosamente*. Através de Cristo e por causa de seu nome, você foi chamado para pregar a graça de Deus aos pecadores. Que alegria! E Ele está sempre pronto a derramar seu Espírito sobre você, momento após momento, num frescor contínuo para o propósito da salvação. Que fonte! Martyn Lloyd-Jones concluiu suas preleções no Seminário Teológico de Westminster, em 1969, perguntando:

> O que, então, devemos fazer a este respeito? Há apenas uma conclusão óbvia. Busque-O! Busque-O! O que nós podemos fazer sem Ele? Busque-O! Busque-O sempre! Mas vá além de buscá-Lo; espere-O. Você espera que alguma coisa aconteça, quando se levanta para pregar no púlpito? Ou você simplesmente fala a si mesmo: "Bem, eu já preparei o meu sermão, o qual explicarei agora; alguns deles irão gostar e outros não"? Você está esperando que seu sermão seja o ponto decisivo na vida de alguém? Você está esperando que alguém tenha uma experiência máxima? É isto que a pregação deveria fazer. É isto que você encontra na Bíblia e na história subseqüente da igreja. Busque o poder dEle, espere o poder dEle, anele o poder dEle.[1]

A maior batalha em seu ministério será travada no seu interior, enquanto você luta para manter-se *esperando* a bênção de Deus, face aos seus próprios pecados e aos pecados dos outros. O único remédio contra o desespero no ministério é o evangelho. Continue pregando o evangelho para você mesmo em primeiro lugar. Continue lembrando a si mesmo de que Deus ama os *pecadores*, Deus trabalha com os *pecadores*. Encoraje a si mesmo sabendo que a Palavra do Senhor veio a Jonas *uma segunda vez* (Jn 3.1). E através de Jonas — até mesmo Jonas! — a palavra transformou uma cidade ímpia. Não somos você e eu tão inadequados e problemáticos como Jonas? Mas Aquele que nos enviou é "Deus clemente, e misericordioso, e tardio em irar-se, e grande em benignidade, e que te arrependes do mal" (Jn 4.2). Alguém disse incisivamente: "Deus não escolhe os capacitados; Ele capacita os escolhidos". Então, Timóteo, deixe que o mistério de sua graça sustente as suas expectativas, face aos argumentos plausíveis para desistência de si mesmo e dos outros.

1 D. Martyn Lloyd-Jones, *Pregação e Pregadores*, Editora Fiel, São José dos Campos, SP.

Em terceiro lugar, aceite o sofrimento *humildemente*. Vamos encarar a realidade. Não são muitos os cristãos que ardem em aspirações espirituais heróicas. Muitos dos nossos melhores crentes tendem a ficar absorvidos com o churrasco do próximo fim de semana, a pescaria do mês que vem, ou a aposentadoria do próximo ano, muito semelhantes às preocupações do mundo. Como resultado disto, meu caro, você pode acabar sendo mal interpretado, temido e rejeitado por alguns cristãos. Exatamente por estar vivendo corajosamente para o Senhor, você pode ser visto como inimigo. E no fim das contas, de certa forma, você o é. Ao direcionar-se *para* o triunfo de Cristo somente, você está, mais do que pretendia ou imaginava, se colocando *contra* os ídolos que dominam o caráter de algumas igrejas.

Agora, se você descobrir ser contrário a algo, seja tão honesto e imparcial sobre o assunto quanto puder. Pergunte a si mesmo se é falta sua. Pode ser que sim, ao menos em parte. Você mesmo pode precisar arrepender-se de alguma coisa. Então, esteja aberto. Acautele-se do poder endurecedor da sua própria auto-justiça.

Mas pode acontecer de não ser falta sua. O conflito pode ter surgido porque você está *obedecendo* a Deus — como fizeram os apóstolos e tantos outros que sofreram perseguição. Agora, meu irmão, quando você é injuriado por amar a retidão, peça ao Senhor para manter três coisas claras diante de você. A primeira, você tem uma grande recompensa no céu. De sua própria forma modesta, você se identificou com o nobre exército dos mártires e com o seu próprio Senhor crucificado. Desfrute deste privilégio. Permaneça firme. Confie que o Senhor vai tomar conta de você. A segunda coisa, o cargo pastoral na igreja onde você serve merece proteção contra a depreciação por parte de pessoas bem-intencionadas, mas incompreensivas. Desligue-se psicologicamente do cargo pastoral que você ocupa, e por amor àquela igreja e a seu próximo pastor, tente — tanto quanto você possa, sem complicar as coisas no futuro — guardar intactas a autoridade e honra do cargo. E a terceira coisa, sua própria pessoa, reputação e sentimentos são sacrificáveis. Meu amado irmão, sua própria vida é sacrificável por amor a Jesus. Obviamente os seus diáconos devem construir uma espécie de muralha protetora ao seu redor. Mas quer eles o ajudem ou abandonem, não contra-ataque os seus detratores meramente pelo desprezo e ataques pessoais. Mesmo sendo tão difícil, você precisa dar a outra face. Frederick William Faber disse isto claramente em um de seus hinos: "Aprenda a perder com Deus".

Você sabe do evangelho que é a cruz que triunfa. É a morte que leva à vida. É a vergonha que leva à honra. É o sacrifício que herda abundância. Nos caminhos de Deus — quão estranhos, quão contra-intuitivos são seus caminhos e experimentados apenas quando confiamos nEle, mais do que confiamos em nossos próprios instintos, auto-preservadores mas destrutivos — você tem uma razão para aceitar a adversidade com humildade. Sua humildade foi ordenada por Deus para penetrar as consciências e acordar os corações sonolentos. Ao seguir o Jesus crucificado, você se tornará um agente do avivamento para o Cristo ressurreto. Ele lhe dará esta certeza. Então, não perca o ânimo. Quando você está fraco é que está forte.

Agora, Timóteo, mantenha seus olhos seguramente fixos naquilo que somente *Deus* pode fazer. Molde o seu ministério pelos critérios estimulantes das Escrituras. Não é isto a aventura, o mistério, o romance do ministério do evangelho? E durante o caminho, não abandone os seus princípios. Quando você tiver que se posicionar sozinho, uma consciência limpa e fortes princípios são boas companhias. E, melhor ainda, existe um Amigo que é mais chegado que um irmão. Que Ele possa preservá-lo e enriquecê-lo em toda a graça, de forma que sua vida declare eloqüentemente para a sua geração o poder avivador de Deus, para a glória dEle, sua alegria e salvação das nações.

Seu irmão em Cristo,
Ray Ortlund, Jr.

PS Para estudos mais profundos sobre avivamento, sugiro os seguintes livros:

1. Comece com Edwards. Ninguém pensa tão cuidadosa e

proveitosamente sobre avivamento como ele. Leia *Thoughts on the Revival*, Jonathan Edwards. Você pode achá-lo no *The Works of Jonathan Edwards, 2 vols.*, (reimpressão, Edimburgo: The Banner of Truth Trust, 1979).

2. Depois de Edwards, por que não tentar os sermões de Martyn Lloyd-Jones sobre avivamento? Leia a coleção de seus sermões, intitulada *Revival*, (reimpressão, Westchester, IL: Crossway Books, 1987). Se você ainda não se apaixonou por Lloyd-Jones, eu espero que se apaixone. *Revival* é o Doutor em seu melhor.
3. Finalmente, eu espero que você me perdoe por sugerir meu próprio livro, *When God Comes to Church*, (Grand Rapids, MI: Baker Books, 2000). Trabalhei muito com o texto bíblico para expor e defender o verdadeiro avivamento. Mas há tantos outros livros maravilhosos neste tema. Oh, gostaria que nós todos pudéssemos tirar um ano de folga só para ler!

Capítulo 20

Encontre um lugar para se fixar

Geoff Thomas

Amado Timóteo,

Parabéns pelo seu primeiro ministério! Acredito que você aceitou o chamado para este pastorado com tal senso de admiração, que qualquer igreja lhe pediria para estar sob seu pastorado. Eu era muito mais confiante do que a maioria dos jovens, quando comecei em 1965, mas as décadas seguintes foram uma viagem para a fraqueza.

O ministério do evangelho em tempo integral ainda é um oásis protegido. Somos poupados de muitas das tensões e tentações que os homens a quem ministramos encontram todos os dias. Eles trabalham com suas mentes e corpos neste mundo maligno, e generosamente nos dão o seu dinheiro suado para que passemos nossos dias — pense nisto — na quietude dos nossos estudos, na Bíblia, no evangelismo e pastoreando o povo de Deus. Espero que você nunca se junte àqueles ministros que ficam por aí, murmurando com os irmãos sobre as supostas dificuldades de ser um pregador. Que vida maravilhosamente privilegiada nós levamos! Espero que, se você acredita ser da vontade de Deus que você passe o resto de sua vida tomando conta desta congregação, você o faça alegremente e agradecido ao Senhor ao fim de cada dia por tamanha bênção.

Há uma rica variedade no trabalho do ministro. O professor de seminário ensina um segmento teológico limitado das disciplinas religiosas, geralmente a uma faixa etária específica de homens entre vinte e um e vinte e quatro anos. Ele tem de escrever e publicar artigos acadêmicos para manter o seu contrato. Tem de trabalhar com colegas que possuem a mesma capacidade intelectual que ele mesmo. Há documentos para acertar, exames para marcar, alunos problemáticos a serem procurados, jovens negligentes a serem confrontados e colegas ambiciosos com quem trabalhar. Muito do seu trabalho é desconhecido e não recebe as orações das igrejas. Seus pais nunca o vêem no trabalho! Que trabalho unilateral ele realiza!

O pastor, por outro lado, geralmente trabalha em sua própria casa. Ele está em seu escritório, com sua esposa passando de um cômodo a outro, e seus filhos pedindo para entrar e vê-lo. Charles Hodge colocou a maçaneta da porta de seu quarto de estudos num nível mais baixo para que seus filhos pudessem entrar no escritório e conversar com ele a qualquer momento. Há enorme liberdade a respeito dos livros da Bíblia que ele escolhe estudar e pregar. Há os chamados para visita no hospital e aos doentes e idosos em suas casas. Há evangelismo de todos os tipos, aconselhamento, preparação do jornalzinho da igreja, trabalhos com os líderes piedosos da congregação, conversas pré-nupciais e os funerais com conversas privilegiadas com viúvas e os filhos do falecido. Há também as piedosas senhoras idosas com quem conversar. Quando o telefone ou a campainha tocam, o que será que a pessoa deseja? Não há qualquer riqueza no trabalho pára-eclesiástico que possa ser comparado ao trabalho do pastor. Digo-lhe que você precisa agradecer ao Senhor todos os dias por colocá-lo no ministério. Quem, chamado por Deus para esta obra, poderia desejar alguma outra coisa?

Há uma imensa diferença entre a sua oportunidade anterior de ser um pregador itinerante — visitando novas congregações onde ninguém lhe é familiar — e o seu ministério atual, agora fixo, atrás de um único púlpito, para pregar a um mesmo povo, semana após semana. Porém, aquelas primeiras experiências de encontrar novas congregações deveriam ser repetidas no decorrer da vida. Há poucos tônicos tão garantidos para o coração de um pregador, quando ele está desencorajado com um milhão de pequenas preocupações, como o tirar uma folga e pregar a uma congregação distante. É como visitar uma cidade desconhecida e procurar a praça, as casas, igrejas e lojas. Tudo é novo e fascinante, diferente de uma congregação onde os olhos das pessoas estão em você. As multidões andam pelas ruas, e há certa solenidade no cenário, que alguém pode perder de vista em sua própria congregação. Ele vê aquela alvoroçada comunidade e pensa na aflição de Outro, que certa vez contemplou outra cidade, e, então, relembra as palavras dEle: "Larga é a porta, e espaçoso, o caminho que conduz para a perdição, e são muitos os que entram por ela" (Mt 7.13). O quão seriamente deveríamos estar pregando o evangelho.

Mas tais visitas devem ser ocasionais. Um ritmo constante de viagens para encontrar novas pessoas e a formação consciente de uma boa primeira impressão podem deturpar completamente o nosso senso de humanidade. Muitos grandes pregadores têm sido inseparavelmente associados com os lugares onde trabalharam e onde, talvez, viveram como pastores a sua vida inteira. Em muitos casos, suas cidades eram ligadas aos seus nomes, como se fossem parte verdadeira deles mesmos. Chrysostom de Constantinopla, Agostinho de Hipona, Calvino de Genebra, Baxter de Kidderminster, Bunyan de Bedford, Rowland de Llangeitho, Jay de Bath, M'Cheyne de Dundee, Spurgeon do Metropolitan Tabernacle, Lloyd-Jones da Westminster Chapel, Chantry de Carlisle. Em meu país natal, Gales, com nossa escassez de sobrenomes, uma grande quantidade de tais associações se tornaram históricas e levaram os galeses a identificarem o homem com o lugar e o lugar com o homem.

No Novo Testamento havia tanto um dinamismo quanto uma estabilidade sobre a liderança na igreja. Os pregadores estavam continuamente em viagens, alcançando novas áreas com o evangelho, com pouco controle aparente ou ajuda financeira necessária para a semeadura e irrigação. Mas também havia pastorados no Novo Testamento: João em Éfeso, Tiago em Jerusalém e Tito em Creta. Eles estabeleceram igrejas através da pregação. O ministério regular de pregação não precisa de defesa. Seus registros históricos são sua melhor defesa. Quem teria ouvido de lugares em meu próprio país como Llangeitho, Trefeca, Talsarm, Bala e Clynog, se não fosse pelas extraordinárias mudanças ocorridas nestas comunidades, através de pregadores que viveram lá? Não podemos perder a confiança no poder da Palavra de Deus pregada e no ofício do ministro.

Através de longos pastorados, pregadores se tornaram ricos no conhecimento dos caminhos de Deus com o homem e da própria natureza humana. Philips Brooks apresenta três regras aos alunos, introduzindo-as com a devida solenidade:

> Eu imploro que você se lembre delas e as aplique com toda a sabedoria que Deus lhe dá. Em primeiro lugar, tenha o mínimo de congregações que você puder. Segundo, conheça a sua congregação o melhor possível. Em terceiro lugar, conheça a sua congregação tão completa e profundamente que ao fazer isto chegue ao ponto de conhecer a humanidade.[1]

Dr. James Stalker falou sobre suas próprias experiências neste sentido:

> Foi-me motivo de alegria, quando fui ordenado, para estar ao lado… de um santo e idoso ministro. Ele era um competente erudito, e tinha a reputação de ter sido, quando mais jovem, um pregador poderoso e popular. Mas não era a estes talentos que ele devia a sua influência sem par. Ele andava pela cidade, com seus cabelos brancos e postura um tanto calma e digna, como uma presença santificada. A sua simples passagem pela rua era um tipo de bênção, e as pessoas, conforme olhavam para ele, falavam sobre ele com carinhosa veneração. As crianças ficavam orgulhosas quando ele colocava a mão em suas cabeças, e estimavam muito as doces palavras que ele lhes falava. Em funerais e outras cerimônias de solenidade doméstica, a sua presença

1 Philips Brooks, *Lectures on Preaching*, (dadas no Yale College em 1877; publicadas por James Robinson em Manchester, 1899), 190.

> era procurada por pessoas de todas as denominações. Nós, que trabalhávamos ao lado dele no ministério, sentíamos que a sua existência na comunidade era uma demonstração irresistível da cristandade e uma torre de força para toda a boa causa. Porém, ele não havia conquistado esta posição de influência por seus brilhantes talentos, ou grandes conquistas ou por impulso de sua ambição; ele era singularmente modesto, e teria sido o último a dar crédito a si mesmo de metade do bem que realizou. Todo o mistério repousa exatamente aqui, em que ele vivera na cidade por quarenta anos uma vida sem culpa, e era conhecido por todos como um homem piedoso e de oração. Ele era bondoso o bastante para me honrar com a sua amizade; e o seu exemplo imputou, com profundidade, em minha mente estas duas convicções — que algumas vezes é muito mais proveitoso passar a vida toda em um único pastorado, e que a principal qualificação para o ministério é a piedade.[2]

O homem a quem ele se referia era um certo James Black de Dunnikier, e pouca coisa, além deste parágrafo escrito por Stalker, é conhecida sobre este homem ou ainda o lugar onde ele trabalhou. Dunnikier é muito pequena para aparecer em qualquer mapa britânico. Black era um soldado daquele exército de homens santos que têm servido o Senhor em comunidades obscuras, modesta e humildemente, sem esperar qualquer outra recompensa, senão o imenso privilégio de ter tão maravilhoso Mestre quanto o nosso Cristo.

O perigo da imagem descrita acima é o romantismo. Onde estão as bestas selvagens? O Senhor Jesus enviou os seus discípulos adiante como ovelhas no meio dos lobos. Paulo pregou a Palavra publicamente, mas também de casa em casa. Ele falou nas casas e também ao ar livre. Ele foi cercado por amigos que choravam e o apreciavam, mas também por multidões que o apedrejavam. Viver numa pequena comunidade por muitos anos, amado por todos os homens e então morrer com as palavras: "Ele foi um velho amigo muito legal", como epitáfio é um risco de completa traição do seu chamado. Há o risco de tal vida não ser abençoada para ninguém. "Bem-aventurados sois quando, por minha

2 James Stalker, *The Preacher and his Models*, Londres, Hodder & Stoughton, 1891, 57-58.

causa, vos injuriarem, e vos perseguirem, e, mentindo, disserem todo mal contra vós. Regozijai-vos e exultai, porque é grande o vosso galardão nos céus; pois assim perseguiram aos profetas que viveram antes de vós" (Mt 5.11-12).

Certamente James Black não apenas confortou e exortou, mas também às vezes manifestou a ira da reprovação. Ele teria que viver retamente, se quisesse ser tão fiel quanto o seu Senhor que denunciou os fariseus e o rei. Quando Stalker chegou em sua primeira igreja perto de Dunnikier e observou Black, aprendeu uma grande verdade: Tudo no pregador deve pregar, não apenas sua língua, mas também gestos, maneiras, vestimentas, andar e conversas. Ao fim de sua vida Black tinha, pelo Espírito de Cristo, desenvolvido um desembaraçado instinto e discernimento para seguir o Salvador. Havia o comentário que ele fornecia, através de seu próprio caminhar com Deus, tudo o que Dunnikier podia ler, sendo ele mesmo o último a saber. Quer o ministério de alguém em uma determinada comunidade seja longo ou curto, deve ser caracterizado por uma firmeza cristã de caráter, superando o medo tímido dos homens, o serviço aos homens e também a caça à popularidade. Quanto mais podada for a videira, mais frutos ela produz. As pessoas da comunidade, conforme vão conhecendo o pastor, estão sempre prontas para usar os defeitos dele como folhas da figueira para cobrir a sua própria nudez. Os pecados do pastor são os maiores em toda a igreja, porque são os que mais atrapalham o bom curso da Palavra de Deus. Quanto mais os erros do pastor forem apaziguados diante da comunidade, mais desinteressante a vida cristã aparecerá. Mas quão poderosa é a força de um caminhar santo.

O ministro deveria pregar de três formas: com o coração, com a boca e com a vida. A vida precisa provar aquilo que a boca fala, e a boca precisa falar aquilo que o coração sente. Foi dito sobre os reformadores que "a verdade não apenas era ouvida deles, mas resplandecia neles". Richard Baxter alerta os homens em seu livro *O Pastor Aprovado*:

> Uma palavra orgulhosa, grosseira ou arrogante, uma contenção desnecessária, uma ação cobiçosa, podem cortar a garganta de muitos sermões... É um erro palpável para muitos

> ministros, que fazem tal diferenciação entre a sua pregação e a sua vida; que estudam muito para pregar corretamente, mas estudam pouco, ou nada, para viver corretamente. A semana inteira parece pouco tempo para estudar aquilo que se vai falar durante duas horas; mas uma hora parece uma eternidade para estudar como *viver* durante a semana... Oh, prestem atenção, irmãos, em cada palavra que vocês falarem, em cada passo que vocês derem, pois carregam a Arca do Senhor — a vocês foi confiada esta honra!... Observem a vocês mesmos, pois o sucesso de todo o seu trabalho depende muito disso.[3]

Como os pastores encontram um lugar para se fixarem é um completo mistério para mim. Se alguma vez a soberania de Deus se torna evidente, é na maneira e época em que se recebe o chamado de uma igreja. Eu tenho visto homens santos, que considero serem os mais brilhantes para pregação e pastoreio, trabalharem por vários anos como carteiros, professores e bombeiros enquanto esperam ser chamados a pastorear. Alguns jamais se tornam pastores, e passam toda a vida achando que a profissão seguida era, na realidade, sua segunda melhor escolha. Já outros homens, com muito menos discernimento, pesos-penas teológicos, têm garantida a segurança do púlpito, antes mesmo de terminarem o seminário. A facilidade nas circunstâncias não são uma confirmação segura de que um homem foi chamado para o trabalho com o evangelho. Quando o desertor Jonas, em rebeldia contra Deus, chegou em Jope, encontrou um navio prestes a zarpar para Társis. Lá havia uma cabine disponível, e Jonas tinha dinheiro para pagar a passagem. Para ele isto tudo era uma confirmação de que suas próprias idéias de ministério em Társis eram inspiradas por Deus, mas na verdade, ele estava fugindo do Senhor. Os testes da providência não devem ser interpretados como orientação divina recusando os nossos desejos ou abrindo portas para nós. Nós realmente desejamos este trabalho? Temos um bom entendimento bíblico do que isto requer? Temos os dons intelectuais, morais, teológicos e amorosos para este trabalho? Os homens a quem respeitamos nos instam a considerar este como o nosso

3 Richard Baxter, *O Pastor Aprovado*, PES, São Paulo, SP.

próprio chamado divino? Temos alguma idéia esquisita? O ministério não é lugar para os excêntricos, por mais ortodoxos que sejam.

Então, espere pacientemente em Deus. Temos o mesmo Pai celestial. Ele não dá dons para depois deixá-los enferrujar ou atrofiar por falta de uso. Não há razão para você não pregar até o fim da sua vida. Você pode até não ter um trabalho regular, uma casa pastoral e um salário, mas não há nada que lhe impeça de pregar de inúmeras formas. Esteja envolvido com sua igreja local. Coloque-se sob o melhor ministério que conseguir. Mostre um contentamento invejável. Corte madeira e tire água, se esta for a vontade de Deus para você. Aceite as oportunidades que o Senhor der a você, através de sua igreja. O evangelismo de pessoa a pessoa é muito eficiente. A pergunta que os pregadores mais escutam é: "Você pode recomendar um pastor para a nossa igreja?"

Eu vivo nesta pequena cidade de 15.000 habitantes desde 1965. Sempre senti que comecei já no topo e não poderia pensar num lugar melhor para ser um pastor e pregador. Aberystwyth é a capital cultural do País de Gales. Aberystwyth fica no meio do caminho entre o norte e o sul do país, por isso acabou se tornando a sede da Biblioteca Nacional do País de Gales e da primeira universidade galesa, que hoje tem em torno de 8.000 alunos. Trata-se de uma comunidade bilíngüe, e nós somos uma família que fala o galês. Situa-se no Mar da Irlanda e é um lugar maravilhoso para se viver. Deus me deu um lugar ao sol. Chorei quando soube que a igreja havia me chamado e aceitei o convite naquela mesma semana. Ambos os lugares onde minha esposa e eu passamos a infância ficavam a apenas algumas horas para o norte e para o sul. Uma noite de sábado, depois que eu já estava aqui há alguns meses, fui à costa norte para falar na Bangor University Christian Union. Na manhã seguinte, fui para Aberavon, na costa sul de Gales, e preguei em Sandfields, onde o Dr. Lloyd-Jones havia sido pastor durante as décadas de 1920 e 30. Eu podia falar em qualquer lugar do país e voltar para casa ainda na mesma noite. Eu não estava interessado em outro lugar, e nunca recebi um convite formal para pastorear em outro lugar durante todos estes anos. Se tivesse iniciado meu ministério em outra cidade, eu talvez não ficasse por tanto tempo. Nunca fiquei buscando a atenção de outras igrejas, apenas para dizer à minha congregação que estava sendo apreciado em algum outro lugar. Quando estava com quarenta anos, sentia-me impaciente, preso naquela comunidade por uma esposa e três filhas e outros membros da família que jamais sonhariam em viver em outro lugar. Foi uma breve crise da meia-idade. As igrejas britânicas precisavam de homens para pregar todo o conselho de Deus em congregações locais como a nossa, para mostrar que elas poderiam ser reformadas e ouvir com amor as doutrinas da graça, ser comunidades unidas e felizes, servindo o Senhor de toda a terra. Deus, no entanto, me manteve aqui.

É possível se manter robusto mesmo num longo ministério. A tentação, após mudar para uma nova igreja, é pregar os mesmos sermões que já foram pregados previamente no púlpito anterior. Isto raramente pode ser feito, se o pastor está confrontando uma amada congregação por muitos anos. Eu me comprometi a pregar em toda a Bíblia enquanto estivesse aqui. Obviamente, falhei. Sempre há desafios que um pastor deve enfrentar — novos livros fascinantes que são publicados e precisam ser lidos, sem contar os clássicos que permaneceram não lidos. Há várias séries a serem pregadas nos domingos e diferentes grupos aos quais falar — crianças, transeuntes ao ar livre, grupos em casas, um grupo cristão numa fábrica, pessoas numa refeição informal, reunião de homens, reunião matinal de oração, reuniões de estudantes — a lista é interminável. Alguns podem se sentir mais à vontade em algumas situações do que em outras.

Quanto mais tempo você passar numa igreja, mais resoluto deveria ser em freqüentar as conferências de pastores. Conforme sua reputação for crescendo, você pode contribuir apenas estando entre aqueles homens. Nenhum pastor deveria ir a conferências apenas para falar nelas. Ele deve ir para aprender também. Não deve ser do tipo que pensa: “Eu tenho algo a lhe ensinar, mas você não tem nada para me dar”. Conferências são importantes para encontrar os seus irmãos de ministério. As mensagens são um bônus. Elas devem estimular e encorajar você em seus trabalhos. Freqüentar algumas das conferências disponíveis, tanto locais quanto em outros países, será de grande ajuda para você.

Há desafios e perigos que são inerentes à permanência numa igreja por muitos anos. A congregação que você pastoreia muda constantemente. As populações são dinâmicas. Novos rostos aparecem e novos problemas surgem nas vidas daqueles que têm sentado por muito tempo aos seus pés. O falecido Bernard J. Honeysett recentemente observou em sua autobiografia:

> John Kemp foi um dos cinco pastores que conheci pessoalmente, que exerceram seus pastorados por mais de cinqüenta anos. No caso de Stanley Delves, de Crowborough, seu predecessor também havia permanecido por mais de cinqüenta anos, de forma que os dois juntos somavam mais de um século de pastorado naquela igreja. Eu ainda observei que, quando os homens permanecem por tanto tempo, eles podem, ainda que involuntariamente, se tornar ditadores. Uma geração cresce sob o seu ministério e cuidado pastoral, e a sua palavra pode se tornar lei. Eu soube de um caso, no qual um encontro da igreja foi mencionado e o pastor disse: "Eu direi a época em que teremos a reunião da igreja". Algumas vezes tais líderes não tomam qualquer precaução quanto ao futuro, e terminam, em alguns casos, em situações muito tristes.[4]

Um pastor pode ser resgatado da tirania pelo autocontrole e integridade, e também pelo cuidado e amizade dos seus colaboradores. Há discernimento suficiente no sacerdócio entre todos os crentes, nas igrejas evangélicas, para acionar um alarme, quando um ministro começa a ter atitude centralizadora ao conduzir as coisas como se fossem "orquestras de um homem só". Boas revistas cristãs trazem outras informações e idéias à congregação. O pastor começa a convidar jovens homens para pregar regularmente no púlpito, especialmente quando está pensando em ir embora.

Os benefícios de permanecer numa comunidade por décadas são inúmeros. Muitos na congregação são seus melhores amigos. Alguns vieram à fé através da sua pregação. Você pode ter batizado alguns pais e depois seus filhos, na geração seguinte. Pode conhecer a cidade e como as coisas funcionam nela. Ainda que não conheça homens importantes

4 Bernard J. Honeysett, *The Sound of His Name*, Edimburgo, The Banner of Truth Trust, 1995, 51.

pessoalmente (já que eles estão sempre mudando), você conhece o escritório do editor do jornal local, do chefe de polícia, as personalidades da rádio local, os diretores das escolas, as estruturas políticas, os líderes de negócios e suas reuniões, a casa funerária, os clérigos e suas teologias. Você saberá como contatar estas pessoas, onde elas estão indo, como se aproximar delas, para servir o evangelho de Jesus Cristo. Eu posso andar no centro de nossa cidade hoje e a maioria das pessoas é estranha para mim. Posso ficar na fila dos correios e conhecer apenas algumas daquelas pessoas que esperam comigo, mas conheço os funcionários atrás do balcão. Eles sabem quem eu sou. Já tenho convidado alguns deles para nossas reuniões, e a um deles, dado uma cópia de *O Peregrino*, de John Bunyan. O mesmo acontece com os caixas do supermercado, meu mecânico, encanador, eletricista e barbeiro (com quem sempre tenho turbulentos debates eclesiásticos. Ele é um jovem católico romano, filho de um siciliano, e sempre me pergunta em voz alta, quando eu entro em seu salão: "Como está o reverendo hoje?"). Podemos manter reuniões ao ar livre durante as feiras de inverno e durante os desfiles no verão, e temos crédito com a polícia. Nossas próprias filhas, tendo passado por todo o sistema educacional na língua galesa, têm um grande círculo de amizade, e através destes contatos, conhecemos um amplo número de pais, cumprimentando-os na cidade toda semana, e, agora, discutindo sobre os netos e suas preocupações. Um mês após minha chegada na cidade, eu estava presente na inauguração do novo hospital, em novembro de 1965. Desde aquele tempo, tenho orado em todas as enfermarias e, praticamente, em todas as camas, embora conheça poucos funcionários, por estarem constantemente sendo transferidos.

Nestes dias, tenho descoberto menos assuntos raros sobre os quais escrever nas colunas do jornal local, do que quando eu acabara de chegar e era um pouco "cabeça-quente". Com exceção de uma viúva, somos as pessoas mais velhas em nossa rua e tentamos ser bons vizinhos, embora eu esteja sempre viajando de carro. Se eu caminhasse (como minha esposa faz), encontraria mais pessoas. De forma que estar numa mesma comunidade por tanto tempo traz estes benefícios óbvios de influência e presença. Alguma credibilidade é dada à fé cristã histórica. Quando cheguei, uma religião vaga dominava a comunidade. A vinda de uma universidade a uma comunidade causa enorme influência racionalista nos púlpitos. Acreditava-se que todos os clérigos pensavam as mesmas coisas, e todos nós éramos considerados apoiadores do movimento ecumênico. Agora eles entenderam que há alguns entre nós descontentes com a religião ecumênica e nossa posição é relutantemente respeitada, ainda que muitos não a aceitem.

Quando um ministro deveria abandonar seu púlpito para aceitar uma outra posição qualquer? Deixe que ele espere calmamente por um chamado. Se ele estiver desassossegado em sua igreja atual será feliz em outro lugar? Que igreja sensata sequer sonharia em chamar o Rev. Rolling Stone — que jamais passou mais que alguns anos em qualquer lugar? Apenas as congregações mais imaturas poderiam ser indiferentes a isto e emitir um chamado. Quando os pregadores mudam para outro lugar, todas as suas características os acompanham. Muito freqüentemente, o problema não está nos diáconos ou na congregação; está nas tensões não resolvidas em nossos próprios corações. Em qualquer tempo que um homem se mude, ele acabará realizando na próxima igreja exatamente o mesmo trabalho desempenhado na antiga; pregando as Escrituras e pastoreando aqueles que escutam. Alguém terá de fazer estes trabalhos na antiga igreja. Se estamos cansados disto e queremos uma mudança externa, será que algum dia chegaremos a entender o significado do trabalho pastoral?

Onde quer que nós formos, certamente estaremos trocando um punhado de problemas por outro. Um salário mais alto, uma reputação melhor e uma posição aparentemente mais fácil não são boas razões para uma mudança. Nem mesmo um maior número de pessoas — diante do trono do julgamento será suficiente prestar contas a Deus dos que o escutam agora, ao invés de mais mil pessoas. Deveríamos ir porque em nossa igreja os perversos estão tornando difícil a vida para nós? Isto é questionável. Deveríamos permitir que eles tomem posse da igreja, enquanto abandonamos nossos amigos e aqueles que nos têm apoiado, deixando-os à mercê dos que lutam contra o Deus da graça? Existe ainda o princípio de tirar a poeira dos pés e seguir em frente. Se a maioria nos rejeita, devemos aceitar sua decisão com tristeza e dignidade. Até mesmo Jonathan Edwards foi rejeitado por sua própria congregação e, diferentemente de nossa igreja, o seu povo havia conhecido tempos poderosos de restauração vindos da presença do Senhor. É espantoso como qualquer um de nós sobrevive neste clima de tão altas expectativas que têm sido oferecidas às congregações pelos especialistas em crescimento de igrejas.

Talvez haverá muitas tensões com um grupo substancial de pessoas na congregação impossibilitando um ministério abençoado e um outro pastor ortodoxo poderá realizar aquilo que está se provando difícil para você fazer. Todo pregador impaciente para ir embora, pensa consigo mesmo: “Eu não posso levá-los mais adiante”. Por que não? Você também não é um homem em crescimento? Eles devem crescer com você. Mas toda igreja passa por diferentes estações, desde o desalento do inverno ao surgimento de nova vida na primavera, e a nossa saída não é garantia de avanço do evangelho. Não faltarão baboseiras religiosas para usar como sua razão de ir embora. Há uma luta em todo canto. Esta é uma boa luta da fé. O futuro é tão brilhante quanto as promessas de Deus. Uma coisa que podemos saber com certeza é que todas as coisas cooperam para o bem daqueles que amam a Deus.

Se um pregador pretende aceitar um chamado, precisa estar evidente para todos que em comparação à sua atual situação, o novo ministério é uma esfera mais estratégica e seus dons poderão ser mais usados para o benefício maior da igreja de Cristo. Paulo tinha as grandes cidades como alvo para o seu ministério. Mesmo sendo evidente que as vantagens da mudança irão promover o evangelho, os membros da sua congregação atual poderão ficar inflexíveis e ressentidos com relação ao seu desejo de deixá-los, sem pensar no bem maior do grande testemunho de Jesus Cristo. De forma que sua partida pode não ser tão amigável. Claro que um pastor espera alguma tristeza mútua em qualquer partida. Mas seria impensável para Spurgeon ter permanecido o “Pastor dos Brejos” no campo em Waterbeach, quando a Igreja de New Park Street, em Londres, o estava chamando. O chamado da igreja em si mesmo, acompanhado por um voto entusiástico de encorajamento de muitos dos seus amigos mais respeitados, terá grande peso em sua decisão de ir.

Entretanto, Timóteo, você não deveria pensar em se mudar, visto que acabou de iniciar o seu primeiro pastorado. Construa uma igreja feliz, que ama todo o conselho de Deus. Não almeje nada menos que isto. Este é o objetivo do Novo Testamento.

Com todas as bênçãos,
Geoff Thomas

PS Um livro que eu recomendo a você é a biografia, em dois volumes, do Dr. Martyn Lloyd-Jones, de Iain Murray, *D. Martyn Lloyd-Jones: The First Forty Years 1899-1939,* (Edimburgo: The Banner of Truth Trust, 1982) e *D. Martyn Lloyd-Jones: The Fight of Faith 1939-1981,* (Edimburgo: The Banner of Truth Trust, 1990). Estes dois volumes nos dão um relato emocionante de um ministério de trinta anos no coração de Londres pelo maior pregador do século vinte.

FIEL
MINISTÉRIO

O Ministério Fiel tem como propósito servir a Deus através do serviço ao povo de Deus, a Igreja.

Em nosso site, na internet, disponibilizamos centenas de recursos gratuitos, como vídeos de pregações e conferências, artigos, e-books, livros em áudio, blog e muito mais.

Oferecemos ao nosso leitor materiais que, cremos, serão de grande proveito para sua edificação, instrução e crescimento espiritual.

Assine também nosso informativo e faça parte da comunidade Fiel. Através do informativo, você terá acesso a vários materiais gratuitos e promoções especiais exclusivos para quem faz parte de nossa comunidade.

Esta obra foi composta em Iowan Old Style BT Roman 11, e impressa
na Promove Artes Gráficas sobre o papel Pólen Natural 70g/m²,
para Editora Fiel, em Janeiro de 2025.